"一带一路"沿线国家旅游合作联系网络解构与高质量发展

殷 杰 纪颖超 著

上海财经大学出版社

图书在版编目(CIP)数据

"一带一路"沿线国家旅游合作联系网络解构与高质量发展 / 殷杰，纪颖超著. -- 上海：上海财经大学出版社，2024.8. -- ISBN 978-7-5642-4463-7

Ⅰ.F591

中国国家版本馆 CIP 数据核字第 2024TR6757 号

□ 责任编辑　杨　闯
□ 封面设计　张克瑶

"一带一路"沿线国家旅游合作联系网络解构与高质量发展
殷　杰　纪颖超　著

上海财经大学出版社出版发行
(上海市中山北一路 369 号　邮编 200083)
网　　址：http://www.sufep.com
电子邮箱：webmaster @ sufep.com
全国新华书店经销
上海颛辉印刷厂有限公司印刷装订
2024 年 8 月第 1 版　2024 年 8 月第 1 次印刷

710mm×1000mm　1/16　16.5 印张(插:2)　301 千字
定价:88.00 元

序

在全球化背景下,跨国合作已经成为推动各国经济和文化发展的重要力量。中国提出的"一带一路"倡议,以其宏大的发展视角和广泛的合作愿景,成为国际合作的新平台。作为"一带一路"倡议中的重要组成部分,"一带一路"沿线国家旅游合作的高质量发展需要更高的合作水平、更高的投入效益、更高的供给质量和更高的发展韧性。

面对复杂的国际环境和全球经济下行的压力,"一带一路"沿线国家旅游合作的高质量发展面临着诸多问题:沿线国家旅游经济的合作联系如何科学测度?沿线国家旅游合作联系网络呈何特征?网络结构韧性如何?如何高质量推进沿线国家旅游合作并持续提升网络结构韧性?系统、理性回答这些问题既是国际旅游合作学术研究的理论议题,也是推进"一带一路"沿线国家旅游合作高质量发展的实践议题。殷杰教授抓住这个议题,从理论层面出发,结合"一带一路"沿线国家旅游合作联系的实际,对上述问题展开了系统、全面的研究,并形成了《"一带一路"沿线国家旅游合作联系网络解构与高质量发展》书稿。

在该书中,为解决"一带一路"沿线国家旅游经济的合作联系的科学测度问题,殷杰教授引入了"旅游能级""经济距离"等因素,修正了传统引力模型,实现了对"一带一路"沿线国家旅游合作联系网络的科学测度;在回答沿线国家旅游合作联系网络呈何特征、网络结构韧性如何的问题上,作者采取"宏观—区域—个体"多个视角,通过"中心度、结构洞"等多重指标,全面解构了"一带一路"沿线国家旅游合作特征,系统测评了沿线国家旅游合作联系网络的结构韧性及其演化规律；在如何高质量推进沿线国家旅游合作并持续提升网络结构韧性的问题上，该书通过对影响沿线国家旅游合作联系网络的关键因素遴选，采用QAP回归和空间面板回归等技术分别影响沿线国家旅游合作联系网络以及网络结构韧性的因素验证，利用fsQCA分析各因素间的相互作用关系与条件组态，归纳、阐释了沿线国家旅游合作联系网络特征及其韧性发展的形成机理，并结合沿线国家旅游合作联系网络的多维特征、网络结构韧性与演化规律以及网络结构特征与韧性发展的影响因素与形成机理，构建了沿线国家旅游合作联系网络的高质量推进路径。

《"一带一路"沿线国家旅游合作联系网络解构与高质量发展》一书采用"干什么——是什么——为什么——怎么办"的叙事方式，探析了"一带一路"沿线国家旅游经济合作联系如何科学测度与网络构建，解析了沿线国家旅游合作联系网络特征、网络结构韧性及其形成机理，提出了高质量推进沿线国家旅游合作与提升网络结构韧性的策略。在研究方法上，本书结合地理学、管理学、经济学、社会学等多学科方法，通过网络可视化和多指标解析，阐释了旅游合作网络及其结构韧性的复杂性和多样性。在理论应用上，本书将旅游能级、经济距离纳入旅游合作联系网络以及韧性网络的指标体系中，有效拓展了现有韧性理论指标体系与理论框架。在实践视角上，本书将韧性理论与旅游合作联系网络结合，为沿线国家旅游高质量发展的推进机制提供了借鉴，并从组态视角探讨了影响旅游合作联系网络结构韧性提升的多重因素，厘清了网络结构韧性的形成机理，为优化沿线国家旅游合作联系网络结构与提升网络结构韧性水平提供了参考；在对策建议上，本书结合沿线国家旅游合作联系网络现状与关键影响因素，提出了包括"旅游合作联系网络优化策略""旅游合作联系网络结构韧性提升路径""旅游合作联系网络结构韧性长效机制"等推进沿线国家旅游合作网络高质量发展的"多维策略体系"，为政策制定者和行业从业者提供了科学的决策依据和实际操作建议。

在"一带一路"倡议的推动下，国际旅游合作不仅仅是单纯的经济活动，更涉及国家之间的关系、地区的发展以及全球的可持续发展等多个层面。《"一带一路"沿线国家旅游合作联系网络解构与高质量发展》一书通过系统研究和深入分析,展示了"一带一路"沿线国家旅游合作联系网络的现状、形成机理及高质量推进策略,提供了一个全景式的理解框架,使读者能够更全面地了解旅游合作联系网络的复杂性和多样性,为旅游国际化合作领域的研究者提供了一种新的研究视角与思路,为"一带一路"沿线国家旅游合作实践提供了科学参考与实践指导。希望本书的出版能激发更多研究者关注和思考"一带一路"倡议下的旅游合作,激发更多的读者关注"一带一路"沿线国家旅游合作发展!

是为序,为贺。

郑向敏

博士、二级教授、博导

华侨大学旅游学院创院院长

华侨大学旅游安全研究院院长

中国旅游研究院旅游安全研究基地主任、首席专家

2024 年 8 月

前　言

党的二十大报告指出,要"推进高水平对外开放,推动共建'一带一路'高质量发展"。此外,2021年的第三次"一带一路"建设座谈会更是强调要努力实现更高合作水平、更高投入效益、更高供给质量、更高发展韧性,推动共建"一带一路"高质量发展不断取得新成效。合作水平提升、加强韧性建设已然成为高质量推进"一带一路"倡议的重要任务。然而,受复杂的国际环境影响,"一带一路"沿线国家旅游遇到了发展瓶颈,沿线国家旅游业如何"抱团取暖",共同应对风险成为国际旅游合作亟待突破的现实问题。网络结构韧性能够帮助网络抵抗和适应外界冲击并从中快速恢复。由此可见,强化沿线国家旅游合作,提高旅游合作联系网络结构韧性是推进"一带一路"沿线国家旅游合作高质量发展的重要基础。

本书按照"引子:提出科学问题"——"回溯:回顾研究进展"——"解构:明晰网络特征"——"结构:评析结构韧性"——"基构:探析形成机理"——"优构:研析长效机制"——"总结:研究总结展望"的思路展开研究,聚焦"一带一路"沿线国家旅游合作联系网络高质量发展等相关问题,对其进行全面系统分析。

在明确科学研究问题,梳理相关研究进展的基础上,本书尝试重点解决以下问题:首先,将"旅游能级""经济距离"等因素引入来实现对传统引力模型的修正,实现对沿线国家旅游合作联系网络的科学测度,重点解决"干什么"的问题,即重点探析"一带一路"沿线国家旅游经济合作联系如何科学测度与构建网络;其次,通过"宏观—区域—个体"多个视角、"中心度、结构洞"等多重指标全面解构沿线国家旅游合作特征,并系统测评沿线国家旅游合作联系网络的结构韧性及其演化规律,重点解决"是什么"的问题,即重点解析沿线国家旅游合作联系网络呈现何种特征及其网络结构韧性处于何种状态;再次,遴选影响沿线国家旅游合作联系网络的关键因素，借助 QAP 回归和空间面板回归等技术分别验证影响沿线国家旅游合作联系网络以及网络结构韧性的因素，进而利用 fsQCA 分析各因素间的相互作用关系与条件组态，归纳提炼出沿线国家旅游合作联系网络特征及其韧性发展的形成机理，重点解决"为什么"的问题，即分析沿线国家旅游合作联系网络特征及其韧性如何形成；最后，结合沿线国家旅游合作联系网络的多维特征、网络结构韧性与演化规律以及网络结构特征与韧性发展的影响因素与形成机理，提出沿线国家旅游合作联系网络的高质量推进路径，解决"怎么办"的问题，即明晰如何高质量推进沿线国家旅游合作与提升网络结构韧性。通过系统开展以上研究，本书发现：

其一，"一带一路"沿线国家旅游合作联系网络呈现多元特征。本书引入了经济距离、旅游能级等指标优化万有引力模型，测度沿线国家旅游合作联系，并构建 2010—2019 年间旅游合作联系网络。总体而言，整体—分区网络表征在"整体网络态势解析""网络小群体特征探析"以及"个体网络结构分析"三个层面呈现的特征具有一定的契合性。

(1) 旅游合作联系网络的整体特征显示。网络密度总体上呈现上升趋势，但网络密度相对较低；网络中未出现绝对的"领导者"和"领头羊"角色，旅游合作联系网络逐渐呈现均衡、整体发展；网络直径与平均路径长度数值呈现下降趋势，说明旅游合作联系网络中各节点国家间越容易合作交流；网络的聚类系数呈现逐年上升的趋势，各国彼此之间信息的交流以及资源的获取愈加便利。此外，网络中存在小团体式的合作模式，网络的整体性、一体化水平有待提高。

(2) 旅游合作联系网络的小群体特征显示。中国在 2010 年、2013 年始终处于国家个数最多的凝聚子群中，说明与中国旅游合作联系比较紧密的国家较多，中国的凝聚力相对较高；网络小群体中存在孤立位置板块、谄媚位置板块、经纪人位置板块和首属位置板块 4 大板块；核心国家与边缘国家的数量呈现递增的趋势，半边缘国家数量则呈现下降趋势，且核心度整体水平有所增加，说明"一带一路"沿线国家的差距正在不断减小，有利于各国之间开展旅游合作联系。

(3) 旅游合作联系网络的个体特征显示。各个国家的点出度和点入度都在不断上升，各国间的旅游合作、相互联系的程度逐渐增强；中国接近中心度在 2010—2019 年均高居首位，且接近中心度指数呈现增长趋势，说明其控制能力逐渐增强，而卡塔尔、新加坡等国处于被控制的劣势位置，在旅游合作联系网络中扮演着边缘行动者的角色；中国的中间中心度在 2010—2019 年均高居首位，远高于其他国家,表明中国能有效地支持其他国家间的旅游合作联系;有效规模较小、行动效率和等级度较低且限制度较高的国家容易受其他国家的影响与控制,难以单独发挥其核心作用,如卡塔尔、尼泊尔等国家获取旅游资源的能力较弱,依赖于其他国家,亟须进一步提升自身旅游发展水平,加强与其他国家的旅游合作联系。

其二,网络结构韧性水平具有异质性特征。沿线国家旅游合作联系整体—分区网络结构韧性特征、指数、类型以及演化水平均存在显著分异,且网络聚集性、传输性是阻碍整体—分区网络结构韧性的关键障碍因子。

(1)网络结构韧性指标特征显示,网络鲁棒性呈现上升趋势,但网络传输效率较低,网络层级性增加,网络立体性特征凸显。整体网络鲁棒性水平远高于分区网络,整体网络与分区网络的路径传输效率均较低,整体区域、东亚—东盟区域、中亚—西亚区域、南亚区域、独联体区域等网络的平均聚类系数均呈现递增态势,整体—分区网络层级性增强,沿线国家旅游合作联系整体—分区网络的立体化特征凸显。

(2)网络结构韧性综合水平总体呈现上升态势,部分分区网络结构韧性呈现波动下降趋势。整体、中亚—西亚区域、南亚区域、独联体区域及中东欧区域网络结构韧性指数总体呈波动上升趋势,而东亚—东盟区域呈波动下降趋势。沿线国家旅游合作联系整体—分区网络结构韧性综合演化水平存在显著分异。

(3)网络结构韧性类型判定发现,东亚—东盟区域亟需加强网络结构稳定性。整体、中亚—西亚区域、南亚区域、独联体区域以及中东欧区域网络结构韧性类型具备稳定性特征,网络结构韧性类型未发生实质性变化。但整体、东亚—东盟区域、南亚区域、独联体区域以及中东欧区域网络结构韧性有待进一步提升,其中东亚—东盟区域要加强其网络结构稳定性,而中亚—西亚区域和独联体区域网络结构韧性应继续保持。

(4)网络结构韧性障碍诊断显示。网络鲁棒性、网络聚集性、网络传输性以及网络层级性是阻碍2010—2019年沿线国家旅游合作联系整体—分区网络结构韧性的关键障碍因子。

其三,沿线国家旅游合作联系网络受市场、金融、政治以及政策等多种要素驱动。沿线国家网络特征、韧性发展均受到多元化、差异化因素的影响。网络韧性发展受到多元条件组合、多路径(结构优化型路径、投资驱动型路径、贸易聚集型路径)的差异化驱动。

（1）旅游合作联系网络受贸易强度差异、国家安全差异等多元差异网络的影响。"一带一路"沿线国家旅游合作联系网络主要受空间邻近、产业结构差异、贸易强度差异、投资关联差异、国家安全差异、财政政策差异等因素的影响。其中，空间邻近对"一带一路"沿线国家旅游合作联系产生正向影响，而产业结构差异、贸易强度差异、投资关联差异、国家安全差异、财政政策差异则对其产生负向影响。

（2）网络结构韧性则受到国家治理差异网络结构韧性、投资关联差异网络结构韧性等多个关键因素韧性的共同影响。产业结构差异网络结构韧性、贸易强度差异网络结构韧性、投资关联差异网络结构韧性等能够正向影响沿线国家旅游合作联系网络结构韧性，而国家治理差异网络结构韧性则负向影响沿线国家旅游合作联系网络结构韧性。

（3）结构优化型、投资驱动型、贸易聚集型等路径能够提升旅游合作联系网络韧性。2010年，产业结构差异网络结构韧性与国家治理差异网络结构韧性是影响沿线国家旅游合作联系网络结构韧性提升的核心要素，可将其概括为结构优化型路径；2013年、2016年，投资关联差异网络结构韧性是影响沿线国家旅游合作联系网络结构韧性提升的核心要素，可将其概括为投资驱动型路径；2019年，贸易强度差异网络结构韧性是影响沿线国家旅游合作联系网络结构韧性提升的核心要素，可将其概括为贸易聚集型路径。

其四，推进旅游合作联系网络高质量发展需要多维策略体系协同保障。基于上述结论，以推进沿线国家旅游合作联系网络质量发展为目标，提出包括"旅游合作联系网络优化策略""旅游合作联系网络结构韧性提升路径""旅游合作联系网络结构韧性长效机制"在内的推进沿线国家旅游合作网络高质量发展的"多维策略体系"。具体而言：

（1）系统优化旅游合作联系网络。首先，建立多元化区域合作机制，大力提升区域协调发展、构建全方位旅游合作模式，促进要素合理高效聚集、打造长效化旅游发展体系，推进旅游合作持续开展，从而提升合作联系网络紧密。其次，有效整合旅游资源，织密区域旅游合作网络、发挥旅游集散功能，助推区域差协调发展、凸显产业集聚效应，打造旅游合作示范基地，进而提高双向溢出板块网络化程度。再次，赋能传统优势，多维度配置旅游资源、搭建共享平台，高水平推动协同合作、强化中心意识，全范围构筑旅游格局，巩固旅游合作联系网络中心性。最后，巩固区域核心功能，加快边缘国家产业建设、推进梯度合作模式,培育科学合理层次体系、兼顾核心边缘区域,推动区域旅游均衡发展,有效增强区域核心国家辐射带动力。

(2)全面提升合作网络结构韧性。首先,优化整体结构,强化核心协同与扁平发展。发挥核心协同作用,推进区域旅游发展均衡化、创新旅游发展战略,探索推进旅游合作扁平化、推动旅游纵深发展,推进沿线旅游业态新型化。其次,重视区域差异,关注分区优化与协调推进。立足区域差异化发展,因地制宜精准施策、探索多元化合作模式,缩小分区韧性差距、扩大国家功能异质性,强化网络节点韧性。最后,刺激要素流动,做好互联互通与协同联动。把握结构韧性演化规律,合理布局旅游要素、畅通资源要素流通渠道,提高旅游合作黏性、推动合作要素资源互补;畅通资源要素流通渠道,提高网络结构韧性;破除市场要素流动壁垒,打造特色产业集群。

(3)保持网络结构韧性高质长效。首先,着力探索网络结构韧性的障碍因子破解策略。推动区域协同合作,"抱团取暖"抗风险;关注韧性障碍因子,"多措并举"提效率;优化网络布局结构,"均衡发展"强韧性。其次,制定区域韧性提升策略。利用环境差异效应,推动韧性国家建设、加强旅游风险防范,保障区域高效运转、深入实施国家战略,促进区域协调发展。最后,提出中国行动实施方案。制定差异化旅游合作策略,发挥中国示范作用、搭建多方位政策支持平台,重塑旅游发展格局、激发多主体旅游合作活力,提升旅游合作效能。

本书借助"旅游能级"修正后的万有引力模型,进一步科学构建旅游合作联系网络;从"整体—小群体—个体"多维视角、"中心度、中心势、结构洞"等多指标揭示"一带一路"沿线国家旅游合作联系网络特征;从韧性视角出发,建构沿线国家旅游合作联系网络结构韧性评估体系,揭示网络结构韧性演化规律;从演进韧性视角出发,提出并验证影响网络结构特征与韧性发展的关键因子,提出"一带一路"沿线国家旅游合作联系网络结构韧性的形成机理。本书重点解决了"一带一路"沿线国家旅游合作联系网络及网络结构韧性科学测度问题,揭示了网络特征、韧性发展规律及其影响因素,这些能够深化国际旅游合作与国际旅游合作网络研究,进一步拓展地理学与可持续科研领域区域韧性研究,有助于深化和完善韧性理论。

目　录

第1章　绪论 / 001
　1.1　研究背景与研究问题 / 001
　　1.1.1　研究背景 / 001
　　1.1.2　选题依据 / 004
　　1.1.3　研究问题 / 006
　1.2　研究目的与研究意义 / 008
　　1.2.1　研究目的 / 008
　　1.2.2　研究意义 / 009
　1.3　研究内容与方法 / 011
　　1.3.1　研究内容 / 011
　　1.3.2　研究方法 / 013
　1.4　研究思路与逻辑框架 / 014
　　1.4.1　研究思路 / 014
　　1.4.2　研究逻辑框架 / 015
　1.5　本章小结 / 017

第2章　文献回顾与研究进展 / 019
　2.1　核心概念 / 019
　　2.1.1　旅游能级 / 019
　　2.1.2　区域旅游合作 / 020
　　2.1.3　旅游合作联系网络 / 020
　　2.1.4　网络结构韧性 / 021
　　2.1.5　旅游合作联系网络结构韧性 / 024

2.1.6 旅游高质量发展与"一带一路"沿线国家旅游合作联系网络高质量发展 / 024
2.2 研究进展 / 027
　　2.2.1 旅游能级研究进展 / 027
　　2.2.2 网络结构韧性研究进展 / 028
　　2.2.3 "一带一路"合作研究进展 / 031
　　2.2.4 "一带一路"沿线国家合作研究 / 033
　　2.2.5 "一带一路"沿线国家旅游合作研究 / 033
　　2.2.6 旅游高质量发展与"一带一路"旅游高质量发展研究 / 034
2.3 理论基础 / 035
　　2.3.1 流空间理论 / 035
　　2.3.2 社会网络理论 / 036
　　2.3.3 复杂网络理论 / 037
　　2.3.4 空间相互作用理论 / 038
2.4 研究评述 / 039
2.5 本章小结 / 041

第3章 "一带一路"沿线国家旅游合作联系网络的建构及其表征解析 / 044

3.1 研究设计 / 044
　　3.1.1 研究区域 / 044
　　3.1.2 研究方法与测度指标 / 045
　　3.1.3 数据来源 / 054
3.2 整体网络表征 / 055
　　3.2.1 整体网络态势解析 / 055
　　3.2.2 网络小群体特征探析 / 059
　　3.2.3 个体结构特征分析 / 065
3.3 分区网络特征 / 072
　　3.3.1 东亚—东盟网络特征 / 072
　　3.3.2 中亚—西亚网络特征 / 083
　　3.3.3 南亚网络表征 / 095
　　3.3.4 独联体网络表征 / 106
　　3.3.5 中东欧网络表征 / 118

3.4 本章小结 / 130

第4章 "一带一路"沿线国家旅游合作联系网络结构韧性评估与障碍诊断 / 135
4.1 网络结构韧性评估体系构建 / 135
 4.1.1 网络结构韧性评估指标选取 / 137
 4.1.2 网络结构韧性水平评估 / 139
 4.1.3 网络结构韧性类型判定 / 139
 4.1.4 网络结构韧性演化分析 / 141
4.2 网络结构韧性特征探析 / 142
 4.2.1 网络结构韧性水平评估 / 142
 4.2.2 网络结构韧性演化评估 / 156
4.3 网络结构韧性的障碍因子诊断 / 162
 4.3.1 障碍因子诊断模型 / 162
 4.3.2 障碍因子诊断分析 / 162
4.4 本章小结 / 169

第5章 "一带一路"沿线国家旅游合作联系网络的影响因素与形成机理 / 172
5.1 影响沿线国家旅游合作联系的因素 / 172
 5.1.1 影响因素选取 / 172
 5.1.2 数据来源 / 175
 5.1.3 影响沿线国家旅游合作联系网络的QAP验证 / 176
5.2 影响沿线国家旅游合作联系网络结构韧性的因素验证 / 179
 5.2.1 影响因素遴选 / 179
 5.2.2 单位根检验及协整检验 / 182
 5.2.3 模型设定 / 184
 5.2.4 估计结果分析 / 185
5.3 网络结构韧性的形成机理 / 187
 5.3.1 研究方法 / 187
 5.3.2 数据校准 / 188
 5.3.3 必要条件分析 / 189
 5.3.4 条件组态分析 / 192
5.4 本章小结 / 196

第6章 "一带一路"沿线国家旅游合作联系网络高质量发展的推进机制 / 198

6.1 沿线国家旅游合作联系网络优化机制 / 198
6.1.1 提升旅游合作联系网络紧密度 / 199
6.1.2 提高双向溢出板块网络化程度 / 201
6.1.3 巩固旅游合作联系网络中心性 / 202
6.1.4 增强区域核心国家辐射带动力 / 203

6.2 旅游合作联系网络结构韧性分区提升机制 / 204
6.2.1 优化整体结构：核心协同与扁平发展 / 205
6.2.2 重视区域差异：分区优化与协调推进 / 206
6.2.3 刺激要素流动：互联互通与协同联动 / 207

6.3 旅游合作联系网络结构韧性长效机制 / 208
6.3.1 探索障碍因子破解路径 / 209
6.3.2 制定区域韧性提升策略 / 210
6.3.3 提出中国行动实施方案 / 211

6.4 本章小结 / 213

第7章 研究总结与展望 / 216

7.1 研究结论与讨论 / 216
7.1.1 旅游合作联系网络呈现多样化特征 / 217
7.1.2 网络结构韧性水平具有异质性特征 / 218
7.1.3 差异网络结构韧性显著影响旅游合作联系网络结构韧性 / 220
7.1.4 高质量推进旅游合作联系网络建设需要多方位全面保障 / 222

7.2 研究贡献与创新 / 223

7.3 研究局限与展望 / 225
7.3.1 研究局限 / 225
7.3.2 研究展望 / 226

参考文献 / 228

第 1 章

绪 论

本章主要阐述本书核心议题——"'一带一路'沿线国家旅游合作联系网络构建、网络结构韧性演化规律及其形成机理,沿线国家旅游合作高质量推进"的研究背景、研究目的与研究意义、主要研究内容与方法以及本书写作的基本思路与逻辑框架。

1.1 研究背景与研究问题

1.1.1 研究背景

1.1.1.1 "一带一路"沿线国家旅游合作如火如荼

2013年9月和10月,习总书记先后提出共建"丝绸之路经济带"和"21世纪海上丝绸之路"(以下简称"一带一路")重大倡议。"一带一路"重大倡议呼吁沿线各国进行优势互补、协调发展,其作为全球经济社会合作发展的新理念,旨在推动更大区域、更广范围的国际合作。林毅夫(2017)强调"一带一路"倡议的落实将会带来全新的国际和平、发展、共赢的新秩序、新格局。[1]刘卫东等(2020)指出"一带一路"倡议正成为世界上大多数国家探索国际合作新模式的重要平台。[2]开展深层次、高水平的区域合作,建立和加强沿线国家合作伙伴关系已然成为我国近年来最重要的国际合作方向。[3-4]截至2022年12月底,中国累计与151个国家、32个国际组织签署了200余份共建"一带一路"合作文件,建立了90多个双边合作机制,形成了3 000多个合作项目,投资规模近1万亿美元。合作是"一带一路"重大倡议的主旋律,[5]沿线国家合作问题受到世界瞩目。[6]由于旅游合作对"一带一路"倡议的助推效应,[7]"一带一路"沿线国家旅游合作问题也备受关注。

值得注意的是,《推动共建丝绸之路经济带和21世纪海上丝绸之路的愿景与行动》(2015)中明确指出要加强"一带一路"沿线国家旅游合作,强化旅游经济联系;2017年中国与"一带一路"国家双向旅游交流达6 000万人次左右,与2012年相比,"一带一路"出境人数和入境人数分别增长2.6倍和2.3倍左右;据《2019中国居民"一带一路"出境游大数据报告》显示,捷克、匈牙利、克罗地亚、爱沙尼亚、波兰等中东欧国家接待中国游客的规模均创历史新高,同比增幅都在20%以上;中老铁路开通9个月来,累计发送旅客671万人次;截至2022年6月底,蒙内铁路累计发送旅客794.5万人次;截至2022年8月底,中欧班列累计开行6万列,通达欧洲24个国家200个城市;进博会、广交会、消博会、服贸会等一系列国际经贸盛会持续举办。其中,进博会已连续成功举办5届,累计成交额达3 458亿美元;截至2022年8月底,丝绸之路国际剧院、博物馆、艺术节、图书馆、美术馆联盟成员单位达到539家。

综上所述,"一带一路"沿线各国旅游合作如火如荼,合作覆盖国际旅游、文化交流、经贸展览等多个大旅游范畴,沿线国家旅游合作呈现良好态势。此外,中国已成为"一带一路"沿线多个国家的最大客源国,"一带一路"沿线旅游已成为世界旅游的新增长点和重要支撑点。截至2023年6月,中国已与144个共建国签署了文化和旅游领域的合作文件。

1.1.1.2　疫情冲击下的国际旅游合作亟需韧性发展

国际旅游合作在推动经济全球化进程中发挥着重要作用。[8]然而,新冠疫情的全球蔓延对国际旅游业造成巨大冲击,国际旅游合作面临巨大考验(见图1.1)。

《世界旅游经济趋势报告(2021)》指出,2020年全球旅游总人次降至72.78亿人次,同比下降40.8%;全球旅游总收入下降至2.92万亿美元,相当于全球GDP的比例锐减至3.6%,为第二次世界大战以来的最低水平。此外,以旅游产业为主导产业的旅游目的地的整体经济更是遭受重创。2020年,马尔代夫全年接待游客总数约为50万人次,同比下降70.59%;2020年7月夏威夷接待的旅游人数锐减98%,仅接待约2万游客。其中,国际游客数量只占约10%;

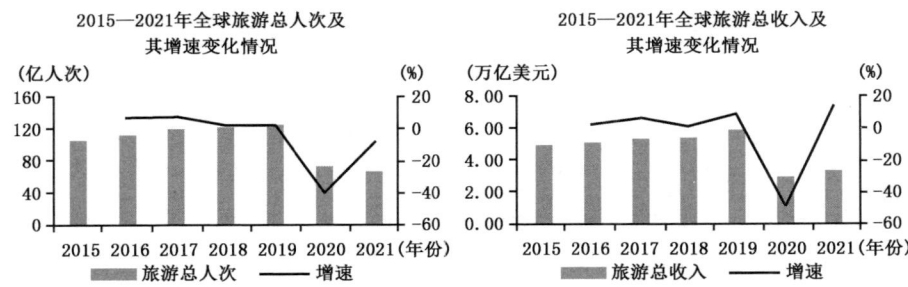

图 1.1　2015—2021 年全球旅游总人次、旅游总收入及其增速变化情况

2020 年泰国游客规模减小 83%,全年旅游收入同比跌幅也超过 80%。由此可见,新冠疫情对全球旅游市场造成了巨大的影响。

《2022 政府工作报告》中指出,高质量共建"一带一路",要巩固互联互通合作基础,拓展国际合作新空间,扎牢风险防控网络,努力实现更高合作水平、更高投入效益、更高供给质量、更高发展韧性。合作水平提升、发展韧性建设已然成为高质量推进"一带一路"倡议的重要任务。

1.1.1.3　"一带一路"沿线国家旅游合作韧性建设亟待破局

合作是"一带一路"倡议的主旋律[9],沿线国家的合作问题受到广泛关注。学界对"一带一路"沿线国家合作的贸易网络[10-13]、投资网络[14]、科技网络[15]、物流网络[16]等已展开了系统探讨。Morrison 等(2004)和 Jesus(2016)呼吁从网络视角关注国际旅游合作问题。[17-18] 旅游合作联系网络也逐步受到关注。[19-20] 然而,新冠疫情使得具有游客流动与互动鲜明特性的旅游业遭受重创[21-22],跨国、跨境旅游进入严冬。2020 年 6 月 18 日,习近平总书记在"'一带一路'国际合作高级别视频会议"中指出,愿同合作伙伴一道,把"一带一路"打造成团结应对挑战的合作之路,促进经济社会恢复的复苏之路。2021 年,习近平总书记在第三次"一带一路"建设座谈会发表重要讲话时强调,要努力实现更高合作水平、更高投入效益、更高供给质量、更高发展韧性,推动共建"一带一路"高质量发展不断取得新成效。合作水平提升、加强韧性建设已然成为高质量推进"一带一路"倡议的重要任务。沿线国家旅游业如何"抱团取暖",共同应对风险成为国际旅游合作亟待突破的现实问题。

韧性(Resilience)最早起源于生态学领域[23],其基本含义为一个系统遭受外部冲击后维持其自身稳定和核心功能运转的能力。彭翀等(2018)指出网络结构韧性是网络应对冲击并恢复、保持或改善原有系统特征和关键功能的能力。[24]网络结构韧性是区域未来可持续发展的重要指向[25]，是区域韧性研究领域正在兴起的研究焦点。[24-26]在复杂的国际形势的影响下，国际旅游合作受到严重冲击。科学测度和高质量提升网络结构韧性对于强化"一带一路"沿线国家旅游合作联系网络、助推"一带一路"倡议高质量建设具有重要意义。

在此背景下，有必要从网络结构韧性视角出发，科学评估"一带一路"沿线国家旅游合作联系网络结构韧性，甄别影响网络结构韧性的关键因子，提出网络结构韧性的形成机理，构建网络结构韧性的长效机制，打造更高合作水平、更高发展韧性的"一带一路"，这对于"一带一路"倡议高质量建设具有重要意义，是当前时期具有重要实践价值和理论意义的科学探索。

1.1.2　选题依据

1.1.2.1　政策依据

旅游是"一带一路"沿线国家交流合作的自然纽带，一直备受关注。国家发展改革委、外交部、商务部、文化部、财政部、卫健委等多个部门纷纷联合出台重要政策、举办会议和商贸展览来推动"一带一路"沿线国家和地区的旅游交流合作，促进旅游合作联系。其中，相关政策及会议如表1.1所示。

表1.1　　"一带一路"沿线国家旅游合作相关政策及会议

相关政策及会议	颁布主体	颁布时间	具体措施
《关于推动特色文化产业发展的指导意见》	文化部、财政部	2014年8月	按照国家建设"丝绸之路经济带"总体部署，依托丝绸之路沿线丰富的文化资源，调动各方力量，推动丝绸之路文化产业带建设
《推动共建丝绸之路经济带和21世纪海上丝绸之路的愿景与行动》	国家发展改革委、外交部、商务部	2015年3月	加强旅游合作，扩大旅游规模，互办旅游推广周、宣传月等活动，联合打造具有丝绸之路特色的国际精品旅游线路和旅游产品，提高沿线各国游客签证便利化水平
《丝绸之路旅游部长会议西安倡议》	丝绸之路旅游部	2015年6月	加强丝绸之路沿线国家间的旅游合作，对于促进各国经济社会发展与地区的和平稳定具有重要意义

续表

相关政策及会议	颁布主体	颁布时间	具体措施
中外旅行商共商"一带一路"沿线国家旅游合作会议	文化和旅游部、宁夏回族自治区政府	2019年9月	"一带一路"沿线国家要进一步加强旅游交流与合作,加强政策对接,共享旅游资源优势,共同开发旅游产品,不断提高旅游产品市场竞争力,携手推动各领域交流合作向前发展
"一带一路"国际合作高级别视频会议	中国外交部、国家发展改革委、商务部、国家卫生健康委	2020年6月	中国愿同合作伙伴一道,把"一带一路"打造成团结应对挑战的合作之路,维护人民健康安全的健康之路、促进经济社会恢复的复苏之路、释放发展潜力的增长之路
《中共中央关于制定国民经济和社会发展第十四个五年规划和二〇三五年远景目标的建议》	中国共产党第十九届中央委员会	2020年10月	坚持实施更大范围、更宽领域、更深层次对外开放,依托我国大市场优势,促进国际合作,实现互利共赢
《"十四五""一带一路"文化和旅游发展行动计划》	文化和旅游部	2021年7月	深入开展文化和旅游领域更大范围、更宽领域、更深层次的务实合作,进一步夯实"一带一路"建设的民意基础
第三次"一带一路"建设座谈会	—	2021年11月	要努力实现更高合作水平、更高投入效益、更高供给质量、更高发展韧性,推动共建"一带一路"高质量发展不断取得新成效
《2022政府工作报告》	—	2022年3月	高质量共建"一带一路",坚持共商共建共享,巩固互联互通合作基础,稳步拓展合作新领域

1.1.2.2 现实诉求

"一带一路"沿线旅游已成为国际旅游的重要组成。加强旅游合作,扩大旅游规模已成为"一带一路"的重点建设内容。一方面,出入境旅游企业面临生存困境。新冠疫情在全球范围内的爆发,对我国出入境旅游市场造成了巨大的影响。据中国旅游研究院国际研究所发布的数据显示,2020年全年我国出境旅游人数为2 033万人次,同比减少了86.9%。此外,"一带一路"沿线国家旅游合作正受新冠疫情冲击与考验。

"一带一路"倡议自提出以来,中国与沿线国家在多领域开展务实合作,共同推进各国各地区发展战略,有效推动共建"一带一路"实现了互利共赢、均衡发展。"一带一路"成为新时代中国对外合作交流的靓丽名片。面对新冠疫情的强烈冲击，应积极发挥中国在"一带一路"合作交流中的大国引领协同作用。因此，受新冠疫情常态化和复杂国际形势的双重影响，提升"一带一路"沿线国家旅游合作协同应对挑战、促进旅游活动复苏的能力已成为"一带一路"建设的迫切需求，是对建设"更高合作水平、更高投入效益、更高供给质量、更高发展韧性"的"一带一路"的理论响应。科学探索和评估沿线国家旅游合作联系网络的韧性发展，揭示整体网络、分区网络的合作特征及其演化规律，甄别影响网络与网络韧性发展的关键因素，提出网络与网络韧性发展的形成机理，构建"一带一路"沿线国家旅游合作联系网络高质量发展的推进机制，对提升"一带一路"旅游合作的抗风险能力、损害恢复能力以及持续发展能力具有重要意义。

1.1.3　研究问题

本书拟重点解决"一带一路"沿线国家旅游合作联系网络如何科学建构（网络结构——科学测度旅游合作联系、如何构建旅游合作网络问题，解决"干什么"的问题）、沿线国家旅游合作联系网络呈现何种特征、韧性特征如何（网络解构——揭示网络结构的群体特征、小群体特征、个体特征和韧性特征，揭示沿线国家旅游合作联系网络结构韧性特征与演化规律，解决"是什么"的问题）、沿线国家旅游合作联系网络如何形成（网络建构——甄别影响旅游合作联系网络、网络韧性发展的关键驱动因子，厘清网络特征的形成机理，解决"为什么"的问题）以及如何高质量推进沿线国家旅游合作（网络优构——旅游合作联系网络高质量推进与长效发展，解决"怎么办"的问题）等系列问题。本书拟解决的关键问题有：

1.1.3.1　科学建构"一带一路"沿线国家旅游合作联系网络

科学测度"一带一路"沿线国家旅游合作网络联系是系统揭示沿线国家旅游合作联系网络特征、形成机理的重要前提。基于此，本书将在系统梳理合作网络联系测量方式的基础上，将旅游能级作为引力系数，将地理距离、经济距离优化距离测算，修正万有引力模型，从而更加科学测度"一带一路"沿线国家旅游合作联系。本书将 2010—2019 年间各国旅游合作联系度的平均值作为断点值，即某两国之间的旅游合作联系度高于平均值，即赋值为 1，低于平均值则赋值为 0，从而建构"一带一路"沿线国家旅游合作联系网络并绘制旅游合作联系网络拓扑结构图。此外,借助采用 Gephi 软件进行可视化分析,以便对"一带一路"沿线国家旅游合作联系网络的发展趋势进行比较。

1.1.3.2 "一带一路"沿线国家旅游合作联系网络呈现的特征

厘清"一带一路"沿线国家旅游合作联系网络的特征,识别旅游合作联系网络的发展规律是针对性提升旅游合作联系网络可持续发展的重要基础。本书将从沿线国家旅游合作联系的整体网络、分区网络(东亚—东盟、中亚—西亚、南亚、独联体、中东欧等区域)、个体特征、韧性发展特征等多尺度多视角,利用网络密度、网络分派指数(E-I 指数)、网络直径与平均路径长度、聚类系数、互惠性、度数中心势、中间中心势、接近中心势、凝聚子群分析、块模型、度数中心度、中间中心度、接近中心度、结构洞指数、鲁棒性、传输性、集聚性、层级性以及匹配性等多指标、多测度来全面揭示"一带一路"沿线国家旅游合作联系网络特征与韧性发展特征。

1.1.3.3 "一带一路"沿线国家旅游合作联系网络如何形成

识别并验证影响"一带一路"沿线国家旅游合作联系网络的关键因素,甄别影响沿线国家旅游合作联系网络韧性发展的关键因素及各关键因素间的相互作用关系是推进合作网络高质量发展的重要抓手。本书借助社会网络分析中的 QAP 回归分析来实证检验影响"一带一路"沿线国家旅游合作联系网络形成的因素;借助空间面板回归验证影响沿线国家旅游合作联系网络韧性的关键因素,并借助 fsQCA 厘清各因素之间的条件组态。

1.1.3.4 推进"一带一路"沿线国家旅游合作联系网络高质量发展

如何科学高质地将"一带一路"打造成团结应对挑战的合作之路、打造成为促进经济社会恢复的复苏之路、打造成为"更高合作水平、更高投入效益、更高供给质量、更高发展韧性"的共赢之路是"一带一路"高质量发展中需要迫切解决的现实问题。本书基于沿线国家旅游合作联系的科学测度与网络建构(关键科学问题一)、揭示网络整体特征、分区网络特征、韧性发展特征(关键科学问题二)以及网络特征的形成模式与形成机理的探索(关键科学问题三),结合沿线国家旅游合作联系网络的整体与分区变化特征、形成模式与形成机理,针对性提出包括网络优化机制、韧性分区提升机制、韧性长效保持机制以及保持长效合作的中国行动方案,为高质量提升"一带一路"沿线国家旅游合作联系、强化风险应对能力和受损恢复能力提供决策基础。

1.2　研究目的与研究意义

1.2.1　研究目的

在复杂多变的国际形势的影响下，如何建设"更高合作水平、更高发展韧性"，能够应对挑战的、能快速从损害中恢复的"一带一路"成为现实发展的迫切需求。本书将"旅游合作联系网络"作为核心议题与研究对象引入"一带一路"沿线国家旅游合作研究，通过测度"一带一路"沿线国家旅游合作联系，沿线国家旅游合作联系网络，从整体网络特征、分区网络特征双重视角全面揭示网络整体特征、小群体特征、个体特征与网络结构韧性特征及其演化规律，识别并检验影响网络与网络结构韧性的关键动因，揭示网络特征与韧性发展的形成机理，并提出沿线国家旅游合作联系网络的高质量发展推进机制，旨在为高质量提升"一带一路"沿线国家旅游合作提供理论参考和解决方案。本书的具体研究目的包括：

（1）提出"一带一路"沿线国家旅游合作联系网络的测度指标与评估方法，为科学认识和测度"一带一路"沿线国家旅游合作联系网络提供理论依据和工具参考。本书将旅游能级、经济距离等关键要素引入万有引力模型，并借助修正后的引力模型来测度"一带一路"沿线国家旅游合作联系，借助自然断点构建合作联系网络，并揭示整体网络[网络密度、网络分派指数（E-I指数）、网络直径与平均路径长度、聚类系数、互惠性、度数中心势、中间中心势、接近中心势、凝聚子群分析、块模型、度数中心度、中间中心度、接近中心度、结构洞指数等指标]、分区网络（东亚—东盟、中亚—西亚、南亚、独联体、中东欧五大区域）的发展特征。在科学认识和解构"一带一路"沿线国家旅游合作联系网络结构的基础上，将"网络结构韧性"引入旅游合作联系网络，并构建包括鲁棒性、传输性、聚集性、层级性以及匹配性等多个指标在内的网络结构韧性评估指标体系，从层次性和匹配性双重视角评估网络结构韧性类型以及演化水平。本书有助于深化对"一带一路"沿线国家旅游合作联系的科学认识，为系统测度沿线国家旅游合作联系网络特征与网络结构韧性提供指标基础，为网络结构韧性的进一步研究提供研究基础。

(2)揭示"一带一路"沿线国家旅游合作联系网络及其结构韧性的影响因素及其形成机理,为长期科学建设和高质量推进沿线国家旅游合作联系提供决策依据。本书将从演化关联视角甄别和验证影响沿线国家旅游合作联系网络、网络结构韧性演化的关键动因,厘清各关键动因间的作用逻辑,借助 fsQCA 分析各影响因素的条件组态,提出网络与网络结构韧性的形成机理,系统解读沿线国家旅游合作联系网络及其结构韧性的时空演化特征、动力因素及其形成机理,为科学构建网络高质量推进机制与长效发展提供理论参考。

(3)系统构建沿线国家旅游合作联系网络的高质量推进机制与长效发展策略,提出保障长效发展的中国行动方案,为提升"一带一路"沿线国家旅游合作与韧性水平提供决策基础。本书将结合"一带一路"沿线国家旅游合作联系网络与网络结构韧性的时空演化特征、网络结构韧性的障碍因子、影响网络与网络结构韧性的关键动力因子及其形成机理,提出保障网络高质量发展、网络结构韧性处于高水平状态的障碍破解路径、韧性水平提质策略以及韧性全面保障体系,进而有针对性地提出提升网络与网络结构韧性的中国行动方案,贡献中国力量,为强化"一带一路"沿线国家旅游合作、发挥好中国在"一带一路"沿线国家旅游合作中的角色与作用提供路径选择与方案支撑。

1.2.2　研究意义

1.2.2.1　理论意义

聚焦"'一带一路'沿线国家旅游合作联系网络",在科学测度"一带一路"沿线国家旅游经济合作联系的基础上,构建旅游经济合作联系网络,并全面系统揭示"一带一路"沿线国家旅游合作联系网络的基本特征(网络群体特征、小群体特征、个体特征),建构沿线国家旅游合作联系网络的结构韧性测度指标体系,并测度整体、区域等不同尺度的网络结构韧性,探析其空间响应特征,进而甄别并验证影响网络与网络结构韧性的关键因子,提出高质量推进网络与网络韧性发展的长效机制,为提高沿线国家旅游合作联系网络及其结构韧性、助力中国推进"一带一路"沿线国家旅游合作建设提供理论基础和行动方案。本书预期取得的科学突破和理论价值主要表现为:

(1)提出"一带一路"沿线国家旅游合作联系的测度方式,构建了系统揭示网络特征的测度体系,完善和推进地理学与可持续科学中区域合作网络的相关研究。引入旅游能力、经济距离、地理距离等要素修正传统引力模型,从网络整体特征、小群体特征、个体特征和韧性发展特征等多个维度系统揭示沿线国家旅游合作联系网络,这为科学认识沿线国家旅游合作联系网络及其结构韧性提供测度基础,为揭示"一带一路"沿线国家旅游合作联系网络及其结构韧性特征与演化规律奠定科学依据。

(2)揭示"整体—局部"等不同尺度视角下"一带一路"沿线国家旅游合作联系网络及其结构韧性的时空演化特征与形成机理,深化和完善韧性理论。本书将科学测度"一带一路"沿线国家整体、分区(东亚—东盟、中亚—西亚、南亚、独联体以及中东欧等区域)等不同尺度视角下的旅游合作联系网络结构韧性,并探究其演化特征,甄别和诊断影响网络结构韧性的关键因子,厘清因子间的作用逻辑,演绎出网络结构韧性的形成机理,这对于科学理解旅游合作联系网络结构韧性的特征规律及其形成机理具有重要意义,并为构建"一带一路"沿线国家旅游合作联系网络结构韧性长效机制提供重要理论支撑,是对韧性理论的系统完善。

(3)丰富和推进网络及其结构韧性研究,深化和拓展区域韧性研究领域。新冠疫情的全球影响和复杂的国际形势使得全球更加关注韧性建设。本书从网络视角来研究韧性是国际上区域韧性研究领域正在兴起的热点议题,着眼于网络结构对区域应对冲击并恢复、保持或改善原有系统特征和关键功能的能力,对区域空间的健康发展意义重大。本书系统揭示了网络结构韧性的测度体系、演化规律、形成机理,并提出网络结构韧性提升的长效机制策略,将地理学、管理学、经济学、社会学、可持续科学等学科,社会网络分析、空间面板回归、fsQCA 等分析技术有机结合,是对网络结构韧性研究的系统深化,能够丰富区域韧性研究的理论内涵和应用方法,也是对韧性研究的持续深化与重要补充。

1.2.2.2 现实意义

"一带一路"倡议是我国根据国内外形势变化做出的重大、长远倡议,是新时代中国开放发展的旗帜和主要载体,其不仅是中国对经济全球化改革和发展的重要贡献,同时也是中国实现第二个"百年目标"的重要支撑。[27]"一带一路"沿线旅游已成为世界旅游的新增长点,旅游合作对"一带一路"倡议的助推效应[7],"一带一路"沿线国家旅游合作相关议题也备受关注。系统揭示沿线国家旅游合作特征、韧性发展特征、旅游合作联系网络及其韧性特征的形成机理等关键议题对于高质量提升沿线国家旅游合作具有重要意义。此外,新冠疫情的全球性蔓延与复杂的国际形势对沿线国家旅游合作具有显著的阻碍性影响。

因此,强化沿线国家旅游合作联系的抗风险能力,提升其遭受损害后的恢复能力,是对建设"更高合作水平、更高发展韧性"的"一带一路"的重要现实回应,是我国当前时期建设"一带一路"倡议、推进"一带一路"高质量发展的重点工作。

为科学提升和强化"一带一路"沿线国家旅游合作联系,本书将从对"测度旅游合作联系""解析旅游合作联系网络特征""探析网络特征形成机理"和"研析网络高质量推进机制"等多个方面展开系统研究,这有助于科学认识"一带一路"沿线国家旅游合作联系网络的发展特征、结构韧性特征、演化规律与形成机理,有助于科学提出高质量推进沿线国家旅游合作的机制与策略。在新冠疫情冲击背景下,提升沿线国家旅游合作联系网络的结构韧性,提出网络结构韧性的长效机制与提升网络结构韧性的中国行动方案,是强化沿线国家旅游合作的抗风险能力与损害恢复能力的重要基础,是将"一带一路"建设成应对挑战的合作之路、促进经济社会恢复的复苏之路的重要前提,是建设更高合作水平、更高发展韧性的"一带一路"的重要现实实践,对于"一带一路"倡议高质量发展具有重要的现实意义与战略价值。

1.3 研究内容与方法

1.3.1 研究内容

以科学测度"一带一路"沿线国家旅游合作联系、建构沿线国家旅游合作联系网络为基础,以系统揭示沿线国家旅游合作联系网络特征(网络整体特征、小群体特征、个体特征与韧性特征)与演化规律、甄别和验证影响网络特征的关键因素,厘清网络特征的形成机理为研究过程;以构建"一带一路"沿线国家旅游合作联系网络的高质量推进机制与网络结构韧性发展的长效机制、提出提升网络结构韧性的中国行动方案为目标,从网络视角出发,系统剖析"一带一路"沿线国家旅游合作联系网络高质量发展相关问题。本书共分为7章,具体研究内容如下:

第1章,绪论。该章着重阐述研究背景、选题依据以及研究问题,明确本书的研究目的、研究意义,确定本书的技术方法与研究内容,据此总结本书的思路框架,描绘研究技术路线图,即对本书进行整体概述说明。

第 2 章,文献回顾与研究进展。首先,梳理旅游能级、区域旅游合作、旅游合作联系网络、网络结构韧性等基础概念;其次,对旅游能级、网络结构韧性、"一带一路"沿线国家合作、国家旅游合作等相关研究进行回顾与梳理,了解其研究领域以及研究进展,梳理合作测度、合作内容、合作影响因素等;再次,梳理"一带一路"沿线国家旅游合作联系网络研究可能涉及的流空间理论、社会网络理论、复杂网络理论和空间相互作用理论等;最后,对整个研究进展进行总结,进一步明确本书的研究问题。

第 3 章,"一带一路"沿线国家旅游合作联系网络的建构及其表征解析。本章借助修正后的万有引力模型测度"一带一路"沿线国家旅游合作联系强度,构建沿线国家旅游合作联系网络,借助社会网络分析,从整体—分区视角揭示沿线国家旅游合作联系网络的整体特征[网络密度、网络分派指数(E-I 指数)、网络直径与平均路径长度、聚类系数、互惠性、度数中心势、中间中心势]、小群体特征(凝聚子群分析、块模型)、个体特征(接近中心势、度数中心度、中间中心度、接近中心度、结构洞指数等指标)及其演化规律。

第 4 章,"一带一路"沿线国家旅游合作联系网络结构韧性评估与障碍诊断。本章重点聚焦"一带一路"沿线国家旅游合作联系网络的结构韧性特征,从网络鲁棒性、传输性、聚集性、层级性以及匹配性等多个指标出发综合测度,重点分析与揭示旅游合作联系网络的整体—分区(东亚—东盟、中亚—西亚、南亚、独联体、中东欧五大区域)网络结构韧性及其演化特征,探析网络结构韧性的空间响应逻辑。在此基础上,引入障碍因子诊断模型分析影响沿线国家旅游合作联系网络结构韧性提升的障碍因子。

第 5 章,"一带一路"沿线国家旅游合作联系网络的影响因素与形成机理。本章在识别影响"一带一路"沿线国家旅游合作联系网络关键因素的基础上,验证驱动沿线国家旅游合作联系网络发展和韧性建设的关键动力,厘清影响因素间的作用逻辑,进而提出驱动机理。具体而言:首先,本章先系统梳理与识别影响沿线国家旅游合作联系网络的因素,借助社会网络分析中的 QAP 回归技术验证驱动沿线国家旅游合作联系网络发展的重要动因;其次,测度 QAP 回归技术验证得到的关联网络的结构韧性,利用空间面板回归技术识别影响旅游合作联系网络结构韧性的关键因子;最后,结合空间面板回归验证的关键影响因子,借助 fsQCA 方法分析沿线国家旅游合作联系网络结构韧性形成的前因状态,进而提出沿线国家旅游合作联系网络结构韧性的形成机理与前因组态。

第 6 章,"一带一路"沿线国家旅游合作联系网络高质量发展的推进机制。本章在测度"一带一路"沿线国家旅游合作联系、揭示网络特征与网络结构韧性特征的基础上,结合沿线国家旅游合作联系网络的时空演化特征、影响沿线国家旅游合作联系网络的关键要素、条件组态与形成机理,从沿线国家旅游合作联系网络优化策略、旅游合作联系网络结构韧性提升路径、旅游合作联系网络结构韧性长效机制三个方面提出高质量推进沿线国家旅游合作网络的工作机制。

第 7 章,研究总结与展望。本章进一步归纳总结研究的主要结论,并就本书结论与现有研究展开对话,深度讨论;并且结合研究内容,提出研究不足,针对研究不足提出未来可能深入研究的方向与要点。

1.3.2　研究方法

本书聚焦于"一带一路"沿线国家旅游合作联系网络,以测度沿线国家旅游合作联系为基础,以系统揭示沿线国家旅游合作联系网络特征与韧性发展特征为手段,以甄别和验证影响网络特征的关键因素、提出网络特征的形成机理为重点,以构建高质量推进网络长效发展的行动机制为目标,按照"明晰合作联系—评析网络特征—探析形成机理—研析推进机制"的思路展开研究。本书开展各阶段研究涉及的方法主要包括:

1.3.2.1　明晰网络结构阶段

(1)网络联系测算方法。本书在构建"一带一路"沿线国家旅游能级评价指标体系的基础上,将旅游能级作为万有引力模型中的引力系数来修正万有引力模型;其次,考虑到旅游合作的重要研究对象,本书将经济距离作为距离因素之一引入万有引力模型来进行修正,并借助修正后的万有引力模型测度"一带一路"沿线国家旅游合作联系(详见本书第 3.1.2.1 节)。

(2)网络特征测度方法。本书借助社会网络分析方法对"一带一路"沿线国家旅游合作联系网络的整体网络态势、网络小群体特征以及个体特征三个层面展开测度(详见 3.1.2.2 节),具体如下:①整体网络态势解析。借助 Gephi 软件对"一带一路"沿线国家旅游合作联系网络进行可视化分析。此外,借助 Ucinet 软件对沿线国家旅游合作联系网络的整体指标(网络密度、网络中心势、E-I 指数、互惠性、平均路径长度、网络直径、聚集系数)进行测度。②网络小群体特征探析。本书对网络小群体特征的探析主要聚焦于凝聚子群、核心—边缘以及块模型分析。③个体网络结构分析。借助 Ucinet 软件对网络中心性、网络结构洞进行测度，进而量化行动者在网络中的位置和权力以及在网络中发挥的作用。

1.3.2.2 评析韧性发展阶段

本书对构建的"一带一路"沿线国家旅游合作联系整体—分区网络进行韧性发展评析（详见 4.1.1），首先，借助 Gephi 软件测算此处网络鲁棒性、传输性、集聚性、层级性以及匹配性 5 项指标数值，并通过熵权法对沿线国家旅游合作联系整体—分区网络结构韧性进行评估。其次，依据层级性与匹配性指标的静态特征，将整体—分区网络结构韧性类型划分为三类：随机网络、同配性核心—边缘网络、韧性网络。再次，依据层级性与匹配性指标的动态变化，判定"整体—分区"网络结构韧性演化规律。最后，引入障碍因子诊断模型分析影响沿线国家旅游合作联系网络结构韧性提升的关键障碍因子。

1.3.2.3 探析形成机理阶段

借助 QAP 回归技术验证影响"一带一路"沿线国家旅游合作联系网络的关联网络，并测度其结构韧性，借助空间面板回归技术验证影响网络结构韧性的关键因子，利用 fsQCA 分析技术厘清网络结构韧性形成的条件组态，并分析关键因子间的作用逻辑，提炼出沿线国家旅游合作联系网络特征的形成机理（详见本书第 5 章）。

1.3.2.4 研析推进机制阶段

本书依托沿线国家旅游合作联系网络特征、沿线国家旅游合作联系网络结构韧性演化水平以及沿线国家旅游合作联系网络结构韧性形成机理，结合高质量发展理念以及中国商务部在"一带一路"倡议建设 10 周年提出的工作重点，即"优网络""提质量""强保障"的工作理念，提出了沿线国家旅游合作联系网络优化机制、旅游合作联系网络结构韧性分区提升机制以及旅游合作联系网络结构韧性长效保持机制，从而提出沿线国家旅游合作联系网络发展的高质量推进的有效路径（详见本书第 6 章）。

1.4　研究思路与逻辑框架

1.4.1　研究思路

本书围绕"一带一路"沿线国家旅游合作联系网络的相关问题开展探索，具体研究思路为：

第一，提出研究问题。"一带一路"沿线国家合作如火如荼，然而，新冠疫情的全球蔓延对国际旅游业造成巨大冲击，国际旅游合作面临巨大考验，"一带一路"沿线国家强化旅游合作联系网络如何强化韧性建设亟待破局。因此，本书将聚焦沿线国家旅游合作联系网络这一重要对象，并将其作为主要研究议题。

第二，回顾研究进展。研究在界定旅游能级、国家旅游合作以及网络结构韧性相关概念的基础上，梳理相关理论与研究进展，厘清发展动态，为揭示"一带一路"沿线国家旅游合作联系网络特征、韧性发展特征、探索形成机理以及构建高质量推进机制奠定前期基础。

第三，明晰网络特征。借助修正后的引力模型测度"一带一路"沿线国家旅游合作联系，构建旅游合作联系网络，进而借助社会网络分析技术揭示和厘清沿线国家旅游合作联系网络的整体特征、小群体特征、个体特征及其演化规律。

第四，评析韧性发展。本书基于鲁棒性、传输性、聚集性、层级性以及匹配性等多个指标建构网络结构韧性评估体系，从整体网络、分区网络不同视角测度评估网络结构韧性，揭示韧性水平、类型以及演化特征。此外，借助障碍因子诊断模型诊断网络结构韧性的关键障碍因子。

第五，探析形成机理。在识别影响"一带一路"沿线国家旅游合作联系网络关键因素的基础上，借助QAP回归技术验证影响沿线国家旅游合作联系网络发展的关联网络，并测度其结构韧性，利用空间面板回归技术验证影响网络结构韧性的关键因子，进而利用fsQCA分析技术厘清网络结构韧性形成的条件组态，并分析关键因子间的作用逻辑，提炼形成机理。

第六，研析推进机制。结合旅游合作联系网络的特征、韧性发展规律以及关键障碍因子、影响网络发展的关键动因与形成机理，构建科学的整体—分区网络高质量发展的长效机制与中国行动方案。

第七，研究总结展望。总结全文，归纳总结研究的主要结论，并对相关结论进行讨论与延展，指出研究局限并提出未来研究展望。

1.4.2 研究逻辑框架

本书按照"引子：提出科学问题"——"回溯：回顾研究进展"——"解构：明晰网络特征"——"结构：评析结构韧性"——"基构：探析形成机理"——"优构：研析长效机制"——"总结：研究总结与展望"的研究思路展开研究（见图1.2）。

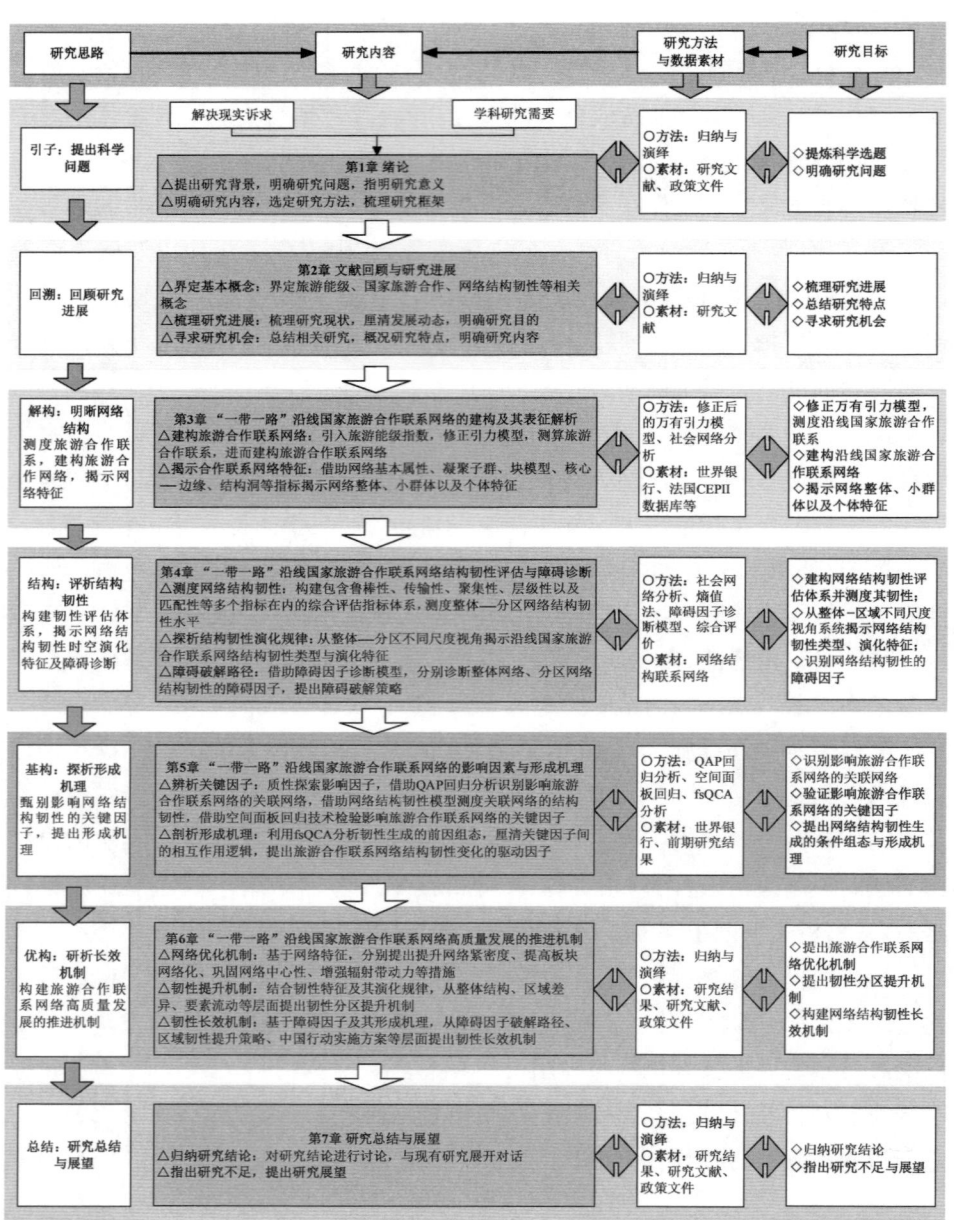

图 1.2 研究技术路线

1.5 本章小结

本章通过梳理研究背景、依据以及研究问题,明确本书的研究目的与研究意义,着重阐述本书的研究内容与方法,并提出研究思路与逻辑框架,据此绘制出本书技术路线图。具体而言:

(1)研究背景:党的二十大报告指出,推进高水平对外开放,推动共建"一带一路"高质量发展。"一带一路"沿线国家旅游合作如火如荼。然而,新冠疫情的全球蔓延对国际旅游业造成巨大冲击,国际旅游合作面临巨大考验,"一带一路"沿线国家强化旅游合作联系网络如何高质量韧性发展亟待破局。

(2)研究依据:一方面,国家出台了一系列重要政策及举办会议来推动"一带一路"沿线国家和地区的旅游交流合作;另一方面,受新冠疫情常态化和复杂国际形势的双重影响,提升"一带一路"沿线国家旅游合作协同应对挑战、促进旅游活动复苏的能力已成为"一带一路"建设的迫切需求。

(3)本书拟解决的关键科学问题:如何科学建构"一带一路"沿线国家旅游合作联系网络、沿线国家旅游合作联系网络呈现何种特征?沿线国家旅游合作联系网络如何形成?沿线国家旅游合作联系网络如何高质量推进与高质量发展?

(4)本书的具体目的:提出"一带一路"沿线国家旅游合作联系网络的测度指标与评估方法、揭示沿线国家旅游合作联系网络及其结构韧性的影响因素及其形成机理、构建沿线国家旅游合作联系网络的高质量推进机制与长效发展策略,提出保障长效发展的中国行动方案。

(5)研究意义:提出"一带一路"沿线国家旅游合作联系的测度方式,构建了系统揭示网络特征的测度体系,完善和推进地理学与可持续科学中区域合作网络的相关研究;揭示"整体—局部"等不同尺度视角下"一带一路"沿线国家旅游合作联系网络及其结构韧性的时空演化特征与形成机理,深化和完善韧性理论;丰富和推进网络及其结构韧性研究,深化和拓展区域韧性研究领域。此外,对"一带一路"倡议高质量发展具有重要的现实意义与战略价值。

(6)研究主要内容:绪论、文献回顾与研究进展、"一带一路"沿线国家旅游合作联系网络的建构与表征、"一带一路"沿线国家旅游合作联系网络结构韧性评估与障碍诊断、"一带一路"沿线国家旅游合作联系网络的影响因素与形成机理、"一带一路"沿线国家旅游合作联系网络高质量发展的推进机制、研究总结与展望等,并通过修正后的万有引力模型、社会网络分析法、QAP回归技术、空间面板回归技术、fsQCA分析技术以及障碍因子诊断模型等多种方法探索。

(7)研究思路:按照"引子:提出科学问题"——"回溯:回顾研究进展"——"解构:明晰网络特征"——"结构:评析结构韧性"——"基构:探析形成机理"——"优构:研析推进机制"——"总结:研究总结与展望"思路展开研究。

第 2 章

文献回顾与研究进展

本章将阐述旅游能级、区域旅游合作、旅游合作联系网络以及网络结构韧性等核心概念,并回顾与梳理旅游能级、网络结构韧性、"一带一路"合作、"一带一路"沿线国家合作、"一带一路"沿线国家旅游合作等相关研究进展。在此基础上,回顾对流空间理论、社会网络理论、复杂网络理论以及空间相互作用理论,提出其在本书的应用。最后,综述上述研究,提出本书重点探究的研究问题与本书将要探索的研究方向。

2.1 核心概念

2.1.1 旅游能级

"能级"概念源于现代量子物理学,后被引入城市的研究。[28]城市能级是指城市某种功能对该城市以外地区的辐射影响程度[29],可用于反映城市经济、创新以及服务功能在内的综合发展水平。[30]陆相林等(2018)借鉴已有城市能级的研究成果[29,31],将城市旅游能级界定为:反映城市旅游功能对城市以外地区辐射影响程度的测度变量,可以通过城市旅游经济能级、城市旅游潜力能级和城市旅游环境支撑能级来综合衡量。旅游合作系统中的网络覆盖全球、国家、区域等尺度。[32]旅游合作联系网络是由众多的节点和连接构成的,如城市旅游目的地就是全国旅游合作联系网络的节点,国家旅游目的地就是区域旅游合作联系网络的节点,这些不同尺度下的目的地彼此之间构成节点之间的连接。[33]从旅游目的地视角而言,国家、城市只是不同尺度下的目的地,两者在要素流动、节点连接、合作往来等方面表现为共同的旅游功能。此外,城市旅游能级是指城市旅游功能对城市以外地区辐射影响程度的测度变量。[31]鉴于城市旅游目的地与国家旅游目的地具有相同的旅游功能,意味着两者仅在旅游辐射范围(即空间尺度)有所区别,其旅游辐射功能本质上是相同的。

根据以上分析,本书将国家旅游能级界定为:能反映国家旅游功能对本国以外地区辐射影响程度的测度变量。国家旅游功能对外辐射范围越大,说明其能级越高;反之,则越低。此外,国家旅游功能可分为内在功能和外在功能,内在功能强调国家本身旅游服务的各种功能,而外在功能则是指国家对外旅游服务的各种功能。[34]

2.1.2 区域旅游合作

目前,国内外对区域涵盖的地理范围没有统一的界定,但可依据行政主体或者行政机构,划分为国家、省份、城市以及县区等区域。[35]区域合作是当今经济全球化发展的必然趋势,旅游业作为国家经济发展的重要组成部分,区域旅游合作被认为是实现旅游业可持续发展的重要举措。[35]区域旅游(Regional Tourism)诞生于20世纪80年代,是在旅游资源分布相对一致的空间内,以吸引旅游者在该空间内休闲旅游,是特定空间内旅游活动及其关系的总和。[36-38]

基于上述分析,本书认为区域旅游合作(Regional Tourism Cooperation)是不同区域内政府、旅游企业、旅游组织以及当地居民等主体之间为了达到某种利益,在旅游空间内通过一定的约束所进行的各种旅游经济活动合作。[38-40]

2.1.3 旅游合作联系网络

旅游经济联系网络是以区域为载体、以旅游者为中介、以经济活动为基础,通过旅游者在客源地与目的地之间的旅游活动而使旅游要素流动,并形成点、线、面相互交织的区域网络。[41]旅游经济联系反映了旅游要素在空间网络的流动过程[42],旅游要素之间的作用强度则表现为区域旅游联系强弱。旅游合作是旅游经济发展的重要形式之一。[43]

综上,本书将旅游合作联系网络(Tourism Cooperation Connection Network)定义为:一定区域范围内利益主体在特定旅游空间内开展旅游活动而形成相互联系的状态与结构。

2.1.4 网络结构韧性

2.1.4.1 恢复、弹性、韧性的辨析

韧性(Resilience)的概念最早源于拉丁语"resilio",意为"恢复到原始状态"[44],随后法语"résiler"借鉴该词意,即"撤回或取消",最后,该词演化为英语中"resile"一词,意为"恢复原状"[45-46]。自此,韧性概念被应用到了不同的学科领域中。韧性最早应用于物理学领域,用以描述物质的特性,即金属、建筑材料等物体在外力作用下发生形变后仍可恢复到原有状态的能力,其强调韧性的力学概念[45]。随后,韧性思想融入心理学与生理学领域,其表现为人类精神状态受到创伤后的恢复以及身体结构的伸展能力[47]。1973 年,生物学家霍林(Holling)首次将韧性的概念应用到生态领域,用以解释生态系统承载能力,其思想被广泛认定为现代韧性理论的渊源[23]。

目前,韧性已被广泛应用于多学科中,其概念和内涵得到了不断的丰富和完善,但对如何定义韧性未达成共识[48],且由于译法的多样性、应用领域的多元性,"resilience"一词有多种译法且分歧较大,其中恢复、弹性、韧性三词在国内文献出现频率最高[49]。为避免概念混淆,有必要对这三者概念进行辨析。在中文权威辞典《辞海》中:恢复指回复原状之意;弹性指材料或物体在外力作用下产生变形,若除去外力后变形即消失的性质;韧性则指受外力作用时,物体产生变形但不折断的性质[49]。由此可知,恢复与弹性意思相近,均有回到最初状态之意,但弹性还有伸缩、可塑的性质;而韧性与恢复、弹性的意义区别较大,其强调物体自身形变、适应,以及抵抗外力而恢复的能力,一定程度上涵盖了恢复与弹性之意,即韧性的重要属性包含恢复与弹性[46]。

学术界对恢复、弹性、韧性这三者的定义也有所区别:恢复是指系统受到较小规模扰动后在短期内恢复到最初状态的能力[48];弹性是指系统受到较小或中等规模的干扰后迅速地恢复原始平衡状态的能力[50];韧性则是强调系统面对较大冲击时不断的适应、恢复从而达到动态平衡的能力[51]。可见,学者对这三者的定义存在区别,在应对干扰的规模、时间及能力上各有侧重,但三者之间又存在联系,韧性汲取了恢复之意以及弹性的平衡能力,突显出能保持动态平衡的能力。此外,恢复、弹性、韧性的应用领域也有所不同,恢复多应用于生态环境、农业领域,弹性多应用于建筑、经济、材料等领域,而韧性则应用于城市、灾害与公

共安全领域。[46]总而言之,恢复、弹性、韧性之间既有区别又有联系。恢复、弹性、韧性在概念定义与应用领域方面存在差别。韧性内涵在一定程度上包含了恢复与弹性的内涵,且呈现出应对更多元的外界干扰、更灵活的适应干扰能力的特征。

2.1.4.2 韧性概念演化

韧性的概念自提出以来,从最初的工程韧性(Engineering Resilience)到生态韧性(Ecological Resilience),再到演进韧性(Evolutionary Resilience),每一次的演化过程都标志着学术界对韧性认知深度的提升。1973年,学者霍林阐明了韧性是系统受到外界干扰恢复到平衡或稳定状态的能力,并从均衡视角提出了"工程韧性"的概念,指生态系统在冲击后能够恢复到未受冲击的状态或路径。[23]随后,学术界认为扰动的存在可以促使系统从一种平衡状态向另一种平衡状态转化,该认知的转变使学者意识到韧性可以促使系统形成新的平衡。[45]由此,"生态韧性"这一概念被提出[52],意为"生态系统通过抵抗破坏后迅速恢复并应对外界干扰的能力",其强调多重均衡的理念。在此基础上,学者们又提出了"演进韧性"的理念,该理念强调系统为了抵抗干扰而产生的一种变化性、适应性以及转变性的能力。[53]随着韧性理念的深化发展,韧性的概念被应用于复杂系统理论的研究,涉及心理学[54]、生态学[55]、经济学[56]、组织管理[57]、城市问题[58]等各领域,掀起了韧性研究的高潮。纵观韧性研究发展历程,韧性研究经历了"单一平衡—多重均衡—复杂适应"的演变过程。

学术界对于"什么是韧性"仍缺乏明确统一的界定,主要原因在于韧性研究对象的多元性。为了更好地理解韧性的概念内涵,收集 Web of Science 中韧性研究的热点论文,并梳理出不同领域韧性概念的演化趋势(见表2.1)。

表 2.1　　　　　　　　　　韧性概念演化

韧性类别	概念	特征	研究对象	相关学者
工程韧性	系统在受到冲击或干扰后恢复到均衡稳定状态的能力	单一均衡稳定状态	物理系统	Holling[23](1973)、Manyena[59](2006)等
生态韧性	系统在不改变自身结构和功能的前提下所能承受的抗干扰且转化到不同状态的能力	多重、动态均衡状态	生态系统	Simmie & Martin[60](2010)、Hassink[61](2008)、Pike et al.[62](2010)等

续表

韧性类别	概念	特征	研究对象	相关学者
演进韧性	系统在遭遇外部冲击和干扰后迅速恢复系统本身所需的应对能力	复杂适应能力、非均衡状态	复杂适应性系统	Hudson[63](2010)、Luthar et al.[64](2000)、Perrings[65](2006)等

由于韧性研究的跨学科性,涉及不同研究对象的韧性概念内涵既有自己的侧重点也有共同的特征,从"单一均衡"理念到"适应性"思想也体现出系统动态调整的能力。相较于其他研究对象而言,复杂适应性系统下更能体现韧性的本质特征——抵御内外界干扰及破坏的能力、保持或恢复某些核心功能的能力。基于此,本书认为韧性是指,一个系统抵御外部或内部冲击后仍能维持其自身结构稳定和核心功能运转的能力。[66]

2.1.4.3 区域韧性

通过对韧性概念的梳理,不难发现,韧性概念在内涵上与可持续发展存在密切联系。[66]随着对可持续发展问题的关注,可持续发展问题已从环境领域渗透到各个领域[67],人们也开始思考如何解决区域容易受到外界干扰这一现实问题。[68]在此背景下,学者开始从区域层面探讨提升韧性的路径。

基于中国国情,依照行政区域划分,区域空间范围可以划分为全球、洲际、国家、省、县(市)、乡镇甚至街道。此外,区域还可以划分为如长江流域的地理区域、京津冀地区的国家战略层面。可见,区域就包括了多种层次与类别。其中,韧性城市的研究就是在城市规划基础上提出的[45],其强调城市基础设施与社会制度的适应性与灵活性。

区域韧性(Regional Resilience)是一种区域能力[69],即区域能动态地适应不同阶段风险和挑战、并恢复到原来状态找到新发展路径的能力。[70]区域韧性表征了区域能够依旧自身灵活性与适应性能力来有效应对外界冲击,从而降低区域发展的不确定性与脆弱性。[71]区域韧性是消除区域障碍、实现区域可持续发展的重要因素。[72]区域韧性的研究体现了自然科学与社会科学的融合,涵盖了社会、经济、环境、制度、交通、灾害等领域[69],其中区域经济韧性是区域韧性的研究热点。[73-74]此外,区域韧性的识别、评估以及提升机制是区域可持续发展研究的新方向。[69]

2.1.4.4 网络结构韧性

网络是由节点与节点间的连线构成[24],反映了区域内各类要素之间的复杂联系。[75]区域韧性是指区域在面临不同阶段的风险与挑战时具备的调适冲击、并恢复原状建立新发展路径的能力。[70]结合网络与区域韧性的内涵,本书将网络结构韧性定义为系统借助于区域网络之间的协作和互补关系能够预防、抵御、响应和适应外部冲击并从中恢复和转换的能力。

2.1.5 旅游合作联系网络结构韧性

鉴于本书的焦点为不同国家间的旅游合作联系,其强调跨越国家边界,具有国际旅游的性质,应隶属于跨境旅游,由此导致跨境旅游合作联系网络与国内旅游合作联系网络首先在地缘隶属上就存在差异。其次在经济、政治、文化等也表现出明显差异。[76]跨境旅游合作网络是指两国或多国在彼此区域内自由开展旅游活动和旅游交易的国际目的地。跨境旅游合作网络虽然可以通过整合资源获得协同优势,从而增强区域竞争力,但也可能会加剧边境地区社会经济发展不均衡等风险。[77]因此,由于受到复杂的国际局势影响,受到不同国家的制度、政策、环境、基础设施等多要素的差异化冲击,本书认为,从网络结构韧性的概念出发,相较于国内旅游合作联系网络结构韧性,跨境旅游合作联系网络结构韧性更需要具备面对外界突发事件的应对、恢复以及快速适应能力。基于以上分析,本书将旅游合作联系网络结构韧性定义为系统借助于区域旅游合作联系所形成的网络之间的协作和互补关系能够预防、抵御、适应和响应外部冲击并从中快速转换和恢复的能力。

2.1.6 旅游高质量发展与"一带一路"沿线国家旅游合作联系网络高质量发展

高质量发展是新时代中国社会发展的重要议题,旅游高质量发展是助推中国经济发展的关键举措。[78]随着研究的深入,旅游高质量发展内涵得到不断深化与完善,但学者尚未对其概念形成统一标准。[79]其中,高质量发展的五大发展理念(创新、协调、绿色、开放、共享)被学术界广泛认可并应用于旅游、经济、环境等各领域。[79-81]旅游高质量发展是衡量区域旅游业发展水平、竞争力以及可持续发展的重要指标。[79]从产业层面理解,高质量发展是指产业布局优化、结构合理,不断实现转型升级,并显著提升产业发展的效益。综上分析,本书认为旅游高质量发展即优化旅游产业布局,不断推进旅游产业转型升级与合作模式迭代创新,使其结构合理、分工协作更加高效,并能够显著提升旅游产业发展效应。

本书进一步根据旅游高质量发展的理念内涵与外在表征类比推理得出"一带一路"沿线国家旅游合作联系网络高质量发展的内涵、核心问题与外在表征（见图2.1）。

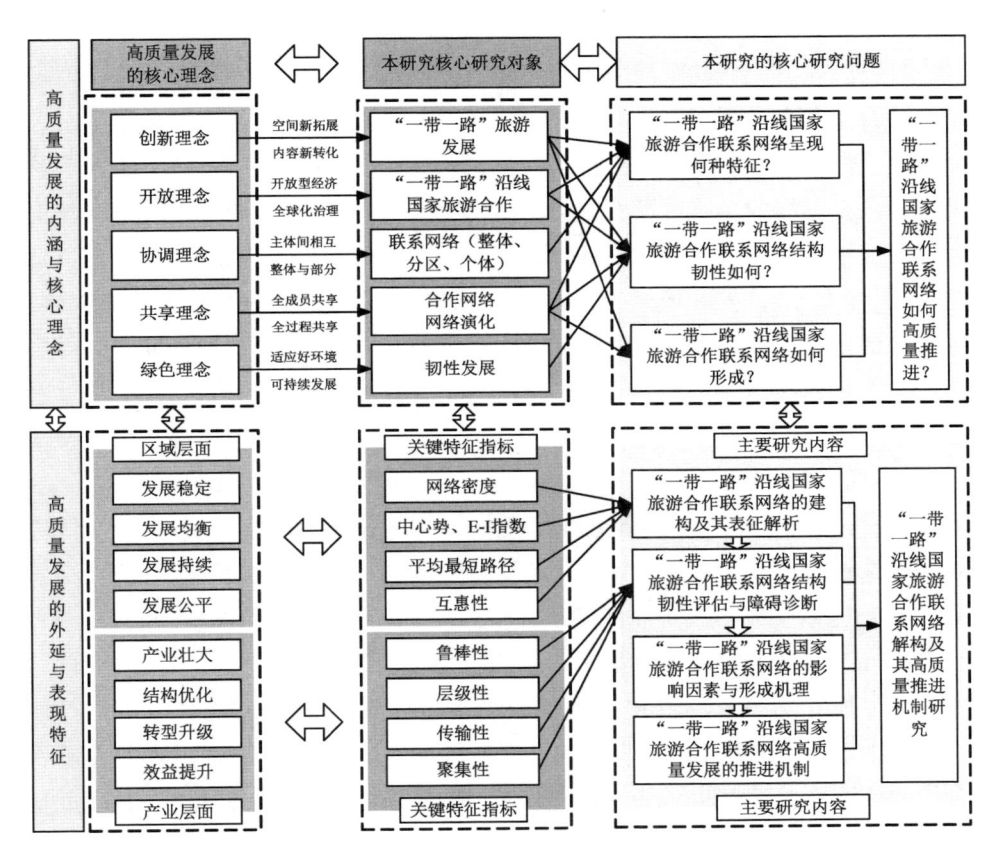

图2.1 高质量发展的核心理念、表现特征与"一带一路"沿线国家旅游合作联系高质量发展间的内在关联

创新、开放、协调、共享和绿色是高质量发展的五大核心理念。创新发展，涵盖发展本身、发展方式、发展内容、发展空间等多个方面的全面革新。区域层面的创新发展，即要拓展发展新空间，形成重点经济区。"一带一路"沿线国家旅游合作（整体合作网络、分区合作网络）一定程度上是发展空间上的拓展与合作重点区域上的调整；开放理念，即积极参与全球经济治理、深度参与国际合作。"一带一路"沿线国家旅游合作即是对开放理念的积极响应；协调理念，即重点考虑各主体间的相互适应与相互配合,也强调部分与整体的协同整合及其动态演进协调,即强调主体间的网状关系与合作结构。就"一带一路"旅游合作而言,协调理念意味着合作个体间、合作整体与部分间、合作动态演进等方面均需要关注,即从网络联系视角出发关注整体—分区—个体间的特征、角色与协调联动关系;共享理念强调不仅全员共享发展成果,更需要关注全过程共享,即"一带一路"旅游合作联系网络要关注网络成员的互惠共享关系,要关注多时段演进式合作共享关系,即要从合作联系网络特征视角出发揭示其互惠共享关系;绿色理念关注发展的环境适应性与可持续发展,即"一带一路"沿线国家旅游合作联系网络的高质量发展要关注其韧性发展(抗外部风险能力与遭受冲击后的快速恢复能力,体现其可持续发展特征)及其外部影响因素(体现其环境适应性)。综上分析,本书基于高质量发展的五大核心理念,提出"一带一路"沿线国家旅游合作联系网络的高质量推进应重点关注网络特征、韧性特征与外部影响因素等系列问题。

就高质量发展的区域层面特征而言,区域高质量关注发展的稳定性、均衡性、持续性、公平性等要点[82];类似地,"一带一路"沿线国家旅游合作联系网络的网络密度(测度合作网络中各个体间联系的紧密程度,网络密度越大,个体之间的联系越紧密,个体越发团结,合作越发紧密,即体现合作稳定性特征)、中心势与E-I指数(主要有三种测度,度数中心势、中间中心势以及接近中心势,中心势越接近1,说明网络越具有集中趋势;E-I指数测量合作网络是否存在小群体,即从集中程度、小群体合作等角度反映均衡性特征)、平均最短路径(平均最短路径越小,网络连通性越好,良好的连通是持续发展的基础,即通过连通性反映合作的持续性)、互惠性(分析网络中2个节点之间的互利互惠程度,即通过互利互惠反映发展的公平性)等指标能够有效体现高质量发展区域层面的关注要点。

从产业层面而言,产业高质量发展关注产业壮大、结构优化、转型升级、效益提升等发展要点[82],而"一带一路"沿线国家旅游合作联系网络韧性发展的鲁棒性(衡量网络健壮性的重要指标,鲁棒性越高,反映网络越壮大,即能够反映网络壮大特征)、层级性(网络层级性刻画的是网络中节点的等级,即反映网络的立体化结构,一定程度上能够反映结构优化特征)、传输性(体现区域网络中各类要素流的扩散能力,要素流动是转型升级的重要基础,传输性一定程度上能够反映转型升级特征)与聚集性(反映网络节点间的传递和交互功能,其越强,合作效应越高,即能够反映效益提升特征)能够很好地体现产业层面的高质量发展特征。

"一带一路"旅游合作,既是区域合作,也是产业合作。因此,本书基于区域层面高质量发展的特征,选取网络密度等网络特征指标揭示沿线国家旅游合作联系网络的发展特征;基于产业层面高质量发展的要点,选取鲁棒性等指标揭示沿线国家旅游合作联系网络的韧性发展特征,进而深入挖掘网络特征的形成机理,最终结合高质量发展核心理念、区域与产业层面高质量发展的特征,有针对性地提出"一带一路"沿线国家旅游合作联系网络的高质量推进机制。

2.2 研究进展

2.2.1 旅游能级研究进展

关于旅游能级的研究已逐步聚焦城市间功能与联系程度等相关问题的探索:Castells(1996)提出了"全球流动空间理论",其强调信息、资本、技术和人力资源等功能要素在空间中流动与关联关系,并认为某一城市的地位取决于该城市在城市间网络的联系程度。[83] Taylor(2001)基于"流空间"理论提出了城市"嵌套网络模型",并对城市能级联系程度进行排序比较研究,从而为定量描述城市网络联系提供了根本依据。[84] "嵌套网络模型"则成为城市影响力评估的重要标准,被广泛应用于城市能级联系排名情况。[85-90] 例如,姚永玲等(2012)利用该方法测算并比较了北京和首尔在全球城市网络中的联系度,并进一步探讨了不同层次影响网络联系的动力因素[89];刘江会和贾高清(2014)则基于"嵌套网络模型"进一步研究了上海在全球城市网络体系中的联系能级,发现上海网络联系能级和影响力处于逐步提升地位[86];Zhao等(2015)探讨了中国287个城市先进生产性服务业企业的空间分异,发现中国城市联系程度与城市间的功能连通性有关,且形成了具有相同功能的中心城市聚集效应。[85] 此外,Hennemann和Derudder(2014)则利用"模式有向图",对网络中城市能级水平进行评估。[91]

受到城市能级在城市功能与联系的启发,学者们开始关注到城市的旅游与服务功能。[92]发展旅游与服务业是提高现代城市能级水平的重要支撑,是提升旅游城市竞争力的重要途径。[93-94]随着城市能级的研究拓展到旅游领域,城市旅游能级的研究开始兴起。[95]目前城市旅游能级的相关研究聚焦于城市旅游功能提升的探讨进而提出旅游城市空间结构优化路径。①城市旅游功能提升研究:城市的经济功能、创新功能、服务功能是对该城市以外地区影响程度的主要体现。[28-29]韩玉刚等(2010)以从经济能级、潜力能级和支撑能级三方面综合探讨了安徽江淮城市群能级提升策略,并认为城市能级的提升有利于城市群整体资源配置、空间结构重构以及综合实力提升。[29]陆相林等(2018)、苏海洋(2021)都提出可从城市旅游经济能级、旅游竞争潜力能级和旅游环境支撑能级三方面对城市群旅游空间结构演化特征展开探讨。[31,92]②空间结构优化路径探索:通过建立城市旅游能级评价指标体系,对城市能级进行动态评价,是促进城市内部互联协作、重构旅游空间结构和发掘城市旅游潜力的基础与保障。[29,31,34,92]例如,苏海洋和陈朝隆(2022)基于旅游能级指数将共生理论框架应用到旅游城市空间网络中,探讨城市群旅游共生空间的演化路径。[96]

2.2.2 网络结构韧性研究进展

1973年,生态学家霍林首先将韧性概念作为一种生态学研究框架[23],韧性思维强调接受外界挑战,做好吸收变化的准备,并发展新的策略去适应系统变化。[97]区域韧性识别与增强是地理学可持续发展研究的新方向,是当前国际学界的研究热点。[69]

为更加清晰地揭示韧性研究的动态,本书以"区域韧性"(Regional Resilience)+"网络结构韧性"(Network Structure Resilience)+"网络韧性"(Network Resilience)为主题检索国内最大的中文期刊数据库中国知网(CNKI)以及英文数据库 Web of Science 核心合集数据库,数据检索日期为2023年8月29日,检索区间设定为全部年份,运用高级检索功能,文献类型选择"期刊",共获取"韧性"相关中文文献228篇,英文文献20 120篇。在此基础上,利用VOSviewer分析软件对研究主题进行可视化分析,快速获取韧性研究的热点主题(见图2.2)。

笔者通过对韧性研究的文献计量分析发现,各类危机使得世界对"韧性"这一研究话题越发关注,且对城市、社区等区域网络关注较多[见图2.2(a)]。然而,我国关于韧性研究仍处于起步阶段,研究较少,且重点聚焦于"城市网络韧

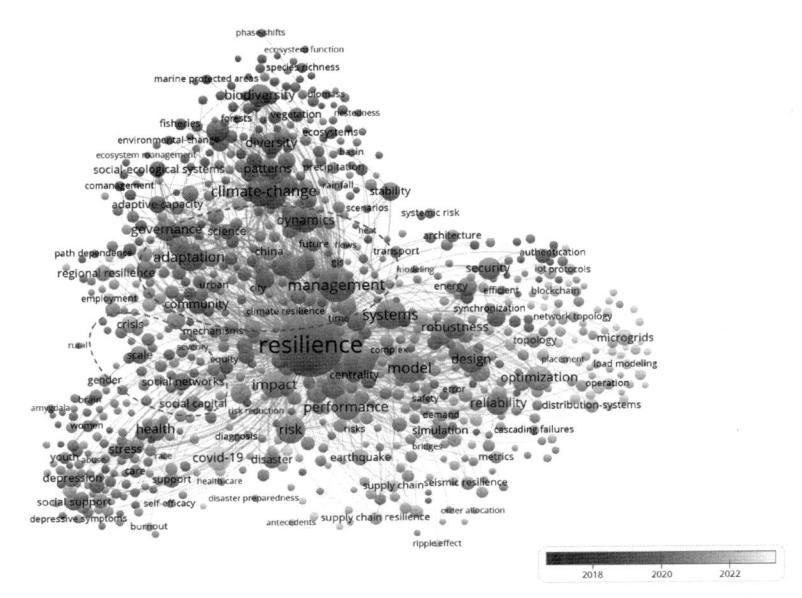

(a) 外文期刊韧性相关研究进展

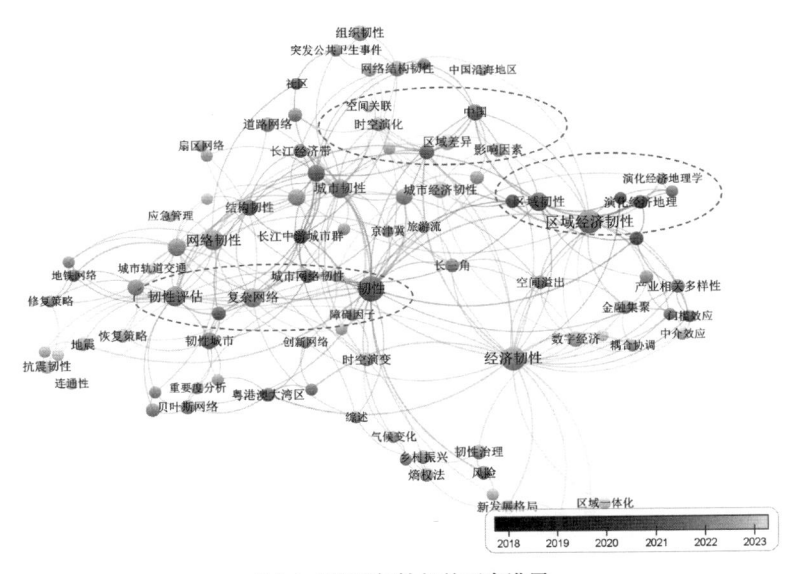

(b) 中文期刊韧性相关研究进展

图 2.2 "韧性"相关研究进展

性""韧性评估""区域韧性"等话题[见图 2.2(b)]。网络结构韧性(Network Structural Resilience)是区域未来可持续发展的重要指向[25],是区域韧性研究

领域正在兴起的重要研究焦点。[24,26]目前,关于网络结构韧性的探索已逐步开展,且主要集中在以下几个方面:

其一,多对象的网络结构韧性探讨。陈为公等(2023)以新冠疫情防治为例,从结构拓扑视角提出表征网络结构韧性的五个维度,并构建中国突发公共卫生事件政府协同治理网络。[98]Crespo等(2012)以"网络连接"理念来构筑区域韧性空间,并探讨知识网络如何对区域经济韧性产生影响。[99]Reggiani(2013)提出了交通网络韧性的一般性框架,并讨论了随机网络与无标度网络的韧性特征以及网络韧性的复杂性问题。[100]O'kelly(2015)研究轴辐式网络(hub-spoke network)韧性问题[101],将网络韧性划分为连接韧性、节点韧性与枢纽韧性3个层面,并尝试用于区域信息网络与货运网络的研究实践。此外,学界对城市网络结构韧性[24-26,97]、城市道路网络韧性[102]、信息网络韧性[103]、航空网络鲁棒性[104]等不同研究对象展开了探讨。由此可见,网络结构韧性问题已成为区域韧性研究中的新热点与新命题,备受学者关注。

其二,多维度的网络结构韧性评估研究。当区域受到外界环境干扰时,通过测度区域网络结构韧性水平的高低可以评估区域抵御外界冲击、适应变化并保持原有网络结构特征与关键功能的能力[24,105],网络结构韧性的评估有助于增强区域间的合作与交流。对于网络结构韧性的评估方法,目前尚未形成统一的标准。Ip等(2011)在探讨公路网络韧性问题时利用网络中其他城市节点可靠性通路的加权平均数来衡量网络韧性,进而通过所有节点韧性的加权和来实现对整个网络韧性的测度。[106]吕彪等(2020)定义了基于DTA的路网可达性指标,构建了可全面评价扰动事件生命周期内系统性能的韧性指标与评估模型。[102]费智涛等(2020)分析了一般系统论、复杂系统论下的韧性框架内容,总结了基于网络的复杂性系统视角下的评估指标。[107]邵瑞瑞等(2020)从建立抗毁性测度模型以及网络抗毁性优化两个角度来评估和提高网络抗毁性,提出一种基于韧性度的低轨卫星通信网络抗毁性度量方法。[108]路兰等(2020)利用社会网络分析法,从经济、社会、生态三个维度构建多维城市功能关联网络,选取传递性、多样性和中心性等结构韧性指标作为城市韧性的结构性评价指标。[109]谢会强等(2021)基于韧性属性,从识别与预防、抵抗与恢复、适应与调节、创新与转型四个维度对中国城市经济韧性进行测度,以揭示解析中国城市韧性的时空演化与空间关联网络结构特征。[110]此外,网络效率[111]、多样性[112]及连通性[113]等其他指标也有被应用于网络结构韧性评估。尽管学界对网络结构韧性评估进行了初步探索,但关于网络结构韧性评估的指标选取、测度方法乃至评价模式均颇具分异,尚未形成被广泛运用的固定范式。[25-26]

其三,多视角的网络结构韧性研究。网络结构韧性的研究视角呈多元化发展态势,由生态系统、灾害管理、城市规划等单一学科的研究逐渐转向多学科交叉融合研究。韧性概念自被引入生态学研究领域就备受关注[23],其研究主要集中于湿地生态系统[114]、森林公园生态系统[115]、海洋生态系统[116]等领域。此外,建设区域网络结构韧性为城市灾害管理与城市规划提供新的实现路径[117-118],学者们从雨洪灾害[119-121]、历史街区防灾[122]、抗震系统[123-124]等多方面对区域灾害管理进行了探讨,并基于城市规划视角对城市基础设施[125]、交通运输系统[126]、城市公共空间[127]、城乡规划[128]等领域展开相关探索。

其四,网络结构韧性的影响因素研究。史玉芳和牛玉(2023)采用社会网络分析法和二次指派程序剖析了关中平原城市群11个地市的城市韧性空间关联网络结构及影响因素。[129]彭翀(2019)借助Python模拟和评估应对外界冲击下的城市群客运网络结构韧性变化特征,并分析影响其韧性水平的关键因素。[26] Bhavathrathan & Patil(2015)、Jenelius & Mattsson(2015)聚集探讨了城市路网结构韧性的影响因素。[130-131]但是不难发现,关于网络结构韧性影响因素的探索与验证目前并不成熟,有待进一步系统化探索。

不难发现,现有网络结构韧性的研究范式主要借助引力模型测度网络空间节点联系强度并构建网络,进而通过社会网络分析工具评估网络结构韧性。[132]此研究方法范式将复杂的经济活动抽象为网络结构,对把握区域整体旅游合作韧性格局、优化区域旅游资源空间布局和促进旅游合作联系提供新的思路。

2.2.3 "一带一路"合作研究进展

为确保研究样本的权威性和准确性,本书选取国内最大的中文期刊数据库中国知网(CNKI)以及英文数据库 Web of Science 核心合集数据库,数据检索日期为2023年8月29日,检索区间设定为全部年份,运用高级检索功能,以"'一带一路'倡议"(the Belt and Road Initiative)+"合作"(Cooperation)为主题检索,文献类型选择"期刊",共搜集到"一带一路"合作相关议题的中文文献2 485篇,英文文献769篇。进一步采用VOSviewer软件对研究主题进行可视化分析,快速梳理研究热点(见图2.3)。

笔者通过对"一带一路"相关研究文献的计量与可视化分析发现,区域经济

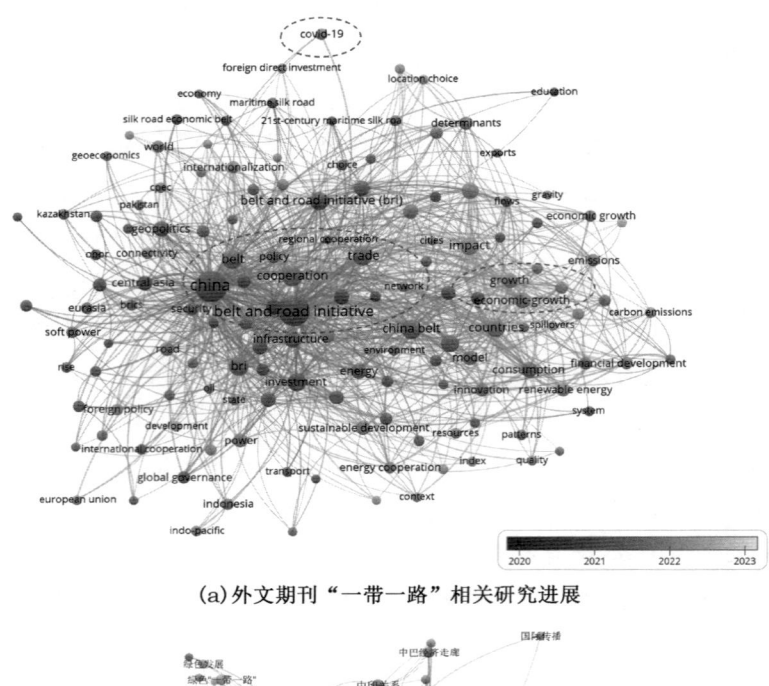

(a) 外文期刊"一带一路"相关研究进展

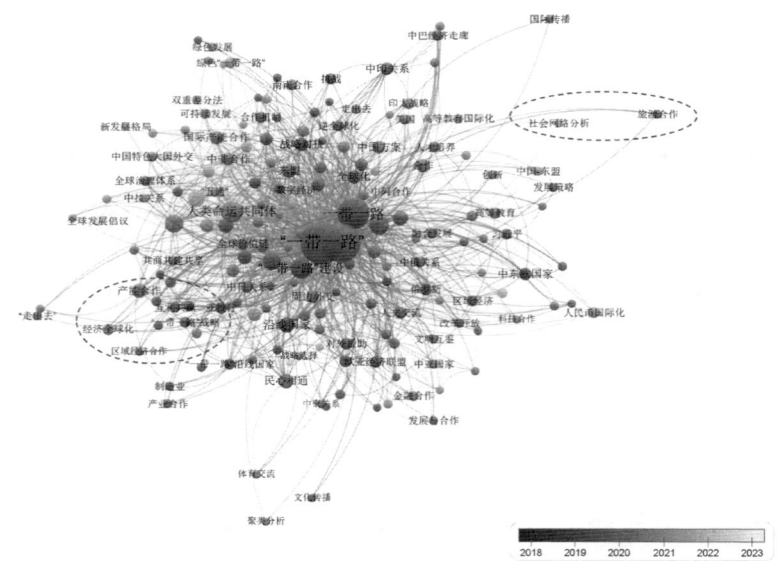

(b) 中文期刊"一带一路"相关研究进展

图 2.3 "一带一路"相关研究进展

合作、区域合作、产能合作等共赢合作依然是"一带一路"相关研究的重点[见图 2.3(b)]。其中,由于旅游产业的综合性和带动性,旅游合作也受到研究关注,并且中国在"一带一路"沿线国家起着重要作用,发挥着中国力量。此外,外文研究更加强调"一带一路"合作相关研究,并注重"一带一路"沿线国家经济增长[见图 2.3(a)]。为此,本书重点从合作视角梳理了"一带一路"沿线国家合作、沿线国家旅游合作等相关议题。

2.2.4 "一带一路"沿线国家合作研究

合作是"一带一路"倡议的主旋律[9],诸多学者均从网络视角来探讨"一带一路"沿线国家的合作问题,并呈现出以下特征:

其一,多尺度的合作关系探讨。一是,关于沿线国家的整体合作研究,如 Song 等(2018)、Zhang 等(2019)分别利用网络拓扑关系和社会网络分析方法探讨了"一带一路"沿线国家的贸易合作网络。[133-134]刘兵(2021)从文化传播视角探讨了中国与"一带一路"沿线国家产能合作效率的影响因素。[135]二是,探讨沿线国家区域合作问题,如重点探究沿线欧洲诸国的贸易合作[3]、能源合作[136]、中国与中亚五国的油气合作[137]与能源合作[138]、中国与东南亚的食品贸易合作[139]、中国与南亚的投资合作问题[140]等。三是,探究沿线单个国家之间的合作问题,如学者们重点探讨了中国与菲律宾[141]、尼泊尔[142]、伊朗[143]、印度尼西亚[144]、俄罗斯[145]、柬埔寨[146]、泰国[147]、蒙古国[148]、印度[149]等国的合作问题。

其二,宽领域的合作内容分析。目前,关于"一带一路"沿线国家的合作网络研究涉及贸易网络[150]、人才网络[151]、科技合作网络[15]、能源网络[152]等。由于"一带一路"沿线旅游已成为世界旅游的新增长点,沿线国家的旅游合作问题越发受到重视。

2.2.5 "一带一路"沿线国家旅游合作研究

区域旅游合作问题一直以来都是旅游发展重点关注的问题:Teye(1988)着眼于非洲地区的旅游合作,分析其现状与限制,提出了相应的区域旅游合作模型。[153]Jacqueline(1993)探究了 APEC 国家旅游合作的基础与环境,为旅游合作提供了相关建议。[154]Morrison 等(2004)和 Jesus(2016)呼吁从网络视角关注国际旅游合作问题。[17-18]然而,目前关于"一带一路"沿线国家旅游合作研究主要集中在以下方面:

其一,关注如何有效推进沿线国家旅游合作。杨海龙等(2023)指出从生态文明的视角审视"一带一路"旅游协同发展具有重要意义。[155]李耀华等(2018)

探究了新丝绸之路经济带跨国文化遗产旅游的合作机制。[156]邹统钎(2017)从合作推动者、合作重点领域、合作平台和合作实施路径等多个方面探讨了"一带一路"沿线国家旅游合作机制问题。[157]宋昌耀等(2017)提出了"一带一路"沿线旅游投资合作的障碍与应对策略。[158]胡抚生(2017)探讨了"一带一路"沿边地区、沿线国家建设跨境旅游合作区的相关问题。[159]赫玉玮等(2019)从"一带一路"沿线城市视角出发,探讨进行国际旅游合作的现实基础和实现路径。[160]

其二,关注不同空间尺度的旅游合作问题。徐红罡等(2006年)重点探讨了大湄公河区的旅游合作问题。[161]Badulescu等(2014)从投资视角探讨了匈牙利和罗马尼亚之间的旅游合作关系。[162]Polkovnychenko(2015)则重点探究了乌克兰与欧盟之间的旅游合作问题。[163]曹笑笑(2016)分析了中国与阿拉伯世界国家在旅游客源市场、旅游信息技术、人才培养等多个领域的合作问题。[164]马超等(2016)则指出中国—东盟应重点加强旅游安全合作。[165]Studzieniecki(2017)揭示了欧洲地区各国旅游合作现状。[166]刘雅君(2018)揭示了复杂多变的政治环境制约了"一带一路"沿线东北亚地区的旅游合作。[167]

不难发现,现有研究多关注"一带一路"区域合作现状、合作发展策略、合作现实路径的探讨,而基于网络视角出发探讨"一带一路"沿线国家旅游合作态势及其阶段特征的研究较为稀缺,涉及旅游合作联系网络结构韧性及其演化规律的研究则更加鲜见。

2.2.6 旅游高质量发展与"一带一路"旅游高质量发展研究

旅游业作为中国社会经济发展中战略性支柱产业,高质量发展为其指明了方向,大力推动旅游业高质量发展是促进旅游可持续发展的重要渠道。[78]关于如何推进旅游高质量发展,学者们多聚焦于理论梳理与实证研究两方面:

2.2.6.1 理论梳理

主要集中于旅游高质量发展的内涵特征[79]、战略使命[78]、实现路径[168]以及保障机制。[169]如,李书昊和魏敏(2023)对旅游业高质量发展的核心要求、实现路径与保障机制进行系统梳理。[169]耿松涛和张鸿霞(2022)在回顾旅游业发展历程的基础上,明确中国旅游业高质量发展的战略使命以及探索中国旅游业高质量发展的动力要素。[78]吴彦辉(2022)对乡村旅游高质量发展的内涵进行解读,揭示了乡村旅游高质量发展的动力机制与发展路径。[170]

2.2.6.2 实证研究

主要对旅游高质量发展的水平测度[171]、影响因素[172]以及时空特征[173]展开探讨。如，孙晓等（2022）在构建了包含创新、协调、绿色、开放、共享 5 个维度的旅游产业高质量发展指标体系的基础上，对我国旅游产业高质量发展水平进行测度，以及空间差异特征的探究。[171]张广海和邢澜（2022）从新发展理念视角探讨了我国绿色金融对旅游业高质量发展的影响作用。[172]许艺芳和王松茂（2023）运用核密度估计、空间自相关对我国旅游经济高质量发展的空间分异特征及影响因素进行实证分析。[173]

通过对相关文献梳理发现，学术界对旅游高质量发展的研究取得了一定成果，但仍有待进一步完善。现有研究区域集中于中国情境，而对于"一带一路"沿线国家对中国旅游高质量发展的探讨较少涉及，且尚未找到推进中国旅游高质量发展的实现路径。沿线国家旅游合作联系是对"一带一路"倡议的有益响应，"一带一路"倡议势必会推动沿线国家旅游合作纵深化发展，实现区域旅游合作的高质量发展。[174]此外，"一带一路"倡议为共同打造开放、包容、和平、均衡、发展的区域合作模式提供政策支持，其核心理念可概括为"和平、合作、发展、共赢"[175]，这恰恰与高质量发展内涵相对应。因此，本书认为，"一带一路"沿线国家旅游合作联系网络结构韧性是推进沿线国家旅游合作高质量发展的重要基础。

2.3 理论基础

2.3.1 流空间理论

1989 年，美国学者 Castells 在《信息化城市》中提出流空间理论[176]，后来在《网络社会的崛起》进行了详细的阐述，通过不断的修正，流空间理论成为信息时代空间理论的基本理论。"流空间"被定义为：不需要地理区位邻近也可以实现时间共享的社会实践的物质组织。[176]流空间理论构建了"流动、节点、网络、空间"为基本要素的理论框架，其揭示了流动空间的结构与运作机理。其中，"流动"是指物流、人流、信息流、技术流、资金流等要素在空间主体中单向、双向、多向流动，反映网络空间的社会联系；"节点"是流空间传递过程的物质媒介,也是空间中最基本的单元,节点之间的连线构成了流空间的复杂结构,进而实现流空间传递资源的能力,节点包括个人、企业、城市、国家、区域等多种物质;"网络"则是由一系列节点组成的复杂结构,是一种将现实网络与虚拟网络相融合的结构状态;"空间"是现实网络与虚拟网络相互作用、影响的结构,是流空间理论的核心概念。

不难发现,区域空间差异及需求的互补导致了要素流动与物质转移[177],进而形成动态要素关系网络,而流空间理论揭示的正是区域动态化的网络空间。随着社会经济的发展,区域内以国家为节点,人员、信息、技术、资金等资源流动要素在国家间紧密联系,对区域空间格局的形成具有重要影响。区域联系网络是由客流、资金流、技术流和信息流等要素组成的综合性、交互性和复杂性的地域系统[178],且联系网络并非单一要素的流动,而是由多种流动要素构成,进而影响区域空间发展。[179]客流、物流、资金流、技术流和信息流构成了流动空间网络的核心要素,这些流动要素的作用、功能各不相同,与区域联系的发展阶段、旅游功能密切相关。因此,本书基于流空间理论,探讨沿线国家旅游合作联系网络空间结构特征与演变规律,揭示沿线国家在旅游合作联系网络的功能,尝试为"流动空间"视角的沿线国家旅游合作联系网络研究提供新的认知,拓宽区域旅游合作联系的研究领域,促进沿线国家旅游合作联系。

2.3.2　社会网络理论

社会网络(Social Networks)是由多个节点和节点之间的连线构成的一种相对稳定的社会结构,即社会行动者及其之间关系或联系的集合。社会网络的概念最初是由人类学家 Brown 于 20 世纪 30 年代末提出,用于解释社会资源分配的问题。社会网络理论于 20 世纪 70 年代作为一种新颖的研究体系趋于成熟,逐渐被各领域所应用并不断深化。社会网络理论包括了社会资本论、网络结构观以及结构洞理论三大核心理论。社会资本论是指对交易中有预期回报的社会关系进行投资,从而获取更多资源与机会。[180]网络结构观指出,社会行动者始终嵌入社会关系中,且相对于强联结,弱联结是获取信息的更有效途径,在社会网络中担任信息桥的角色。[181]结构洞理论认为社会行动者间偶尔的联系间断会造成结构洞,但其拥有更高的地位与声望,能获得更有价值的信息、资源、技术。[182]

地域空间作为旅游活动的物质载体,其空间特征揭示了旅游活动的关系属性与社会结构,因此,诸多学者借助社会网络理论对旅游地理学相关内容展开探讨,如旅游地网络结构[183]、旅游产业集群协作[184]、旅游经济联系[20]等。社会网络是区域内部联系与区域之间互动的综合表征,其中网络中客流、信息流、资金流等要素反映了网络联系的空间属性,社会网络理论关注网络个体行动者互动关系,在揭示个体在网络的地位与属性的基础上,能反映整体联系网络的结构特征。[185]因此,本书应用社会网络理论及其分析方法对"一带一路"沿线国家旅游合作联系网络及其关系进行可视化表达与量化研究,能揭示沿线国家旅游合作联系网络中各个国家联系程度与所属地位,有助于促进区域旅游发展以及区域旅游合作。

2.3.3 复杂网络理论

复杂网络起源于18世纪初Euler提出的图论,在此基础上,Erdös和Rényi(1960)提出了随机网络的概念[186],奠定了复杂网络理论的研究基础。1998年,Watts和Strogats根据"六度分离"理论提出了复杂网络的小世界效应,揭示了完全规则网络到完全随机网络的过度机制。[187]1999年,Barabási与Albert发现许多网络的节点度分布服从无标度的幂律分布,并首次提出了无标度网络模型。[188]小世界网络和无标度网络兼具规则网络和随机网络的部分特性,被称为复杂网络,标志着复杂网络的研究进入了新时代。现有研究根据网络的拓扑结构特征将网络划分为规则网络模型、随机网络模型、小世界网络模型以及无标度网络模型四类(见表2.2)。

表 2.2　　　　　　　　复杂网络基本类型及其特征

网络模型	典型网络	主要特征
规则网络	全局耦合网络	网络中任意两个节点间都存在连接关系
	最近邻网络	网络中每个节点只与它周围邻近节点相连
	星形网络	网络中每个节点只与中心节点相连
随机网络	ER随机网络	网络中每对节点之间的连边是随机生成的
小世界网络	WS小世界网络	网络具有较大的聚类系数和较短的平均路径长度
无标度网络	BA无标度网络	网络中节点度服从幂律分布

目前系统都可构成复杂网络,即系统中各个元素都可表征为节点,元素间的关系都可表征为边。可见,复杂网络仍是相对广泛的概念,学者对其并未有

明确的定义。我国学者钱学森指出,具有自组织、自相似、吸引子、小世界、无标度中部分或全部性质的网络均可称为复杂网络。随着网络结构的研究,复杂网络理论已被应用到各个领域。如交通领域的公共交通系统[189]、航空网络[190]、铁路网络[191]以及城市轨道[192]等;计算器领域的电力通信系统[193]、银行系统[194]等;生物领域的食物网络[195]、灭绝物种[196]以及神经网络[197];社会网络的企业协作网络[198]、人际网络[199]以及旅游合作与竞争网络[200]等。

任何一个复杂系统都可以看作由某些节点连接在一起而构成的网络。[201]在国家旅游合作领域,国家间旅游要素的流动会形成合作联系网络结构,其本身具有一定程度的复杂性、动态性以及适应性,是一个典型的复杂系统。复杂网络理论从系统角度出发,通过研究系统结构与功能,来探究系统内部复杂关系的方法,能有效揭示复杂系统的结构特征和功能运行机理。[202]鉴于复杂网络所具有的大规模节点、网络结构以及网络时空演化等特征与沿线国家旅游合作联系网络复杂、多样以及动态变化相契合。因此,本书将复杂网络理论应用于沿线国家旅游合作联系网络,对现实国家旅游合作联系网络进行抽象,形成具有拓扑结构的复杂网络,揭示沿线国家旅游合作联系网络的结构特征及其内在演化规律,有助于探讨其结构韧性水平。

2.3.4 空间相互作用理论

空间相互作用理论是美国地理学家Ullman于1957年提出的。[203]该理论主要描述区域间要素流动与传递过程,涉及商品、技术、人口、信息、资金等各方面内容。通过空间内要素传输的过程可以将空间内彼此分离的区域结合成具有一定功能与结构的有机整体。Ullman指出空间相互作用产生需要三个基础条件:互补性(Conplementary)、中介机会(Intervening Opportunities)和可运输性(Transferability)。互补性强调区域间资源存在差异而建立联系,中介机会是区域间具备联系、互动、合作、交流的重要因素,可运输性是实现区域间相互作用的基本前提。在此基础上,Haggett(1972)根据空间相互作用的形式将其分为对流、传导和辐射三种类型。对流表现为不同区域间的人员与商品的流动,传导侧重于不同区域间商贸交易活动,而辐射则强调信息技术、创新思维的扩散。可见,空间相互作用理论主要探讨区域要素之间的相互作用与影响,因而被广泛应用于城市规划[204]、区域经济联系[205]、人口集聚[206]、城市引力[207]、交通网络[208]等领域。此外,空间相互作用的测度方法包括引力模型、威尔逊模型、经济关系模型等,其中引力模型被广泛应用于旅游研究中,如旅游经济联系强度[209]、客源市场预测[210]、旅游合作[20]等方面。

空间相互作用理论强调"流要素"在空间网络中的流动,揭示了区域间相互作用的机理。随着区域一体化发展,区域网络内部空间相互作用不断加深,空间功能联系趋于复杂化。空间相互作用理论反映了网络中各要素之间的相互作用关系、空间结构特征以及整体功能发挥作用。在沿线国家合作网络中,旅游合作联系是国家合作网络中重要的组成部分。因此,空间相互作用理论为研究沿线国家旅游合作联系网络的要素流动及其相互作用提供了理论支持,对优化沿线国家旅游合作联系网络格局具有重要作用。

2.4 研究评述

综上所述(见图2.3),网络结构韧性是区域韧性研究中的新兴命题,而提升"一带一路"沿线国家旅游合作的协同应对挑战、从损害中恢复的能力是现实亟待破解的重要问题。但是,学界对于"一带一路"沿线国家旅游合作联系网络结构韧性乃至网络结构韧性的研究存在以下特点:

第一,"一带一路"沿线国家旅游合作联系测度方法及其构建方式有待进一步探讨。现有学者借助引力模型来构建旅游合作联系网络,并采用经济距离[211]、时间距离[212]、交通距离[213]来修正引力模型,但尚未有学者考虑到地区旅游功能对其以外地区的辐射影响关系。因此,本书在考虑旅游活动的经济属性以及旅游功能的辐射功能基础上,引入"经济距离"[20]和"旅游能级"[31]对万有引力模型进行修正,以此来科学构建"一带一路"沿线国家旅游合作联系网络(见图2.4)。具体而言,"一带一路"沿线国家旅游合作联系网络测度方法及其构建方式仍需科学系统探讨。

第二,网络结构韧性评估的指标选取、测度方法乃至评价模式均颇具分异,尚未形成被广泛运用的固定范式。[25-26]此外,学界对于网络结构韧性的空间性探索还有待拓展,对于不同尺度视角下的网络结构韧性探讨还有待加强。区域韧性的识别与评估正成为当前学界的研究热点[69],网络结构韧性则是区域韧性研究中的新兴命题。然而,学界对于网络结构韧性的系统测度还有待深化,以系统整合思想综合评估网络结构韧性的相关探索有待进一步丰富。

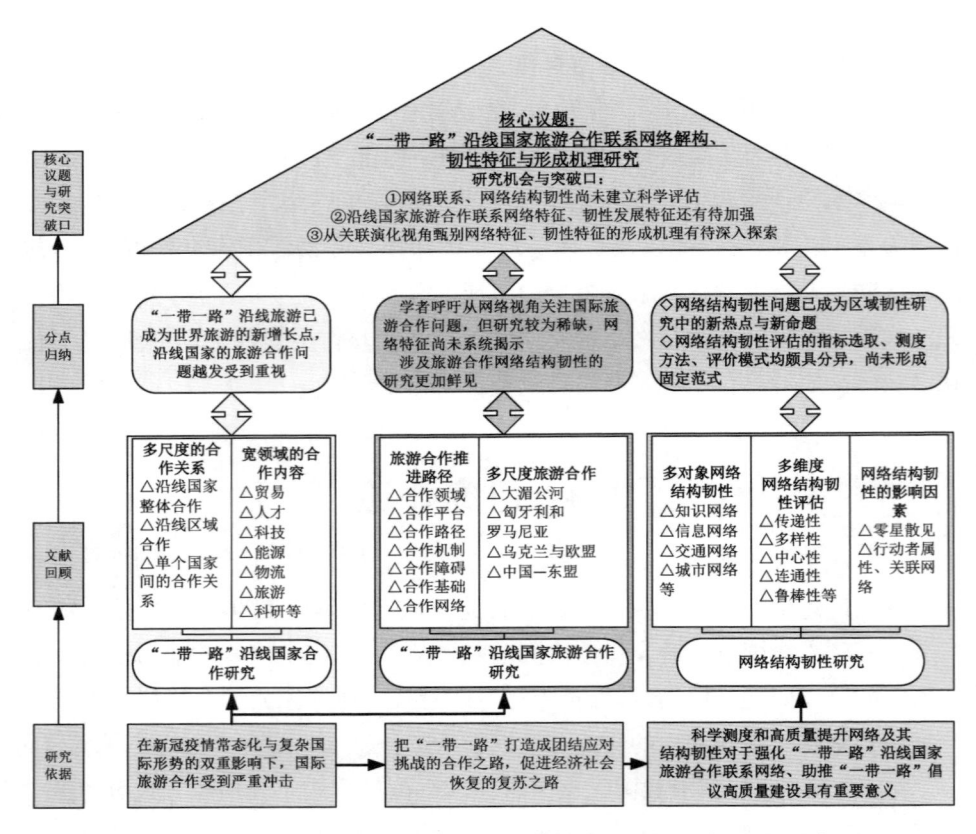

图 2.4 "一带一路"沿线国家旅游合作联系网络结构韧性相关研究框架

  尽管现有研究针对哈尔滨大连城市带网络[25]、长江中游城市网络[24,26]、长三角信息网络[103]等不同网络进行了结构韧性评估与探索,但从不同尺度视角揭示其演化特征及整体网络中子网络的结构韧性探索还不够深入。系统揭示整体网络结构韧性、分区网络结构韧性特征、演化规律及其形成机理有助于形成针对性的空间响应优化策略。具体而言,"一带一路"沿线国家旅游合作联系网络结构韧性的评估指标、测度方法亟需进行科学系统探讨,其特征与演化规律仍需从"整体—区域"等不同视角进行系统化揭示,为提出差异化的空间响应提供科学基础。

  第三,从关联演化视角甄别与验证影响网络特征、网络结构韧性的关键因素有待深入探索。关联视角侧重于关注关系与网络结构的关联性分析[109],而演化视角则聚焦于演化的动态性过程分析。关联演化视角则兼顾关联性与动态性，统筹考虑演化的整个进程与所处的情境，综合考虑各种内在与外在因素对于演化的影响，以对研究目标的多维度与复杂性进行全面认知与分析。[69]系统考虑其他关系网络、关系网络的结构韧性及其动态变化对沿线国家旅游合作联系网络及其网络结构韧性的影响将有助于全面甄别影响网络结构韧性的关键因素，进而厘清影响因素间的作用逻辑，提出网络结构韧性的形成机理，为高质量提升网络结构韧性提供科学依据。具体而言，"一带一路"沿线国家旅游合作联系网络结构韧性的关键影响因素需要从关联演化视角进行系统探析。

第四，"一带一路"沿线国家旅游合作联系网络高质量推进的有效路径仍需进一步探寻。结合学界对于网络结构韧性的前期探索，本书将重点探索"一带一路"沿线国家旅游合作联系网络结构韧性的综合测度体系，系统评估沿线国家旅游合作联系网络的整体结构韧性与分区结构韧性，揭示其韧性特征，模拟提出网络结构韧性的演化规律，从关联演化视角科学识别和验证沿线国家旅游合作联系网络结构韧性的关键影响因子，厘清因子间的作用逻辑，提出网络结构韧性形成机理，并根据沿线国家旅游合作联系网络结构韧性的空间特征、演化规律以及关键驱动因子，针对性地提出提升网络结构韧性的空间响应策略。具体而言，"一带一路"沿线国家旅游合作联系网络高质量推进需要结合旅游合作联系网络、网络结构韧性演化规律及其影响因素系统探寻。

系统探索"一带一路"沿线国家旅游合作联系网络结构韧性的综合测评及其形成机理，是兼具理论意义和发展价值的重要研究内容。它既有助于在理论上揭示如何科学测度"一带一路"沿线国家旅游合作联系网络的结构韧性，为网络结构韧性的科学测评提供借鉴；也有助于精准揭示影响"一带一路"沿线国家旅游合作联系网络结构韧性的特征演变与生成关键动因，为高质量提升网络结构韧性提供科学依据。同时，本书将系统揭示"一带一路"沿线国家旅游合作联系网络的整体结构韧性以及中国与"一带一路"沿线不同区域旅游合作联系网络的结构韧性，为提出科学的空间响应策略以及为中国推进高质量的"一带一路"旅游合作提供决策基础。

2.5 本章小结

本章首先对旅游能级、区域旅游合作、旅游合作联系网络以及网络结构韧性等核心概念界定的基础上，回顾与梳理了相关研究进展，并对流空间理论、社会网络理论、复杂网络理论以及空间相互作用理论进行了阐述，进而提出本书拟探索的方向，具体而言：

其一，本章通过对相关文献的梳理，对核心概念进行了界定。旅游能级是指能反映国家旅游功能对本国以外地区辐射影响程度的测度变量；区域旅游合作是指不同区域内政府、旅游企业、旅游组织以及当地居民等主体之间为了达到某种利益，在旅游空间内通过一定的约束形式所进行的各种形式的旅游经济活动合作；旅游合作联系网络是指一定区域范围内利益主体在特定旅游空间内开展旅游活动而形成相互联系的状态与结构；网络结构韧性是指系统借助于区域网络之间的协作和互补关系能够预防、抵御、响应和适应外部冲击并从中恢复和转换的能力。

其二，本章通过对旅游能级、网络结构韧性以及"一带一路"沿线国家旅游合作的相关研究进行梳理、回顾与分析，提出了本书的研究机会与探索方向。第一，科学系统探讨"一带一路"沿线国家旅游合作联系测度方法以及旅游合作联系网络的构建方式；第二，科学系统探讨"一带一路"沿线国家旅游合作联系网络结构韧性的评估指标、测度方法，并从"整体—区域"视角系统揭示"一带一路"沿线国家旅游合作联系网络结构韧性的特征与演化规律；第三，从关联演化视角系统探析"一带一路"沿线国家旅游合作联系网络结构韧性的关键影响因素；第四，根据本书相关结论，针对性提出提升网络结构韧性的空间响应策略，系统探寻"一带一路"沿线国家旅游合作联系网络高质量推进的有效路径。

其三，本章通过对流空间理论、社会网络理论、复杂网络理论以及空间相互作用理论等基础理论的梳理，提出了相关理论在本书的应用。第一，基于流空间理论与社会网络理论揭示"一带一路"沿线国家旅游合作联系网络空间结构特征与演变规律；第二，借助复杂网络理论，抽象出具有拓扑结构的旅游合作联系网络，分析"一带一路"沿线国家旅游合作联系网络结构韧性水平；第三，结合空间相互作用理论进一步探讨"一带一路"沿线国家旅游合作联系网络的要素流动及其相互作用机理。

基于以上文献梳理，本书进一步明确了主要研究内容及其相关应用理论，即在构建"一带一路"沿线国家旅游合作联系网络的基础上，深入解析"一带一路"沿线国家旅游合作整体—分区网络结构与特征；进一步选取了鲁棒性、传输性、集聚性、层级性和匹配性等指标对沿线国家旅游合作联系网络结构进行韧性评估,解析网络结构韧性的演化规律;此外,从关联演化视角科学识别和验证沿线国家旅游合作联系网络结构韧性的关键影响因子,厘清因子间的作用逻辑,探索网络结构韧性的生成机理;最后,结合沿线国家旅游合作联系网络特征、沿线国家旅游合作联系网络结构韧性演化水平以及沿线国家旅游合作联系网络结构韧性形成机理,针对性提出"一带一路"沿线国家旅游合作联系网络高质量推进的有效路径。

第 3 章

"一带一路"沿线国家旅游合作联系网络的建构及其表征解析

本章将对"一带一路"沿线国家 2010—2019 年间的相关数据进行收集整理,引入旅游能级与经济距离因素修正后的引力模型来测度旅游合作联系数,构建了"一带一路"沿线国家旅游合作网络,深入解析"一带一路"沿线国家旅游合作网络结构与特征。在此基础上,本章将从"整体网络态势解析""网络小群体特征探析"以及"个体网络结构分析"对旅游合作联系整体网络、东亚—东盟网络、中亚—西亚网络、南亚网络、独联体网络以及中东欧网络进行深入剖析,并绘制旅游合作联系网络特征表征框架图。

3.1 研究设计

3.1.1 研究区域

本书以"一带一路"沿线国家为研究区域。目前,学界对"一带一路"沿线国家的区域划分主要是基于地理位置的划分[214],即划分为东南亚(东盟)、东亚、南亚、西亚、中亚、中东欧和独联体 7 个区域。鉴于研究数据可获得性和完整性,本书选取"一带一路"沿线 55 个国家作为研究对象。此外,本书考虑到"一带一路"沿线国家在东亚区域仅包括中国、蒙古国 2 个国家;中亚地区仅有哈萨克斯坦、乌兹别克斯坦、土库曼斯坦、塔吉克斯坦、吉尔吉斯斯坦 5 国(且乌兹别克斯坦、土库曼斯坦、塔吉克斯坦均因数据的完整性和可获取性问题,并未纳入本书样本范畴)。因此,根据地理学第一定律以及基于地理位置的划分,本书将东亚与东盟区域合并为东亚—东盟区域、将中亚与西亚区域合并为中亚—西亚区域,最终,本书选取"一带一路"沿线 55 个国家作为研究对象,并基于地理位置与数据可得性,将其划分为东亚—东盟区域、中亚—西亚区域、南亚区域、独联体区域、中东欧区域 5 个区域。其中,东亚—东盟区域 11 国、中亚—西亚区域 14 国、南亚区域 7 国、独联体区域 7 国、中东欧区域 16 国,研究对象不包括越南、伊拉克、叙利亚、阿联酋、也门共和国、伊朗、巴勒斯坦、阿富汗、土库曼斯坦、乌兹别克斯坦、塔吉克斯坦 11 个国家。此外,本书以旅游合作联系网络为研究内核,系统探索"一带一路"沿线国家旅游合作联系网络的系列相关问题,并系统分析东亚—东盟、中亚—西亚、南亚、独联体、中东欧五大区域的旅游合作联系网络结构特征、韧性特征及其时空演化规律,进而提出网络结构韧性的长效机制。

3.1.2 研究方法与测度指标

3.1.2.1 旅游合作联系测度

本书主要借助修正后的万有引力模型测度"一带一路"沿线国家旅游合作联系。Tinbergen(1962)和 Poyhonen(1963)最先将引力模型应用于测度经济联系,且目前被广泛应用。[215-216]同样,两地间的旅游合作联系也可采用相应变换后的引力模型加以测定。旅游合作经济作为国际贸易经济的重要组成部分[217],除了会受到旅游合作相关因素影响,还会受到国际贸易环境的影响。[218]此外,"质量"和"距离"是贸易引力模型的两大核心变量[219],同时,旅游收入、旅游人次是测定旅游"质量"的关键指标。[220]常用的测量旅游合作联系的引力模型如式(3.1)所示。其中 F_{ij} 表示两国之间的旅游合作联系,T_i 和 T_j 分别表示 i 国和 j 国的旅游人数,I_i 和 I_j 分别表示 i 国和 j 国的旅游收入,D_{ij} 表示 i 国和 j 国之间的地理距离。

$$F_{ij}=\sqrt{T_i I_i}\times\frac{\sqrt{T_i I_i}}{D_{ij}^2} \tag{3.1}$$

传统的旅游经济合作引力模型一定程度上并不能完全反映区域间的合作联系。[211]此外,"一带一路"沿线国家合作关系并非简单受到地理距离的影响[221-223],而是受到空间距离、经济距离、文化距离、制度距离等多种距离的影响,故应考虑多种距离对合作关系的综合影响。目前,已有学者开始采用经济距离[211]、时间距离[212]、交通距离[213]来修正引力模型。旅游活动具有明显的经济属性,经济距离会影响旅游客流的空间特征,已有学者开始采用经济距离修正引力模型[211],然而许多学者往往采用两地间的"空间距离"作为衡量两地"经济距离"的指标,这样无法真正体现区域间的引力关系[211],因此,本书借鉴殷杰等(2019)对万有引力的修正方法尝试将经济距离纳入万有引力模型进行修正。[20]

全球旅游合作系统中的网络覆盖全球、国家、区域等尺度。[32]旅游合作联系网络是由众多的节点和连接构成的,如城市旅游目的地就是全国旅游合作联系网络的节点,国家旅游目的地就是区域旅游合作联系网络的节点,这些不同尺度视角下的目的地彼此之间构成节点,并存在相互连接关系。[33]从旅游目的地视角而言,国家、城市只是不同尺度下的目的地,两者在要素流动、节点连接、合作往来等方面表现为共同的旅游功能。此外,城市旅游能级是指城市旅游功能对城市以外地区辐射影响程度的测度变量。[31]鉴于城市旅游目的地与国家旅游目的地具有相同的旅游功能,意味着两者仅在辐射范围有所区别,其辐射影响力不存在本质差异。因此,本书从城市旅游能级引申出国家旅游能级,两者在旅游功能上不存在差异,仅在尺度层面有所区别。

其次,学者Castells(1996)提出的"全球流动空间理论"是指信息、资本、技术和人力资源等功能要素在空间中流动与关联关系,其强调的是功能要素在空间内的流动。"流空间"理论强调网络中节点联系的非地理邻近性[224],并很好地解释了全球化浪潮下某些城市为何能够超越绝对空间,产生跨区域甚至世界范围的影响力。"能级"来源于现代量子物理学,后被引入城市研究,用来衡量全球城市的综合实力。旅游能级(从综合角度衡量城市旅游经济、旅游潜力和旅游环境)反映了旅游功能对其以外地区的辐射影响程度。[31]然而在全球化推动下,节点联系程度与能级拥有何种关系却少有人关注。[92]旅游能级是对一个区域旅游功能对外辐射的影响程度,是一个区域旅游综合吸引力和辐射力的重要表征。因此,本书尝试将旅游能级系数、经济距离等因素纳入引力模型。基于此,本书对测度旅游合作联系的引力模型进行修正,加入旅游能级因素与经济距离因素,修正后的引力模型如式(3.2)所示。

$$F_{ij}=E_{ij}\times\sqrt{T_iI_i}\times\frac{\sqrt{T_jI_j}}{GD_{ij}\times ED_{ij}} \quad (3.2)$$

其中,E_{ij}表示i国j国的旅游合作吸引系数,其具体计算公式如(3.3)所示。本书采用两国间的旅游能级比值来衡量旅游合作吸引力。E_i和E_j分别表示i国和j国旅游能级指数。GD_{ij}表示i国和j国之间的地理距离,ED_{ij}表示i国和j国之间的经济距离。经济距离测算方法如式(3.4)所示。其中,$GDPPC_i$和$GDPPC_j$

分别表示 i 国和 j 国的人均 GDP，GDP_i 和 GDP_j 分别表示 i 国和 j 国的 GDP。

$$E_{ij} = \frac{E_i}{E_j} \tag{3.3}$$

$$ED_{ij} = \frac{(GDPPC_i - GDPPC_j)^2}{GDP_i \times GDP_j} \tag{3.4}$$

3.1.2.2 旅游能级评价体系构建

根据对城市能级、旅游能级研究的相关指标以及"一带一路"沿线国家发展及其影响因素[29,31,225-227]，遵循可获取性、可操作性、科学性、针对性和完备性原则选取指标，构建"一带一路"沿线国家旅游能级评价指标体系，包括3个一级指标、10个二级指标和35个单项指标（如表3.1所示）。

表 3.1　"一带一路"沿线国家旅游能级评价指标体系

一级指标	二级指标	三级指标	2010年	2013年	2016年	2019年
旅游经济能级	经济效益	国际旅游收入	0.027 0	0.026 9	0.028 6	0.028 6
		国际旅游支出	0.025 9	0.026 6	0.019 8	0.019 6
		国际旅游旅行项目收入	0.027 6	0.025 8	0.023 6	0.021 8
		国际旅游旅行项目支出	0.034 9	0.043 0	0.052 6	0.047 9
	游客接待情况	国际旅游入境人数	0.030 0	0.026 4	0.025 1	0.023 8
旅游潜力能级	资本竞争力	国民总收入	0.047 4	0.050 1	0.053 6	0.054 8
		居民最终消费支出	0.038 9	0.041 9	0.045 2	0.046 7
		国民生产总值	0.047 0	0.049 9	0.053 4	0.054 5
		人均GDP	0.018 1	0.017 6	0.015 5	0.015 3
		总储蓄占GDP的百分比	0.004 6	0.003 4	0.003 0	0.002 1
	人才资源竞争力	服务业就业人员占就业总数的百分比	0.003 4	0.003 2	0.002 9	0.002 6
		高等院校入学率	0.007 8	0.007 2	0.006 1	0.007 1
		人口密度	0.046 7	0.045 3	0.043 8	0.043 6
		劳动力参与率	0.004 2	0.004 1	0.003 7	0.003 7
		劳动力总数	0.060 8	0.058 1	0.055 6	0.055 0
		人口增长率	0.005 9	0.005 8	0.006 1	0.003 3

续表

一级指标	二级指标	三级指标	指标权重 2010 年	2013 年	2016 年	2019 年
旅游环境支撑能级	交通环境	航空注册承运人全球出港量	0.042 9	0.043 4	0.043 2	0.045 6
		航空运输客运量	0.046 6	0.046 1	0.046 2	0.047 3
	医疗环境	每千人医院床位数	0.008 9	0.008 0	0.006 7	0.006 5
		每千人内科医生数	0.009 2	0.007 1	0.007 3	0.006 8
	对外开放环境	货物和服务出口额	0.038 1	0.037 8	0.038 7	0.037 2
		服务出口额	0.030 3	0.028 8	0.027 7	0.026 9
		货物进口额	0.037 7	0.037 8	0.036 0	0.036 7
		商品出口额	0.040 7	0.040 3	0.042 4	0.041 0
	科技环境	计算机、通信和其他服务占商业服务进口额的百分比	0.007 3	0.005 5	0.004 6	0.004 3
		计算机、通信和其他服务占商业服务出口额的百分比	0.006 7	0.006 4	0.007 3	0.007 4
		高科技出口额	0.074 7	0.074 7	0.070 0	0.069 7
		每百万人安全互联网服务器	0.032 1	0.030 4	0.033 1	0.033 9
		安全的互联网服务器	0.032 9	0.030 5	0.031 7	0.033 6
		信息和通信技术产品出口占产品出口总量的百分比	0.032 0	0.031 5	0.029 3	0.033 2
	商业环境	商标申请总数	0.064 9	0.074 2	0.077 0	0.079 6
	生态环境	二氧化碳排放量	0.000 6	0.000 6	0.000 6	0.0006
		森林面积占土地面积的百分比	0.009 8	0.009 4	0.009 0	0.008 9
		土地面积	0.053 5	0.051 5	0.049 6	0.049 4
		甲烷排放量	0.001 0	0.000 9	0.000 8	0.000 8

3.1.2.3 旅游能级指数计算

在建立指标体系的基础之上,通过熵值法确定各指标的权重,可以有效避免主观赋权中主观因素的影响。[228]其计算步骤为:

(1) 原始数据收集与整理。设有 m 个待评价的对象，n 个评价指标，形成原始矩阵 $X=(\chi_{aj})_{m\times n}$；其中，$m=61, n=52$。

(2) 对数据进行同趋化处理。由于各项指标的计量单位并不统一，需进行标准化处理。具体计算公式为：正向指标：$\chi_{aj}=\chi_{aj}/\chi_{jmax}$；负向指标：$\chi_{aj}=\chi_{jmin}/\chi_{aj}$；其中，$\chi_{jmax}$ 为正向指标 χ_a 中最大的指标值，χ_{jmin} 为正向指标 χ_a 中最小的指标值。将数据进行归一化处理，$y_{aj}=\chi_{aj}/\sum_{a=1}^{m}\chi_{ij}$，由此得到数据的标准化矩阵 $Y=(y_{aj})_{m\times n}$。

(3) 计算指标的熵值。对于第 j 项指标，其熵值为：$e_j=-k\sum_{a=1}^{m}y_{aj}\ln y_{ai}$。其中，常数 $k=1/\ln m$。

(4) 计算指标的偏差度。第 j 项指标的偏差度：$d_j=1-e_j$。

(5) 计算指标的权重。第 j 项指标的权重：$w_j=d_j/\sum_{j=1}^{n}d_j$。

基于指标的权重值，国家旅游能级指数的计算公式如式(3.5)所示，w_j 为第 j 个指标的权重，I_j 为第 j 个指标的观测值，E 表示旅游能级。

$$E=w_j\times I_j \tag{3.5}$$

运用上述旅游能级评价模型，分别计算出2010—2019年"一带一路"沿线国家旅游能级指数(如表3.2所示)。

表 3.2　　　　　　　　"一带一路"沿线国家旅游能级指数

年份 国家	2010	2011	2012	2013	2014	2015	2016	2017	2018	2019
阿尔巴尼亚	0.027 9	0.028 1	0.026 6	0.025 3	0.024 4	0.023 8	0.023 8	0.024 5	0.024 1	0.023 8
埃及	0.060 8	0.047 9	0.049 8	0.043 2	0.046 6	0.044 9	0.041 2	0.039 7	0.040 7	0.042 4
阿曼	0.037 2	0.039 0	0.041 2	0.038 5	0.037 1	0.035 8	0.036 0	0.033 3	0.031 5	0.030 5
阿塞拜疆	0.040 0	0.039 5	0.039 8	0.036 8	0.035 3	0.032 4	0.032 2	0.031 7	0.028 6	0.027 7
爱沙尼亚	0.089 9	0.088 3	0.081 1	0.078 8	0.082 7	0.076 4	0.072 5	0.067 1	0.069 5	0.072 3
巴基斯坦	0.037 4	0.037 3	0.038 2	0.035 9	0.034 8	0.035 5	0.040 1	0.040 5	0.038 3	0.035 7
巴林	0.051 6	0.049 2	0.049 4	0.047 5	0.045 1	0.049 5	0.048 2	0.045 7	0.042 7	0.042 6
白俄罗斯	0.050 1	0.053 0	0.053 0	0.052 7	0.050 5	0.047 5	0.048 8	0.049 3	0.048 0	0.049 1
保加利亚	0.055 8	0.054 2	0.053 9	0.052 6	0.056 3	0.050 5	0.055 4	0.073 4	0.068 9	0.060 7
北马其顿	0.035 9	0.035 7	0.034 3	0.033 4	0.033 1	0.032 7	0.033 2	0.032 1	0.030 8	0.030 1
波兰	0.162 3	0.155 1	0.143 0	0.141 8	0.140 6	0.129 3	0.122 9	0.119 7	0.133 0	0.123 3
波黑	0.029 6	0.028 8	0.027 0	0.025 5	0.025 7	0.024 6	0.024 1	0.024 7	0.024 2	0.023 7

续表

年份 国家	2010	2011	2012	2013	2014	2015	2016	2017	2018	2019
不丹	0.033 8	0.041 0	0.045 5	0.049 4	0.048 3	0.044 3	0.049 4	0.052 4	0.053 2	0.053 8
俄罗斯	0.276 8	0.284 5	0.277 8	0.276 0	0.257 5	0.234 1	0.223 0	0.227 8	0.227 4	0.226 6
菲律宾	0.097 0	0.094 2	0.100 6	0.095 1	0.099 3	0.101 1	0.103 3	0.095 2	0.091 9	0.099 0
格鲁吉亚	0.028 2	0.028 2	0.028 5	0.029 0	0.029 6	0.029 3	0.030 7	0.031 4	0.031 0	0.030 5
哈萨克斯坦	0.058 5	0.059 0	0.059 0	0.057 0	0.053 8	0.049 0	0.047 9	0.048 3	0.046 8	0.046 6
黑山	0.036 0	0.034 5	0.034 3	0.033 0	0.032 1	0.030 8	0.030 9	0.030 8	0.030 4	0.030 0
吉尔吉斯斯坦	0.027 5	0.026 1	0.026 4	0.024 2	0.023 5	0.022 1	0.023 3	0.021 2	0.019 5	0.019 6
柬埔寨	0.026 4	0.026 1	0.026 8	0.027 3	0.025 5	0.025 7	0.026 3	0.025 4	0.024 7	0.024 7
捷克	0.135 6	0.135 2	0.122 7	0.116 9	0.116 1	0.108 1	0.125 0	0.110 8	0.117 0	0.110 3
卡塔尔	0.070 2	0.071 5	0.076 9	0.070 5	0.068 5	0.066 2	0.067 0	0.061 0	0.057 4	0.054 9
科威特	0.066 6	0.066 6	0.065 8	0.061 9	0.058 1	0.054 6	0.054 8	0.051 4	0.050 0	0.050 0
克罗地亚	0.073 3	0.070 4	0.065 1	0.064 2	0.063 7	0.059 2	0.057 7	0.063 8	0.061 9	0.058 9
拉脱维亚	0.066 6	0.064 1	0.061 1	0.061 0	0.062 1	0.060 9	0.057 2	0.059 6	0.058 4	0.059 2
老挝	0.022 5	0.023 8	0.023 5	0.024 1	0.029 5	0.029 7	0.030 6	0.029 0	0.028 0	0.026 5
黎巴嫩	0.056 3	0.046 8	0.046 2	0.043 5	0.040 6	0.040 1	0.039 2	0.035 6	0.034 1	0.031 2
立陶宛	0.059 5	0.057 6	0.054 7	0.054 5	0.054 4	0.054 1	0.055 1	0.055 4	0.057 0	0.058 4
罗马尼亚	0.071 6	0.070 2	0.063 1	0.061 9	0.061 2	0.057 9	0.070 5	0.075 1	0.074 3	0.070 4
马尔代夫	0.032 1	0.034 0	0.035 6	0.034 6	0.033 7	0.034 5	0.036 1	0.034 3	0.032 3	0.031 4
马来西亚	0.163 7	0.159 2	0.151 3	0.147 7	0.140 2	0.125 7	0.128 0	0.129 9	0.126 2	0.119 9
蒙古国	0.033 3	0.036 7	0.038 9	0.036 7	0.034 9	0.032 6	0.033 5	0.033 7	0.033 5	0.033 3
孟加拉国	0.037 8	0.037 5	0.036 0	0.035 1	0.035 6	0.036 5	0.038 4	0.038 1	0.038 0	0.038 9
缅甸	0.028 6	0.027 5	0.029 6	0.032 8	0.029 2	0.030 2	0.031 3	0.030 6	0.031 2	0.031 4
摩尔多瓦	0.028 2	0.027 1	0.026 8	0.025 7	0.025 1	0.023 7	0.023 9	0.025 1	0.024 2	0.023 8
尼泊尔	0.026 1	0.026 1	0.025 2	0.025 0	0.024 7	0.025 0	0.025 5	0.026 7	0.025 8	0.025 0
塞尔维亚	0.040 0	0.040 0	0.039 1	0.037 8	0.037 2	0.035 5	0.037 3	0.042 3	0.041 4	0.040 0
塞浦路斯	0.067 0	0.061 0	0.069 0	0.053 5	0.068 1	0.056 5	0.047 1	0.049 7	0.040 4	0.039 3
沙特阿拉伯	0.115 1	0.109 6	0.103 1	0.096 5	0.097 0	0.090 0	0.089 8	0.085 7	0.083 5	0.083 3
斯里兰卡	0.029 4	0.029 1	0.028 8	0.029 1	0.029 4	0.029 9	0.031 1	0.030 6	0.029 3	0.027 6
斯洛伐克	0.085 9	0.082 4	0.079 1	0.079 9	0.075 7	0.070 7	0.069 6	0.066 2	0.064 9	0.062 8
斯洛文尼亚	0.080 1	0.075 5	0.071 0	0.067 3	0.069 1	0.065 2	0.058 5	0.060 0	0.062 1	0.059 6
泰国	0.136 9	0.136 8	0.135 6	0.137 5	0.128 4	0.132 1	0.135 9	0.135 9	0.132 6	0.129 2
土耳其	0.173 0	0.168 6	0.162 0	0.166 7	0.160 1	0.144 8	0.133 7	0.127 9	0.121 7	0.116 9
文莱	0.046 2	0.047 7	0.047 0	0.045 5	0.043 8	0.043 9	0.040 2	0.036 9	0.037 3	0.039 6
乌克兰	0.071 8	0.072 1	0.070 0	0.067 1	0.053 7	0.050 0	0.065 6	0.058 9	0.059 2	0.056 7
希腊	0.096 0	0.091 0	0.079 7	0.078 6	0.081 9	0.074 5	0.073 9	0.071 7	0.071 4	0.070 5
新加坡	0.296 0	0.294 6	0.287 1	0.282 0	0.265 3	0.253 8	0.273 8	0.267 7	0.264 3	0.258 7

续表

年份 国家	2010	2011	2012	2013	2014	2015	2016	2017	2018	2019
匈牙利	0.123 5	0.117 1	0.102 3	0.097 5	0.092 4	0.085 5	0.089 1	0.089 7	0.088 8	0.087 6
亚美尼亚	0.025 6	0.026 1	0.026 0	0.024 2	0.023 7	0.022 9	0.024 0	0.024 2	0.024 1	0.024 3
以色列	0.136 4	0.130 1	0.114 7	0.107 9	0.101 3	0.099 3	0.091 5	0.090 5	0.088 1	0.083 3
印度	0.243 2	0.238 4	0.224 7	0.215 5	0.215 8	0.215 6	0.225 3	0.229 6	0.229 1	0.232 9
印度尼西亚	0.126 6	0.126 3	0.123 5	0.115 5	0.110 6	0.106 3	0.123 7	0.127 7	0.121 7	0.113 8
约旦	0.033 6	0.031 5	0.032 3	0.029 0	0.028 5	0.026 9	0.027 1	0.024 4	0.021 8	0.020 9
中国	0.801 1	0.805 0	0.804 9	0.811 0	0.818 3	0.829 6	0.824 1	0.823 6	0.827 9	0.820 7

3.1.2.4 网络特征解构

社会网络分析（Social Network Analysis）已被广泛应用于旅游研究[229]，用于描述网络内节点间关系结构，并运用定量技术形成相关指标揭示网络整体特征、小群体特征以及个体特征。[230-233] 随着"一带一路"沿线国家旅游合作不断深化，沿线国家旅游合作关系已经形成联系网络，沿线各国被视为网络中的节点，因此诸多学者将社会网络分析方法应用于"一带一路"沿线国家旅游合作网络这一研究领域。[20] 本书根据研究对象与研究范围，将聚焦于"一带一路"沿线国家旅游合作联系网络的整体网络态势、网络小群体特征以及个体网络结构三个层面（如图3.1所示）。

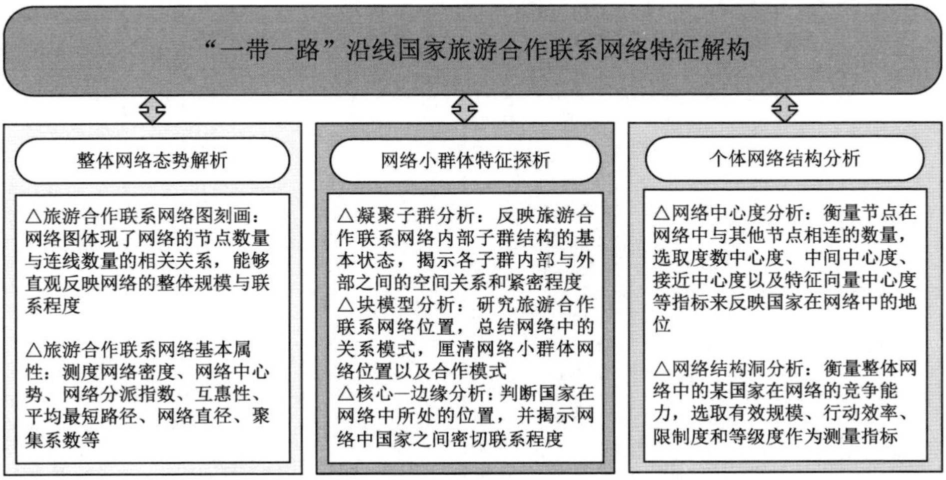

"一带一路"沿线国家旅游合作联系网络特征解构

整体网络态势解析
△旅游合作联系网络图刻画：网络图体现了网络的节点数量与连线数量的相关关系，能够直观反映网络的整体规模与联系程度
△旅游合作联系网络基本属性：测度网络密度、网络中心势、网络分派指数、互惠性、平均最短路径、网络直径、聚集系数等

网络小群体特征探析
△凝聚子群分析：反映旅游合作联系网络内部子群结构的基本状态，揭示各子群内部与外部之间的空间关系和紧密程度
△块模型分析：研究旅游合作联系网络位置，总结网络中的关系模式，厘清网络小群体网络位置以及合作模式
△核心—边缘分析：判断国家在网络中所处的位置，并揭示网络中国家之间密切联系程度

个体网络结构分析
△网络中心度分析：衡量节点在网络中与其他节点相连的数量，选取度数中心度、中间中心度、接近中心度以及特征向量中心度等指标来反映国家在网络中的地位
△网络结构洞分析：衡量整体网络中的某国在网络的竞争能力，选取有效规模、行动效率、限制度和等级度作为测量指标

图 3.1 旅游合作联系网络特征解构分析框架

(1) 整体网络态势解析。整体网络存在 N 个行动者和 (N^2-N) 种对偶组合,本书选取了 55 个"一带一路"沿线国家,即"一带一路"沿线国家旅游合作联系网络存在 55 个行动者和 2 970 种对偶组合。"一带一路"沿线国家旅游合作联系整体网络的态势主要通过联系网络图的刻画、网络基本属性的测度以及网络关联性的比较来解析,以期厘清联系网络整体态势与整体结构特征。

① 网络图的刻画。网络图体现了网络的节点数量与连线数量的相关关系,能够直观反映网络的整体规模与联系程度。

② 网络基本属性测度。从网络基本属性层面测度整体网络有助于全面阐释"一带一路"沿线国家旅游合作联系网络的结构关系与宏观特征。本书旅游合作联系整体网络的测度属性主要包括:网络密度、网络中心势、网络分派指数(E-I 指数)、互惠性、平均最短路径、网络直径、聚集系数等(如表 3—3 所示)。

表 3.3　　　　　　　　　　网络基本属性测度体系

分析指标	指标内涵	测算方式	测算说明
网络密度 (Density)	测度合作网络中各个体间联系的紧密程度,网络密度越大,个体之间的联系越紧密,个体越发团结,合作越发紧密	$D_i = \dfrac{N}{M(M-1)}$	D_i 为节点间最短连线数;M 为节点数
网络中心势 (Centralization)	主要有三种测度,度数中心势、中间中心势以及接近中心势,中心势越接近 1,说明网络越具有集中趋势	$C = \dfrac{\sum_{i=1}^{n}(C_{max}-C_i)}{\max\left[\sum_{i=1}^{n}(C_{max}-C_i)\right]}$	C_{max} 为最大中心度数值
E-I 指数 (E-I Index)	测量合作网络的派系林立程度,该值越向 1 靠近,意味着个体之间的联系越多,区域越开放,派系林立的程度越大;该值越接近 -1,表明派系林立程度越小;该值越接近 0,则表示看不出派系林立	$E-I\ index = \dfrac{EL-IL}{EL+IL}$	EL 为子群体之间的关系的数量;IL 为子群体内部的关系的数量
互惠性	分析网络中 2 个节点之间的互利互惠程度,互惠指数介于 0~1,值越大则互惠性越强	—	—
平均最短路径	网络中全部节点建立合作联系所需要经过其他节点数的最小值的平均值。平均最短路径越小,网络连通性越好	$L = \dfrac{2}{M(M-1)} \sum_{i \geqslant j} d_{ij}$	d_{ij} 为节点间最短连线数;M 为节点数

续表

分析指标	指标内涵	测算方式	测算说明
网络直径 (Diameter)	网络中任意两节点之间的距离的最大值	$D=\max\limits_{i,j} d_i j$	D 为网络直径
聚集系数 (Clustering Coefficient)	网络中个体的邻居节点也互为邻居的可能性	$C_i = \dfrac{\sum_{i \neq j \neq k} a_{i,j} a_{i,k} a_{j,k}}{\sum a_{i,j} a_{j,k}}$	$a_{i,j}$ 表示网络中节点 i,j 之间的连边

(2)网络小群体特征探析。本书对网络小群体特征的探析主要聚焦于凝聚子群、核心—边缘以及块模型分析。

①凝聚子群分析。凝聚子群是指行动者之间具有较强且紧密关系所组成的集合。[234]本书借助凝聚子群分析主要反映"一带一路"沿线国家旅游合作联系网络内部子群结构的基本状态,揭示各子群内部与外部之间的空间关系和紧密程度。

②块模型分析。块模型分析是研究网络位置模型的方法[235],其可以简洁地总结网络中的关系模式,从而厘清网络的基本结构属性与小群体特征。[236—237]Burt(1976)将板块位置分为四类[238]:孤立位置板块(Isolate),其成员和外界几乎没有联系;谄媚位置板块(Sycophants),即板块内部的关系要少于板块外部的关系;经纪人位置板块(Brokers),板块成员可以发送也可以接受外部关系,其内部成员之间的联系相对较少;首属位置板块(Primary),板块成员的关系既来自外部成员也来自自身成员。本书将利用块模型分析来测度"一带一路"沿线国家旅游合作联系网络中的小群体联系网络的位置以及合作模式。

③核心—边缘分析。核心—边缘分析用于对节点在网络中所处的位置进行量化,揭示网络中节点之间关联的紧密程度,并将其划分为核心区域和边缘区域。[239]本书通过对"一带一路"沿线国家旅游合作联系网络的核心—边缘分析,判断出每个国家在网络中所处的位置,并揭示国家之间密切联系程度。

(3)个体网络结构分析。个体网络特征主要通过网络中心性、网络结构洞测度,进而量化行动者在网络中的位置和权力以及在网络中发挥的作用。

①网络中心度分析。网络中心性衡量网络节点在网络中与其他节点相连的数量,是一种重要的结构变量。[240]网络中心性主要用来考察网络节点在网络的中心地位和对资源获取的能力。[182]相连节点越多,表明中心性越大,从其他节点获取信息与资源的能力就越强,即网络的影响力也越大。在"一带一路"沿

线国家旅游合作联系网络中,高中心性意味着某国在旅游合作联系网络中发挥着重要的决策作用。网络中心性在量化网络结构过程中一般采用中心势和中心度两种测量指标。[241]其中,中心度分析是对网络中某个节点地位的量化指标,包括绝对中心度和相对中心度,相对中心度是对绝对中心度进行标准化运算后的结果[242],本书采用相对中心度作为分析指标,并选取度数中心度、中间中心度、接近中心度以及特征向量中心度等指标反映"一带一路"沿线国家在旅游合作联系网络中的地位(如表3.4所示)。

表 3.4　　　　　　　　　网络中心度测度体系

分析指标	指标内涵	测算方式及测算说明
度数中心度	表示一个节点直接相连的其他节点个数,并在有向网络中分为点入度和点出度	$C_{AD}(i)=i$ 的度数 Do_i 为点入度;Di_i 为点出度
中间中心度	表示一个节点在多大程度上控制其他节点对网络关系的能力;中间中心度越大,该节点越处于网络的核心位置	$C_{ABi} = \sum_{j}^{n}\sum_{k}^{n} b_{jk}(i)$ $j \neq k \neq i, j < k$
接近中心度	表示一个节点与其他节点的最短路径之和;接近中心度越大,该节点越不是网络的核心节点	$C_{Api}^{-1} = \sum_{j=1}^{n} d_{ij}$ d_{ij} 为最短路径长度
特征向量中心度	表示一个节点的中心性是相邻节点中心性	$EC(i) = c\sum_{j=1}^{n} a_{ij}\chi_j$

②结构洞分析。结构洞用于衡量整体网络中的某节点国家在整体网络中的竞争能力。[243]本书采用有效规模、行动效率、限制度和等级度作为网络结构洞的测量指标。[244]其中,有效规模(Effective Size)表明节点在组织网络中异质资源的获得性[245],其值越大,说明存在结构洞的可能性越大;行动效率(Efficiency)说明节点对网络中其他行动者的影响程度[245],该值越大,表明其对网络中的其他节点具有较强的影响力;限制度(Constraint)表示节点利用结构洞的能力[245],限制度越小,说明网络开放度越高,结构洞的数量越多;等级度(Hierarchy)刻画了节点的重要性,其值越高,说明某节点居于网络核心位置,对网络其他节点的控制力越强。[246]

3.1.3　数据来源

本书中所涉及的数据主要来源于世界旅游组织 UNWTO、世界银行(https://data.worldbank.org.cn)的世界发展指标数据库、法国 CEPII 数据库（http://www.cepii.fr/CEPII/en/welcome.asp）以及百度百科（如表 3.5 所示）。本书主要选取"一带一路"沿线国家 2010—2019 年间的相关数据进行分析。在获取数据后，本书对所选取的数据进行筛选与处理，统一数据单位，并对数据进行对数化处理。

表 3.5　　　　　　旅游合作联系测算的数据体系及其采集渠道

数据指标	指标来源
各国旅游人数 各国旅游收入 各国 GDP 人均 GDP 服务业就业人数占总就业人数的比重 旅游能级评价指标	世界银行 https://data.worldbank.org.cn
两国之间的地理距离	法国 CEPII 数据库 http://www.cepii.fr/CEPII/en/welcome.asp

3.2　整体网络表征

3.2.1　整体网络态势解析

3.2.1.1　旅游合作联系网络图刻画

本书根据修正的引力模型，构建了"一带一路"沿线国家旅游合作联系关系矩阵，并采用 Gephi 软件进行可视化分析，以便比较"一带一路"沿线国家旅游合作联系网络的发展趋势。本书将 2010—2019 年间各国旅游合作联系度的平均值作为断点值，即某两国之间的旅游合作联系度高于平均值，即赋值为 1，低于平均值则赋值为 0，并绘制"一带一路"沿线国家主要年份的旅游合作联系网络拓扑结构图（见图 3.2）。

为了更直观地表示，拓扑结构图均采用模块化（Modularity Class）指标自动布局。图中的节点（用"圆形"表示）代表"一带一路"沿线各国，圆形大小表示该国在网络中的重要程度，即圆形越大则越重要；连线表示两国之间存在旅游合作关系，连线越多则表示国家的旅游合作联系越频繁。"一带一路"沿线国家旅游合作联系数从 2010 年的 1 080 增长至 2019 年的 1 251。由此可见，"一带一

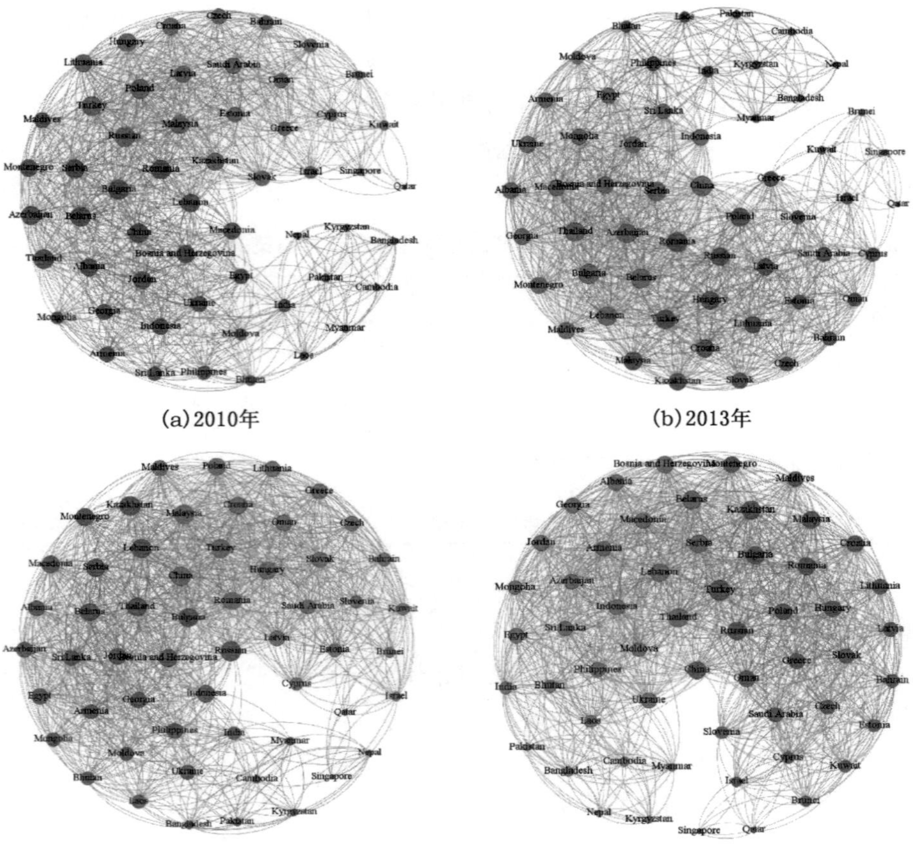

(a) 2010年　　　　　　　　　　　　(b) 2013年

(c) 2016年　　　　　　　　　　　　(d) 2019年

图 3.2 "一带一路"沿线国家主要年份的旅游合作联系网络

路"沿线国家旅游合作联系越发紧密,各国之间的合作联系网络结构形态明显,旅游合作联系网络的影响力和影响范围也在不断扩大,各国间的旅游合作联系逐渐向多向化、稠密化、纵深化方向发展。此外,"一带一路"沿线国家并未出现"孤立"角色,即表明所有国家都不可或缺。

3.2.1.2　旅游合作联系网络基本属性

为了具体刻画出"一带一路"沿线各国旅游合作联系网络的结构特点,本书构建了相关网络特征指标来进行定量分析,本书分别采用网络密度、网络中心势、E-I 指数、互惠性、平均路径长度、网络直径、聚集系数等指标对"一带一路"沿线国家旅游合作联系网络的整体特征进行测度(如图 3.3 所示)。

第 3 章 "一带一路"沿线国家旅游合作联系网络的建构及其表征解析 | 057

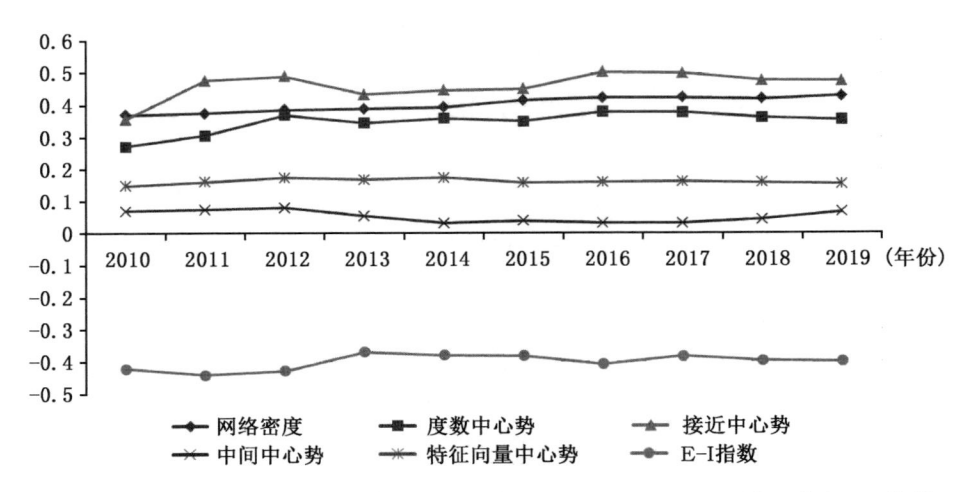

图 3.3　2010—2019 年"一带一路"沿线国家旅游合作联系网络密度、中心势和 E-I 指数

（1）网络密度。网络密度用于描述整体网络关联关系的疏密情况，其取值范围为[0,1]，反映了网络实际关联关系数与最大可能关联关系数的比值，即组织网络中各节点之间联系的紧密程度。[247]网络密度越大，整体网络中国家旅游合作联系越紧密，信息交流越频繁。从图 3.3 中可知，2010—2019 年，"一带一路"沿线国家旅游合作联系网络的网络密度总体呈现上升趋势，说明网络中各国之间的旅游合作联系日渐紧密。但"一带一路"沿线国家旅游合作联系网络密度相对较低，这意味着各国旅游合作联系相对分散，还有很大的提升空间。

（2）网络中心势。网络中心势是度量网络整体中心化程度的指标，通过描述网络整体的结构特征来反映整体网络发展的均衡与偏离程度[230]，即衡量网络的总体整合度和一致性水平。[241]网络中心势主要包括度数中心势、接近中心势、中间中心势以及特征中心势。中心势越接近 1，说明网络越具有集中趋势。

2010—2019 年"一带一路"沿线国家旅游合作联系网络的度数中心势呈现缓慢增长，但其仍未超过 40%，这表明"一带一路"沿线国家在旅游合作联系网络中并未出现绝对的"领导者"和"领头羊"角色；接近中心势在呈现波动上升趋势，这表明各国之间的合作不受其他个体控制的程度逐步提升，即"一带一路"沿线国家旅游合作联系的自由化程度逐步上升，合作受限程度逐步减少；中间中心势总体上呈现先下降后上升的趋势，这表明整个网络中"中间人"和"媒介"的角色越来越淡，这也在一定程度上说明了"一带一路"沿线国家旅游合作联系的便利化程度正逐步提升，各国之间的直接合作逐步加强；特征向量中心势随着旅游合作联系网络的发展而呈现逐渐下降的趋势,且下降趋势幅度最终趋于平缓,反映出旅游合作联系网络逐渐呈现均衡、整体发展。

(3)网络分派指数(E-I指数)。网络分派指数(E-I指数)是测量合作网络的派系林立程度,即反映一个网络中小团体网络特征明显程度。[248] E-I指数值越接近于1,意味着国家之间的合作联系越多,区域越开放,派系林立的程度越大;E-I指数值越接近-1,表明派系林立程度越小;E-I指数值越接近0,则表示看不出派系林立。从图3.4可以看出,E-I指数波动幅度较小,且基本上在-0.4处上下波动,这表明"一带一路"沿线国家旅游合作联系存在一定的派系关系,即整个旅游经济合作联系网络中可能存在小团体式的合作模式,沿线国家旅游经济合作联系的整体性、一体化水平有待提高。

(4)网络直径与平均路径长度。网络直径(Diameter)是网络中任意两个节点间最短路径的最大值。网络直径越小,说明资源或信息可以通过较少的节点传播到整个网络。平均路径长度(Average Path Lengths)则指任意两个节点之间的距离的均值,即网络中所有可能相连的节点之间最短路径经过边数的均值,衡量网络中信息传递的效率。由表3.6可知,2010—2019年"一带一路"沿线国家旅游合作联系网络的网络直径与平均路径长度数值呈现下降趋势,说明网络中各节点之间信息传递效率有所提高,旅游合作联系网络中各节点国家间越容易合作交流。

表3.6　　　　"一带一路"沿线国家旅游合作联系网络的基本属性

年份	网络直径	平均最短路径	聚类系数	互惠指数
2010	7	2.108	0.792	0.841
2011	6	2.065	0.803	0.842
2012	6	2.025	0.800	0.843
2013	6	2.023	0.792	0.832
2014	6	2.014	0.789	0.834
2015	6	1.898	0.798	0.816
2016	5	1.868	0.804	0.817
2017	5	1.871	0.804	0.820
2018	5	1.880	0.802	0.813
2019	5	1.837	0.803	0.824

(5)聚类系数。聚类系数(Clustering Coefficient)衡量网络中节点聚集程度,反映网络中节点之间联系程度。聚类系数取值范围介于0～1,取值为0,说明网络中所有节点都是孤立的,取值为1,说明网络中任意节点都有边相连,即值越大,网络节点间的凝聚性越强。由表3.6可知,2010—2019年"一带一路"沿线国家旅游合作联系网络的聚类系数呈现逐年上升的趋势,说明各国聚类或抱团现象明显,说明彼此之间信息的交流以及资源的获取愈加便利,即网络整体凝聚力较强。

(6)互惠性。互惠性旨在分析网络中两个节点之间的互利互惠的程度,互惠指数介于0～1,互惠指数越趋向于1,则互惠性就越强。由表3.6可知,"一带一路"沿线国家旅游合作联系网络的互惠度虽然呈现波动下降的趋势,但下降幅度较小且整体互惠指数较高,说明旅游合作联系网络具有较高的互惠性,即网络中各国之间越倾向于相互发起旅游合作,意味着各国的地位越平等。

3.2.2 网络小群体特征探析

3.2.2.1 网络凝聚子群分析

凝聚子群是指网络内社会成员之间具有紧密关系的行动集合,可反映网络内社会成员之间紧密联系程度。[249]而凝聚子群密度矩阵则能体现各子群内部与外部之间的联系紧密程度。[250]本书应用CONCOR(Convergent Correlations)迭代相关收敛算法来对"一带一路"沿线国家旅游合作联系网络的空间结构进行剖析。如表3.7所示,根据UCINET(最大分割深度为2,集中标准为0.2)测算结果将"一带一路"沿线国家划为4个子群。

(1)随着时间的推移,凝聚子群总数没有发生变化,但子群成员变化较大。中国在2010年、2013年始终处于国家个数最多的凝聚子群中,说明与中国旅游合作联系比较紧密的国家较多,中国的凝聚力相对较高。

(2)国家个数最多的凝聚子群包含的国家相对稳定,阿尔巴尼亚、阿塞拜疆、蒙古国、乌克兰、白俄罗斯、北马其顿、塞尔维亚、约旦、摩尔多瓦、泰国、印度尼西亚、亚美尼亚等国一直处于同一个最大的凝聚子群,说明这些国家旅游合作联系比较紧密,且具有较强的凝聚力。

(3)国家个数较少的凝聚子群的成员组成情况随着时间的推移变化较大,其中,2013年子群结构变化最大,文莱、以色列、科威特、新加坡、卡塔尔等国凝聚为最小的凝聚子群。

表 3.7　　　　　"一带一路"沿线国家旅游合作联系网络的凝聚子群

年份	1	2	3	4
2010	阿尔巴尼亚、埃及、马尔代夫、阿塞拜疆、蒙古国、乌克兰、不丹、白俄罗斯、保加利亚、北马其顿、塞尔维亚、波黑、格鲁吉亚、约旦、中国、摩尔多瓦、泰国、黑山、印度尼西亚、斯里兰卡、亚美尼亚	缅甸、巴基斯坦、尼泊尔、印度、柬埔寨、孟加拉国、菲律宾、老挝、吉尔吉斯斯坦	斯洛文尼亚、塞浦路斯、文莱、捷克、卡塔尔、阿曼、以色列、科威特、沙特阿拉伯、巴林、希腊、新加坡	马来西亚、波兰、爱沙尼亚、哈萨克斯坦、斯洛伐克、罗马尼亚、匈牙利、土耳其、克罗地亚、拉脱维亚、俄罗斯、黎巴嫩、立陶宛
2013	阿尔巴尼亚、埃及、马尔代夫、阿塞拜疆、蒙古国、乌克兰、斯里兰卡、白俄罗斯、保加利亚、北马其顿、塞尔维亚、波黑、格鲁吉亚、黎巴嫩、中国、摩尔多瓦、泰国、黑山、约旦、印度尼西亚、亚美尼亚	不丹、缅甸、尼泊尔、巴基斯坦、柬埔寨、孟加拉国、印度、菲律宾、老挝、吉尔吉斯斯坦	波兰、爱沙尼亚、捷克、罗马尼亚、哈萨克斯坦、马来西亚、塞浦路斯、沙特阿拉伯、克罗地亚、匈牙利、斯洛文尼亚、阿曼、土耳其、斯洛伐克、巴林、希腊、立陶宛、俄罗斯、拉脱维亚	文莱、以色列、科威特、新加坡、卡塔尔
2016	阿尔巴尼亚、埃及、格鲁吉亚、阿塞拜疆、蒙古国、波黑、不丹、白俄罗斯、摩尔多瓦、北马其顿、塞尔维亚、黑山、约旦、菲律宾、泰国、斯里兰卡、印度尼西亚、亚美尼亚	缅甸、尼泊尔、吉尔吉斯斯坦、巴基斯坦、老挝、孟加拉国、印度、柬埔寨、乌克兰	塞浦路斯、斯洛文尼亚、新加坡、以色列、爱沙尼亚、捷克、阿曼、卡塔尔、沙特阿拉伯、立陶宛、科威特、文莱、巴林、希腊、拉脱维亚、斯洛伐克	哈萨克斯坦、保加利亚、马来西亚、波兰、罗马尼亚、马尔代夫、土耳其、克罗地亚、匈牙利、俄罗斯、黎巴嫩、中国
2019	阿尔巴尼亚、菲律宾、格鲁吉亚、阿塞拜疆、蒙古国、乌克兰、斯里兰卡、白俄罗斯、摩尔多瓦、北马其顿、塞尔维亚、波黑、黎巴嫩、约旦、泰国、印度尼西亚、亚美尼亚	缅甸、尼泊尔、不丹、巴基斯坦、孟加拉国、埃及、印度、柬埔寨、老挝、吉尔吉斯斯坦	黑山、波兰、罗马尼亚、哈萨克斯坦、土耳其、保加利亚、马来西亚、匈牙利、克罗地亚、中国、阿曼、俄罗斯、马尔代夫	捷克、沙特阿拉伯、斯洛文尼亚、爱沙尼亚、文莱、巴林、塞浦路斯、新加坡、卡塔尔、科威特、以色列、拉脱维亚、希腊、斯洛伐克、立陶宛

为了更加简洁地分析,本书将凝聚子群密度矩阵中的值与整体网络密度的值比较,若其值大于整体网络密度的值,则赋值为 1,反之则赋值为 0,最后得到"一带一路"沿线国家旅游合作联系网络的像矩阵(如表 3.8 所示)。

表 3.8　　"一带一路"沿线国家旅游合作联系网络的像矩阵

2010/2013/2016/2019	1	2	3	4
1	1/1/1/1	0/0/0/0	0/0/0/0	1/0/1/0
2	0/0/0/0	1/1/1/1	0/0/0/0	0/0/0/0
3	0/0/0/1	0/0/0/0	1/1/1/1	1/0/1/1
4	1/0/1/0	0/0/0/0	1/0/1/0	1/1/1/1

如表 3.8 所示，对角线上的值均为 1，说明每个子群内的成员间存在相互协作的关系。此外，第 2 子群与其他子群之间的密度均小于"一带一路"沿线国家旅游合作联系整体网络密度，可见第 2 子群与其他子群旅游合作联系不够紧密，旅游合作效应仍未充分体现。第 4 子群与其他子群产生密切的旅游合作联系，发挥了强化整体节点旅游合作联系的作用。

3.2.2.2　网络块模型分析

块模型方法是分析板块内部及不同板块间位置关系的方法[251]，并根据板块内及板块间的关系将板块划分为四种类型：孤立位置板块（Isolate），其成员和外界几乎没有联系；谄媚位置板块（Sycophants），即板块内部的关系要少于板块外部的关系；经纪人位置板块（Brokers），板块成员既发送也接受外部关系，其内部成员之间的联系比较少；首属位置板块（Primary），板块成员既接受来自外部成员的关系也有来自自身成员的关系。具体而言，处于孤立位置板块的国家在旅游合作联系网络中很少向其他国家发出旅游合作，也很少接收来自其他国家的旅游合作信息；处于谄媚位置板块的国家在旅游合作联系网络中倾向于向其他板块国家主动表现出旅游合作的意愿，而与该板块内的国家旅游联系流性较少；处于经纪人位置板块的国家在旅游合作联系网络中虽然同时与板块内部国家、其他板块国家均保持旅游联系，但整体板块内部国家之间的联系较少；处于首属位置板块的国家在旅游合作联系网络中不仅在板块内与其他国家保持密切的旅游联系，而且与其他板块的国家也有较强的旅游合作联系。

本书基于像矩阵，并利用各板块之间的像矩阵关系，确定板块所处位置，并绘制了简洁的板块角色关系图（如图 3.4 所示）。图中的每一个"点"代表一个板块，每个点上面的带箭头的小圆圈，表示关系从该点"发出"又回到本点，这表明每个板块内部成员间都存在一定的关联关系。

(a) 2010 年

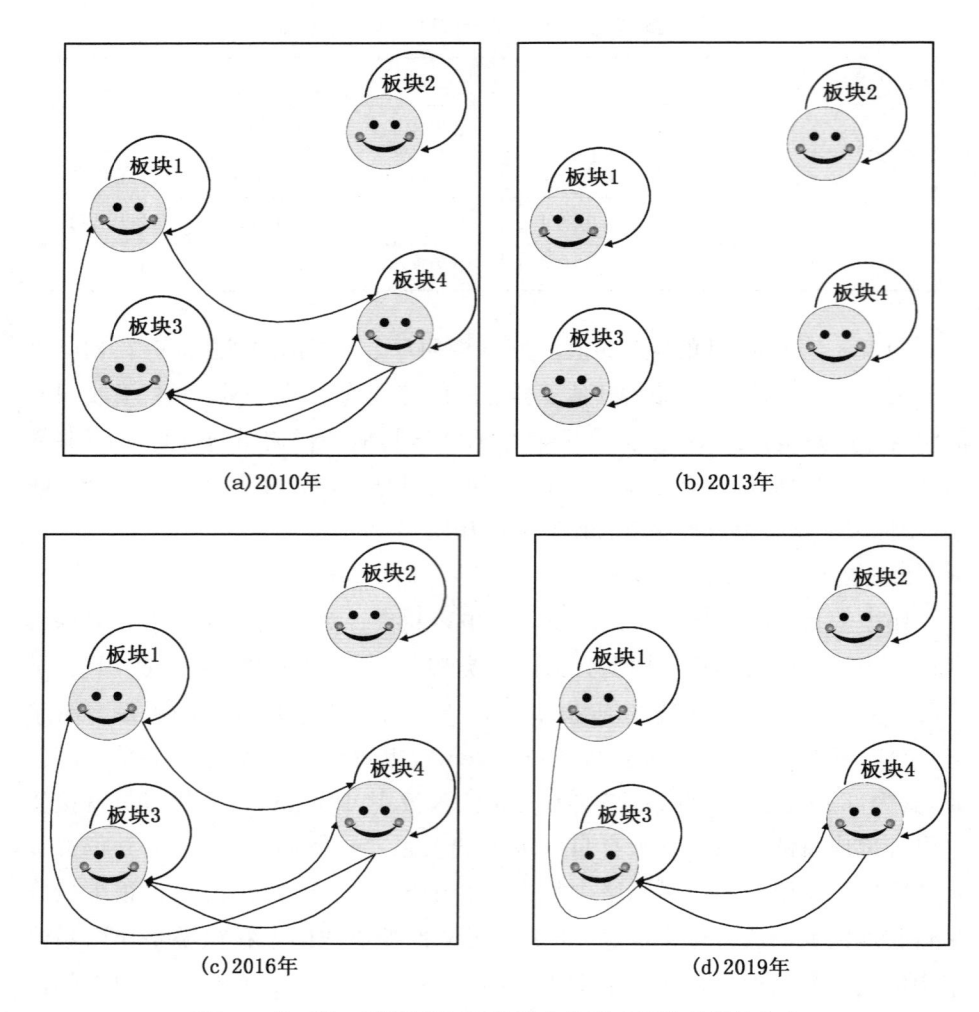

(b) 2013 年

(c) 2016 年

(d) 2019 年

图 3.4 "一带一路"沿线国家旅游合作联系网络的板块角色

由图 3.4 可知，2010 年与 2016 年关系图一样，从板块类型来看，板块 1 和板块 3 均位于首属位置，两者不仅接受来自板块 4 的关系，其自身内部成员之间也存在紧密联系；板块 2 位于孤立位置，其与外界没有任何联系，仅与自身内部成员之间存在联系；板块 4 位于经纪人位置，板块 4 不仅内部成员之间存在联系，其接受板块 1 和板块 3 发出的关系，也能向板块 1 和板块 3 发送关系，这表明板块 4 可以充当"桥梁"作用，实现了板块 1 与板块 3 的沟通。

从板块类型来看，2013 年板块 1、板块 2、板块 3、板块 4 均位于孤立位置，其与外部成员不存在接受与发送关系,仅与内部成员存在关系。

从 2019 年关系图来看,板块 1 位于首属位置,虽然内部成员之间的联系较少,但与外部成员之间也存在发送与接受关系;板块 2 和板块 3 位于孤立位置,其成员与外界没有任何联系,仅内部成员之间存在联系;板块 4 位于经纪人位置,其内部成员不仅存在联系,且与外界成员联系也较为紧密,连接着板块 1 与板块 3 的关系。

总体而言,四个板块内部均保持联系,说明板块内部旅游合作联系密切,板块较为稳定。此外,板块 4 与外界成员联系紧密,且与板块 1 和板块 3 均有接受和发送的关系,说明板块 1 和板块 3 是板块 4 密切的旅游合作对象,板块 4 在"一带一路"沿线国家旅游合作联系网络中起着重要的"桥梁"作用。而板块 2 仅与内部成员保持联系,需要多加强与其他板块成员之间的旅游交流合作。

3.2.2.3 网络核心—边缘分析

核心—边缘结构用于划分社会网络中核心行动者与边缘行动者,并揭示其结构之间关联关系的疏密程度。[252]核心度高的行动者具有更高的社会地位,与其他成员的联系也更紧密。[13]本书采用 Ucinet 6.0 软件计算得到各国的核心度(如表 3.9 所示),并综合考虑各层次的区分程度,将核心度在 0.15 以上的国家划分为核心国家,核心度在 0.05 以下国家的划分为边缘国家,其余国家划分为半边缘国家。[242,253]

表 3.9　"一带一路"沿线国家旅游合作联系网络的核心—边缘结构分析

国家 (核心度)	核心国家	半边缘国家	边缘国家
2010 年	俄罗斯(0.228)、中国(0.226)、白俄罗斯(0.206)、泰国(0.205)、保加利亚(0.201)、土耳其(0.201)、罗马尼亚(0.200)、塞尔维亚(0.200)、阿塞拜疆(0.197)、波兰(0.188)、哈萨克斯坦(0.188)、黎巴嫩(0.188)、马来西亚(0.188)、黑山(0.165)、匈牙利(0.165)、立陶宛(0.162)、马尔代夫(0.160)、克罗地亚(0.159)、拉脱维亚(0.158)、波黑(0.155)、印度尼西亚(0.152)	阿尔巴尼亚(0.142)、约旦(0.142)、沙特阿拉伯(0.138)、北马其顿(0.137)、乌克兰(0.137)、埃及(0.130)、斯洛伐克(0.128)、爱沙尼亚(0.123)、格鲁吉亚(0.119)、亚美尼亚(0.119)、捷克(0.116)、阿曼(0.115)、斯里兰卡(0.107)、巴林(0.099)、斯洛文尼亚(0.083)、希腊(0.083)、蒙古国(0.080)、菲律宾(0.075)、摩尔多瓦(0.065)、以色列(0.063)、塞浦路斯(0.055)、印度(0.055)	不丹(0.048)、科威特(0.038)、文莱(0.028)、新加坡(0.015)、巴基斯坦(0.008)、卡塔尔(0.008)、老挝(0.008)、缅甸(0.006)、吉尔吉斯斯坦(0.004)、柬埔寨(0.004)、孟加拉国(0.004)、尼泊尔(0.001)

续表

国家 （核心度）	核心国家	半边缘国家	边缘国家
2013 年	中国(0.243)、土耳其(0.213)、俄罗斯(0.208)、罗马尼亚(0.207)、阿塞拜疆(0.199)、黎巴嫩(0.199)、保加利亚(0.193)、泰国(0.192)、波兰(0.190)、马来西亚(0.189)、白俄罗斯(0.187)、塞尔维亚(0.180)、哈萨克斯坦(0.177)、克罗地亚(0.172)、匈牙利(0.172)、拉脱维亚(0.159)、立陶宛(0.159)、马尔代夫(0.151)	黑山(0.148)、印度尼西亚(0.146)、斯洛伐克(0.142)、乌克兰(0.135)、约旦(0.135)、阿尔巴尼亚(0.134)、格鲁吉亚(0.134)、北马其顿(0.132)、波黑(0.132)、希腊(0.128)、捷克(0.126)、蒙古国(0.126)、埃及(0.120)、爱沙尼亚(0.119)、斯里兰卡(0.118)、沙特阿拉伯(0.113)、阿曼(0.112)、亚美尼亚(0.112)、巴林(0.105)、斯洛文尼亚(0.104)、塞浦路斯(0.098)、菲律宾(0.079)、摩尔多瓦(0.076)、印度(0.056)、以色列(0.055)	不丹(0.044)、老挝(0.026)、科威特(0.024)、文莱(0.012)、巴基斯坦(0.009)、缅甸(0.009)、新加坡(0.007)、吉尔吉斯斯坦(0.006)、孟加拉国(0.006)、柬埔寨(0.005)、卡塔尔(0.004)、尼泊尔(0.004)
2016 年	中国(0.246)、俄罗斯(0.233)、哈萨克斯坦(0.206)、马来西亚(0.202)、泰国(0.199)、保加利亚(0.198)、土耳其(0.197)、黎巴嫩(0.193)、罗马尼亚(0.187)、波兰(0.178)、匈牙利(0.178)、克罗地亚(0.177)、塞尔维亚(0.175)、白俄罗斯(0.168)、波黑(0.165)、黑山(0.155)、北马其顿(0.154)、阿曼(0.153)、印度尼西亚(0.150)	马尔代夫(0.144)、约旦(0.144)、立陶宛(0.142)、沙特阿拉伯(0.138)、斯洛伐克(0.137)、希腊(0.137)、拉脱维亚(0.136)、捷克(0.131)、斯里兰卡(0.131)、埃及(0.127)、阿尔巴尼亚(0.122)、阿塞拜疆(0.115)、格鲁吉亚(0.115)、亚美尼亚(0.107)、菲律宾(0.106)、爱沙尼亚(0.100)、斯洛文尼亚(0.095)、印度(0.094)、蒙古国(0.092)、巴林(0.088)、乌克兰(0.086)、摩尔多瓦(0.083)、塞浦路斯(0.080)、不丹(0.076)、老挝(0.075)、科威特(0.074)	文莱(0.043)、以色列(0.039)、巴基斯坦(0.022)、孟加拉国(0.022)、缅甸(0.019)、柬埔寨(0.017)、吉尔吉斯斯坦(0.013)、卡塔尔(0.012)、尼泊尔(0.007)、新加坡(0.006)

续表

国家 (核心度)	核心国家	半边缘国家	边缘国家
2019	中国(0.240)、俄罗斯(0.230)、土耳其(0.226)、泰国(0.209)、哈萨克斯坦(0.200)、马来西亚(0.194)、黎巴嫩(0.187)、保加利亚(0.182)、波兰(0.182)、白俄罗斯(0.178)、塞尔维亚(0.178)、罗马尼亚(0.177)、克罗地亚(0.174)、匈牙利(0.170)、波黑(0.165)、阿曼(0.164)、马尔代夫(0.153)、黑山(0.151)、希腊(0.150)	阿尔巴尼亚(0.142)、印度尼西亚(0.142)、北马其顿(0.140)、立陶宛(0.135)、斯洛伐克(0.135)、沙特阿拉伯(0.129)、拉脱维亚(0.126)、约旦(0.126)、阿塞拜疆(0.123)、格鲁吉亚(0.123)、捷克(0.123)、亚美尼亚(0.123)、乌克兰(0.122)、斯里兰卡(0.114)、埃及(0.111)、巴林(0.107)、菲律宾(0.101)、蒙古国(0.095)、印度(0.089)、爱沙尼亚(0.086)、塞浦路斯(0.079)、斯洛文尼亚(0.079)、科威特(0.074)、老挝(0.064)、不丹(0.062)、以色列(0.055)、文莱达鲁萨兰国(0.054)	孟加拉国(0.041)、柬埔寨(0.028)、卡塔尔(0.022)、缅甸(0.020)、巴基斯坦(0.016)、吉尔吉斯斯坦(0.010)、尼泊尔(0.008)、新加坡(0.008)

表3.9显示,"一带一路"沿线核心国家与边缘国家的数量呈现递增的趋势,半边缘国家数量则呈现下降趋势,且核心度整体水平有所增加,说明"一带一路"沿线国家的差距正在不断减小,有利于各国之间开展旅游合作联系。具体来看,始终为核心节点的有14个国家,分别为中国、俄罗斯、土耳其、罗马尼亚、白俄罗斯、泰国、保加利亚、塞尔维亚、波兰、哈萨克斯坦、黎巴嫩、马来西亚、匈牙利、克罗地亚,说明这些国家一直处于"一带一路"沿线国家旅游合作联系网络中最重要的位置,且呈现出地理邻近性与空间集聚性的分布特点。值得注意的是,中国的核心度随着2013年"一带一路"倡议的提出,从第二位上升到第一位。可见,"一带一路"倡议的提出对中国与"一带一路"沿线国家之间的旅游合作联系起到一定的促进作用。

3.2.3 个体结构特征分析

3.2.3.1 网络中心性分析

(1)度数中心度。点度中心度能较直观地反映网络中某一节点与其他节点间发生关系的数量。在有方向性的网络中,每个节点的点度中心度又分为点出度和点入度。本书"一带一路"沿线国家旅游合作联系网络中,点出度表示某国对外发起旅游合作的次数，点入度表示某国接受旅游合作的次数。本书列举了2010—2019年"一带一路"沿线国家点出度、点入度以及中心度排名第一和最后的国家（如表 3.10 所示）。

表 3.10　　"一带一路"沿线国家旅游合作联系网络的度数中心度测算

年份	点出度		点入度		中心度	
	国家	数值	国家	数值	国家	数值
2010	中国	36	保加利亚	30	中国	66.667
	卡塔尔	5	卡塔尔	2	卡塔尔	9.259
2011	中国	36	保加利亚	30	中国	81.481
	卡塔尔	5	卡塔尔	2	新加坡	7.407
2012	中国	42	保加利亚	32	中国	77.778
	卡塔尔	3	卡塔尔	2	卡塔尔	5.556
2013	中国	41	白俄罗斯	33	中国	75.926
	卡塔尔	4	卡塔尔	2	卡塔尔	7.407
2014	中国	42	白俄罗斯/保加利亚	32	中国	77.778
	卡塔尔	4	卡塔尔	2	卡塔尔	7.407
2015	中国	43	保加利亚	34	中国	79.630
	新加坡	4	卡塔尔	3	卡塔尔	9.259
2016	中国	45	白俄罗斯/保加利亚/黑山	33	中国	83.333
	新加坡	4	新加坡	3	新加坡	7.407
2017	中国	45	白俄罗斯	32	中国	83.333
	新加坡	4	新加坡	3	新加坡	7.407
2018	中国	44	保加利亚/土耳其	32	中国	81.481
	新加坡	4	新加坡	3	新加坡	7.407
2019	中国	44	土耳其	34	中国	81.481
	新加坡	4	新加坡	3	新加坡	7.407

①从点出度来看。中国的点出度指数一直位居前位，说明在旅游合作联系网络中，中国向其他国家发起了较多的旅游合作次数；卡塔尔、新加坡两国的点出度指数较低，说明这两国在旅游合作联系网络中的中心性程度较低，发挥作

用较小,处于边缘地位。此外,各国的点出度指数都呈现上升趋势,表明各国与其他国家的旅游合作意愿在加强。

②从点入度来看。保加利亚、白俄罗斯、黑山、土耳其等国点入度指数先后位居首位,先后充当了合作网络中的"领头羊",主导整个合作网络,且点入度指数还在继续上升,反映出"一带一路"沿线国家对其的旅游合作存在明显的加强情况;卡塔尔、新加坡两国点入度指数较低,说明这两国接受其他国家旅游合作联系的系数较少。

③从中心度来看。中国始终是"一带一路"沿线国家旅游合作联系网络的核心节点,在旅游合作网络结构起支撑作用;卡塔尔、新加坡两国与其余国家之间的联系相对较弱,在旅游合作联系网络中起辅助作用,即旅游合作联系网络总体上具有中心性特点。此外,各国的中心性指数呈上升趋势,说明各国在旅游合作联系网络中愈加密切。

总之,从时间的纵向对比来看,各个国家的点出度和点入度都在不断上升,说明"一带一路"沿线国家之间的旅游合作、相互联系的程度逐渐增强;从各个国家的横向对比来看,中国点出度始终位居前列,且其点出度远大于点入度,说明两国对外发起旅游合作的程度远远大于受其他国家发起旅游合作的程度,整体呈现辐射状态,扩散效应大于极化效应,是"一带一路"沿线区域内重要且中心的国家。

(2) 接近中心度。接近中心度衡量的是国家之间的流动性能力,即该国家不受控于其他国家的能力。在旅游合作联系网络中,接近中心度越高,说明该国与目标国之间的旅游合作联系越不会受到其他国家的影响,在网络中处于核心地位,即该国与其他国家之间的旅游合作联系越密切。

由表 3.11 可知,中国在"一带一路"沿线国家旅游合作联系网络中的接近中心度在 2010—2019 年均高居首位,即扮演着"领头羊"的角色,且接近中心度指数呈现增长趋势,说明旅游合作联系网络中"领头羊"的控制能力逐渐增强。从接近中心度的最小值国家来看,卡塔尔、新加坡等国受其经济发展水平与地理位置的限制,均处于被控制的劣势位置,在旅游合作联系网络中扮演着边缘行动者的角色。此外,"一带一路"沿线国家旅游合作联系网络中各国的接近中心度在逐年提高,说明各国之间资源流动速度加快,旅游合作联系更为紧密。

表 3.11　"一带一路"沿线国家旅游合作联系网络的中心度测算

年份	接近中心度 国家	数值	中间中心度 国家	数值	特征向量中心度 国家	数值
2010	中国	72.000	中国	12.889	中国	29.516
	卡塔尔	33.750	卡塔尔/孟加拉国/尼泊尔	0.000	孟加拉国/尼泊尔	0.797
2011	中国	84.375	中国	10.756	中国	30.643
	新加坡	37.241	尼泊尔/新加坡	0.000	新加坡	1.142
2012	中国	80.597	中国	18.120	中国	31.699
	卡塔尔	29.189	卡塔尔/孟加拉国/尼泊尔	0.000	卡塔尔	0.258
2013	中国	78.261	中国	13.232	中国	31.224
	卡塔尔	33.333	卡塔尔/尼泊尔	0.000	卡塔尔	0.690
2014	中国	79.412	中国	14.645	中国	31.944
	卡塔尔	33.129	卡塔尔/尼泊尔	0.000	卡塔尔	0.801
2015	中国	81.818	中国	11.290	中国	30.814
	尼泊尔	35.762	尼泊尔	0.000	尼泊尔	1.167
2016	中国	85.714	中国	13.605	中国	31.073
	新加坡	37.500	尼泊尔/新加坡	0.000	新加坡	0.962
2017	中国	85.714	中国	12.871	中国	31.286
	新加坡	37.500	尼泊尔/新加坡	0.000	新加坡	1.084
2018	中国	84.375	中国	12.917	中国	31.026
	新加坡	37.241	尼泊尔/新加坡	0.000	新加坡	1.167
2019	中国	84.375	中国	10.756	中国	30.643
	新加坡	37.241	尼泊尔/新加坡	0.000	新加坡	1.142

（3）中间中心度。中间中心度反映该节点在网络中控制资源和传递信息的能力，即该控制网络中其他节点之间联系交往的能力。当该节点中间中心度较高时，其往往处于网络的关键地位。

由表 3.11 可知，中国在"一带一路"沿线国家旅游合作联系网络中的中间中心度在 2010—2019 年均高居首位，且远高于其他国家，表明中国能有效地支持其他国家间的旅游合作联系，即中国在旅游合作联系网络中扮演极其重要的"桥梁"角色，在很大程度上起到了中介和沟通的作用，对于连接"一带一路"沿线国家旅游合作具有重要意义。此外，各国中间中心度呈现波动下降的趋势，说明旅游合作联系网络中心国家的核心地位有下降的趋势，更多国家参与旅游合作与分工，"一带一路"沿线国家旅游合作联系网络更密切，其网络结构逐渐趋向均衡和稳定。而卡塔尔、孟加拉国、尼泊尔、新加坡等国中间中心度均出现过 0 的情况，即曾经充当过边缘化的个体角色，旅游合作方面受到其他国家的"控制"与"支配"。

（4）特征向量中心度。特征向量中心度表征网络中某个节点的重要程度，是网络中所有节点点度中心度的总和。特征向量中心度强调某节点的重要性不仅与其相邻节点的个数有关，还取决于与其他相邻节点自身的重要性，即准确表征网络中该节点的重要性。在"一带一路"沿线旅游合作联系网络中，特征向量中心度高的国家与其相连接的国家则具有较高的连接强度，即在旅游合作联系网络中具有重要价值和核心地位，而特征向量中心度低的国家则相反。

由表 3.11 可知，中国在"一带一路"沿线国家旅游合作联系网络中的特征向量中心度在 2010—2019 年均高居首位，表明中国是旅游合作联系网络的核心行动者，其"权力"较大，旅游合作联系辐射范围较大，对其他国家的影响力大。而孟加拉国、尼泊尔、新加坡、卡塔尔等国特征向量中心度指数较低，且一直保持较小的上升增幅，说明这四国的网络地位在缓慢提升。

3.2.3.2　网络结构洞分析

结构洞用于刻画行动者之间的非冗余关系，即结构洞的存在能使位于中间位置的行动者具有重要的联络地位，可以很大程度上控制着网络资源、信息以及权力的流动，处于结构洞位置的行动者具有相对的控制优势。[254]结构洞指标包括有效规模、行动效率、限制度以及等级度 4 个指标[246]，其中，有效规模（Effective Size）是指节点在网络的冗余度，其值越大，意味着网络重复程度越低，结构洞存在的可能性就越大；行动效率（Efficiency）是衡量节点行动效率的关键指标，其值越大对其他节点影响越大；限制度（Constraint）刻画了节点之间受限制程度和在网络中利用结构洞的能力，其值越大，则表明其存在结构洞的可能性越小；等级度（Hierarchy）刻画了节点的重要性，其值越高，说明某节点居于网络核心位置，对网络其他节点的控制力越强。

本书借助 Ucinet 6.0 软件对 2010—2019 年"一带一路"沿线国家旅游合作联系网络的结构洞进行测度，并列举了 2010—2019 年"一带一路"沿线国家结构洞相关指标(有效规模、行动效率、限制度、等级度)第一和最后的国家(如表3.12所示)。

表 3.12　　"一带一路"沿线国家旅游合作联系网络的结构洞分析

年份	有效规模		行动效率		限制度		等级度	
	国家	数值	国家	数值	国家	数值	国家	数值
2010	中国	14.719	印度	0.486	卡塔尔	0.692	老挝	0.053
	卡塔尔/尼泊尔	1.000	尼泊尔	0.143	中国	0.114	孟加拉国	0.000
2011	中国	16.221	印度	0.473	卡塔尔	0.814	文莱	0.047
	卡塔尔/孟加拉国/尼泊尔	1.000	孟加拉国/尼泊尔	0.143	中国	0.109	孟加拉国/尼泊尔	0.000
2012	中国	18.516	老挝	0.479	卡塔尔	0.970	文莱	0.061
	卡塔尔/孟加拉国/尼泊尔	1.000	阿曼	0.129	中国	0.099	孟加拉国/尼泊尔	0.000
2013	中国	17.437	印度	0.457	卡塔尔	0.814	文莱	0.052
	卡塔尔/尼泊尔	1.000	阿曼	0.138	中国	0.101	尼泊尔	0.000
2014	中国	18.066	中国	0.430	卡塔尔	0.814	吉尔吉斯斯坦	0.045
	卡塔尔/尼泊尔	1.000	尼泊尔	0.167	中国	0.099	尼泊尔	0.000
2015	中国	18.034	中国	0.419	卡塔尔	0.674	卡塔尔	0.038
	卡塔尔	1.000	尼泊尔	0.167	中国	0.097	尼泊尔	0.000
2016	中国	19.667	中国	0.437	新加坡	0.784	卡塔尔	0.041
	卡塔尔	1.000	尼泊尔	0.167	中国	0.093	尼泊尔	0.000
2017	中国	19.903	中国	0.442	新加坡	0.784	卡塔尔	0.041
	尼泊尔	1.000	尼泊尔	0.143	中国	0.093	尼泊尔	0.007
2018	中国	19.279	中国	0.438	新加坡	0.784	卡塔尔	0.055
	尼泊尔	1.000	尼泊尔	0.143	中国	0.095	孟加拉国/尼泊尔	0.007
2019	中国	18.574	中国	0.422	新加坡	0.784	卡塔尔	0.043
	尼泊尔	1.107	尼泊尔	0.138	中国	0.095	罗马尼亚	0.006

由有效规模的变化可知，无论是有效规模最高的国家还是最低的国家，其有效规模都呈波动递增的趋势，表明"一带一路"沿线国家旅游合作联系不断强化呈现紧密化发展趋势。此外，中国的有效规模在 2010—2019 年观测时间中均位居第一，表明中国在"一带一路"沿线国家旅游合作联系网络中优势明显，处于有利地位，在网络中与其他国家旅游合作具有较强的控制力，且受到其他国家的约束程度也较弱。

①从行动效率的变化来看：一方面，行动效率最高沿线国家的行动效率呈现逐年降低的趋势，而行动效率最低国家的行动效率呈现先上升后下降的趋势，表明"一带一路"沿线国家旅游合作联系网络中国家的影响力正在衰退。另一方面，2010—2013 年行动效率最高和最低的国家呈现不断交替变化的特征，而 2014—2019 年行动效率最高和最低的国家基本稳定。可见，整体旅游合作联系网络呈现均衡化发展。

②根据限制度的变化可得出："一带一路"沿线国家的限制度最高值呈现先上升后下降的趋势，而限制度最低值则呈现下降趋势，表明社会网络中沿线各国合作网呈现便利化、自由化发展趋势。其中，卡塔尔和新加坡先后是限制度最高的国家，处于旅游合作发展的边缘，说明其所受其他国家的约束力较强，与其他节点国家的联系不足，在社会网络中容易受到各种关系的影响，因此，需要进一步强化与其他较高结构洞水平的国家之间的联系。

③就等级度的变化而言：老挝、文莱、吉尔吉斯斯坦、卡塔尔等国先后是等级度最高的国家，说明在旅游合作联系网络中其控制力较强，是旅游合作联系网络中不可缺少的媒介，在构建整体社会网络旅游合作联系中发挥着重要作用。此外，孟加拉国、尼泊尔等国等级度较低，甚至在某些年份为 0，无法充当其他国家的媒介，对旅游资源的整合和支配能力较弱，存在被孤立的风险。并且，等级度最高值呈现下降趋势，而等级度最低值呈现逐渐上升趋势，说明网络各国的控制力呈现均衡状态。

④整体而言：有效规模较大、行动效率和等级度较高且限制度较低的国家在旅游合作联系网络中非冗余因素较多，对网络中其他国家具有更强的控制能力，如中国、印度、老挝等国属于旅游合作网络的枢纽，能够快速有效获取旅游发展所需的资源，其竞争优势明显。反之，有效规模较小、行动效率和等级度较低且限制度较高的国家容易受其他国家的影响与控制，难以单独发挥其核心作用，如新加坡、卡塔尔、尼泊尔等国家获取旅游资源的能力较弱，依赖于其他国

家,亟需进一步提升自身旅游发展水平,加强与其他国家的旅游合作联系。

3.3 分区网络特征

3.3.1 东亚—东盟网络特征

3.3.1.1 网络态势解析

(1)网络刻画。本书根据修正的引力模型,构建了东亚—东盟区域国家旅游合作联系关系矩阵,并采用 Gephi 软件进行可视化分析,以便对"一带一路"沿线国家旅游合作联系网络的发展趋势进行比较。本书将 2010—2019 年间东亚—东盟区域各国旅游合作联系度的平均值作为断点值,即某两国之间的旅游合作联系度高于平均值,即赋值为 1,低于平均值则赋值为 0,并绘制东亚—东盟区域国家主要年份的旅游合作联系网络拓扑结构图(如图 3.5 所示)。为了更直观地表示,拓扑结构图均采用模块化(Modularity Class)指标自动布局。图中的节点(用"圆形"表示)代表东亚—东盟区域各国,圆形大小表示该国在网络中的重要程度,即圆形越大越重要;连线表示两国之间存在旅游合作关系,连线越多则表示国家的旅游合作联系越频繁。东亚—东盟区域各国间旅游合作联系数从 2010 年的 38 增长至 2019 年的 45。由此可见,东亚—东盟区域各国间的旅游合作联系越发紧密,各国之间的合作联系网络结构形态明显,旅游合作联系网络的影响力和影响范围也在不断扩大,各国间的旅游合作联系逐渐向多向化、稠密化、纵深化方向发展。此外,文莱与新加坡从 2010 年"孤立"角色逐渐成为东亚—东盟区域网络中重要的一员。

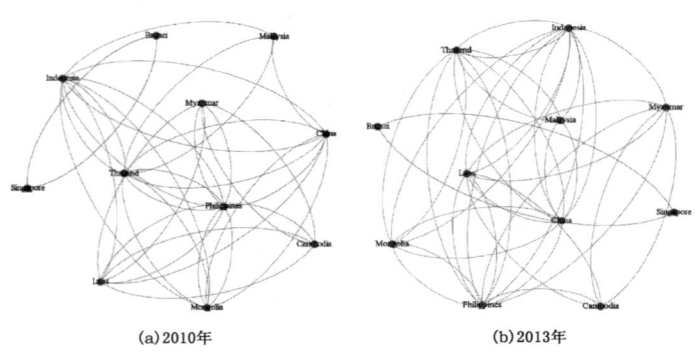

(a) 2010 年　　　　　　　　　　(b) 2013 年

(c) 2016年　　　　　　　　　　(d) 2019年

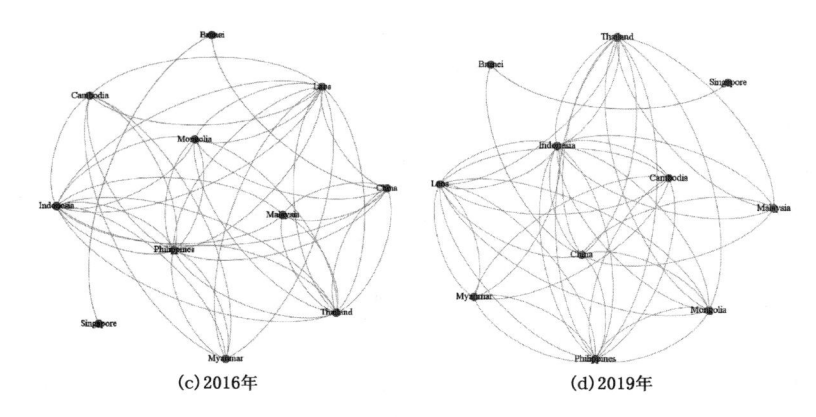

图 3.5　东亚—东盟国家主要年份的旅游合作联系网络

（2）网络基本属性。本书分别采用网络密度、E-I 指数、网络直径、平均路径长度、聚类系数、互惠性等测度指标对东亚—东盟区域各国间旅游合作联系网络的整体特征进行刻画（如表 3.13 所示）。

表 3.13　　　　东亚—东盟国家旅游合作联系网络的基本属性

年份	网络密度	E-I 指数	网络直径	平均路径长度	聚类系数	互惠性
2010	0.345	0.000	4	1.676	0.727	0.727
2011	0.355	0.000	4	1.649	0.736	0.773
2012	0.355	0.000	4	1.649	0.736	0.773
2013	0.373	−0.043	3	1.554	0.733	0.783
2014	0.391	−0.077	4	1.541	0.712	0.654
2015	0.391	−0.077	4	1.541	0.712	0.654
2016	0.418	−0.185	4	1.585	0.650	0.704
2017	0.409	−0.185	4	1.622	0.638	0.667
2018	0.400	−0.185	4	1.659	0.633	0.630
2019	0.409	−0.185	4	1.622	0.638	0.667

①网络密度。从表 3.13 中可以看出，2010—2019 年间，东亚—东盟各国间旅游合作联系网络由 0.345 上升至 0.409，网络密度总体上呈现上升趋势，说明网络中各国之间的旅游合作联系日渐紧密。但"一带一路"沿线国家旅游合作联系网络密度相对较低，各国间合作紧密度仍有待提升。

②E-I指数。从表3.13可以看出,E-I指数呈现一定幅度的波动,且指数呈现增大趋势,这表明东亚—东盟各国间的旅游合作联系网络逐渐呈现分化和存在一定派系关系,即整个旅游合作联系网络中逐步出现小团体式合作模式,沿线国家旅游合作联系的整体性、一体化水平有待提高。

③网络直径与平均路径长度。据表3.13可知,2010—2019年间东亚—东盟各国间旅游合作联系网络的网络直径与平均路径长度数值基本保持不变,说明网络中各节点之间信息传递效率基本保持不变,旅游合作联系网络中各节点国家间的合作交流并未呈现显著变化。

④聚类系数。由表3.13可知,2010—2019年间东亚—东盟各国间旅游合作联系网络的聚类系数总体呈现下降趋势,说明各国间的独立性逐步增强,网络中个体能力较强,对于网络整体的依赖度逐步减弱。

⑤互惠性。东亚—东盟各国间旅游合作联系网络的互惠性虽然呈现波动下降的趋势,但下降幅度较小且整体互惠指数较高,说明旅游合作联系网络具有较高的互惠性,即网络中各国之间倾向于相互发起旅游合作,意味着各国的地位越平等。

3.3.1.2 网络小群体特征探析

(1)网络凝聚子群分析。如表3.14所示,根据UCINET(最大分割深度为2,集中标准为0.2)测算结果将东亚—东盟区域各国划为4个子群。具体而言,随着时间的推移,凝聚子群总数没有发生变化,且子群成员的变化也较小。文莱与新加坡始终处于同一个凝聚子群,说明两国旅游合作联系较为紧密。此外,老挝、柬埔寨与缅甸也一直处于同一个凝聚子群,说明这三个国家旅游合作联系比较紧密,且具有较强的凝聚力。

表3.14　东亚—东盟国家旅游合作联系网络的凝聚子群分析

年份	1	2	3	4
2010	菲律宾、马来西亚	蒙古国、泰国、中国、印度尼西亚	老挝、柬埔寨、缅甸	文莱、新加坡
2013	菲律宾、印度尼西亚	泰国、马来西亚、中国、蒙古国	老挝、柬埔寨、缅甸	文莱、新加坡
2016	菲律宾、柬埔寨、老挝、缅甸	蒙古国、印度尼西亚、泰国	马来西亚、中国	文莱、新加坡
2019	菲律宾、印度尼西亚、蒙古国	柬埔寨、老挝、缅甸	泰国、马来西亚、中国	文莱、新加坡

为了更加简洁地分析，将凝聚子群密度矩阵中的值与整体网络密度的值比较，若其值大于整体网络密度的值，则赋值为1，反之则赋值为0，最后得到东亚—东盟区域旅游合作联系网络的像矩阵（如表3.15所示）。具体而言，对角线上的值在2010年与2013年较多为1，说明在该两年每个子群内的成员间相互协作更为密切。此外，第1子群与第2子群、第3子群始终建立较为密切的联系。整体而言，子群间的旅游合作联系比子群内的旅游合作联系更为紧密。

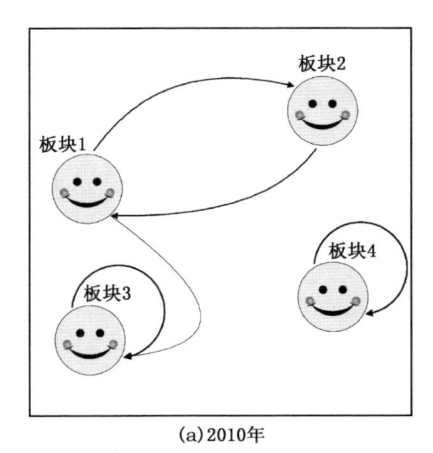

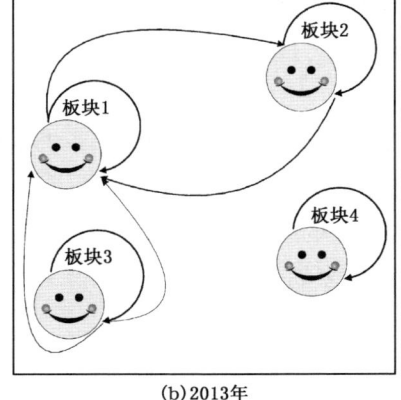

表3.15　　　　　东亚—东盟国家旅游合作联系网络的像矩阵

2010/2013/2016/2019	1	2	3	4
1	0/1/1/1	1/1/1/1	1/1/1/1	0/0/1/1
2	1/1/0/0	1/1/0/0	0/0/0/0	0/0/1/1
3	0/1/0/0	0/0/0/0	1/1/0/0	0/0/0/0
4	0/0/1/0	0/0/1/0	0/0/1/0	1/1/1/0

（2）网络块模型分析。本书基于像矩阵，并利用各板块之间的像矩阵关系，确定板块所处位置，并绘制了简洁的板块角色关系图（如图3.6所示）。图中的每一个"点"代表一个板块，每个点上面的带箭头的小圆圈，表示关系从该点"发出"又回到本点，这表明每个板块内部成员间都存在一定的关联关系。

(a) 2010年　　　　　　　　　　(b) 2013年

(c) 2016年 (d) 2019年

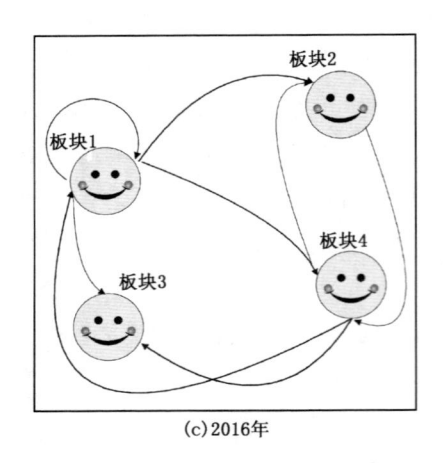

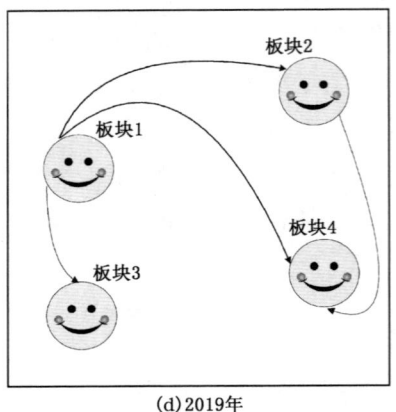

图 3.6　东亚—东盟国家旅游合作联系网络的板块角色分析

由图 3.6 可知：①板块 1 在 2010、2013、2016、2019 年均位于谄媚位置，其与自身内部成员之间不存在联系，但其向外部成员发送的关系大于接受外部成员的关系；②板块 2 在 2010、2016、2019 年均位于经纪人位置，其内部成员之间的联系较少，但其接受板块 1 和板块 4 发出的消息，也能向板块 1 和板块 4 发送消息，这表明板块 2 可以充当"桥梁"中介作用；③板块 3 在 2010、2013 年位于首属位置，在 2016 年、2019 年位于经纪人位置，说明板块 3 内部成员之间的联系呈现减少的趋势；④板块 4 在 2010、2013 年位于孤立位置，其与外界没有任何联系，仅与自身内部成员之间存在联系；在 2016 年位于谄媚位置，在 2019 年位于经纪人位置，说明板块 4 逐渐开始发送和接受外部成员的关系。

（3）网络核心—边缘分析。本书采用 Ucinet 6.0 软件计算得到东亚—东盟区域各国的核心度（如表 3.16 所示），并综合考虑各层次的区分程度将核心度在 0.4 以上的国家划分为核心国家，核心度在 0.2 以下的国家划分为边缘国家，其余国家划分为半边缘国家。

表 3.16　　东亚—东盟国家旅游合作联系网络的核心—边缘结构分析

国家 (核心度)	核心国家	半边缘国家	边缘国家
2010 年	印度尼西亚(0.484)、 中国(0.484)、 泰国(0.449)、 泰国(0.449)、 蒙古国(0.421)	菲律宾(0.355)	老挝(0.097)、 缅甸(0.097)、 马来西亚(0.088)、 柬埔寨(0.038)、 文莱(0.000)、 新加坡(0.000)
2013 年	印度尼西亚(0.518)、 中国(0.473)、 泰国(0.412)	蒙古国(0.370)、 菲律宾(0.345)	老挝(0.196)、 马来西亚(0.166)、 缅甸(0.111)、 柬埔寨(0.056)、 文莱(0.000)、 新加坡(0.000)
2016 年	中国(0.447)、 泰国(0.447)、 印度尼西亚(0.407)	菲律宾(0.352)、 老挝(0.352)、 蒙古国(0.292)、 马来西亚(0.236)	柬埔寨(0.150)、 缅甸(0.150)、 文莱(0.000)、 新加坡(0.000)
2019 年	中国(0.475)、 泰国(0.475)、 印度尼西亚(0.413)	菲律宾(0.349)、 蒙古国(0.293)、 马来西亚(0.263)、 老挝(0.255)	柬埔寨(0.135)、 缅甸(0.135)、 文莱(0.000)、 新加坡(0.000)

如表 3.16 显示，东亚—东盟旅游合作联系网络，半边缘国家的数量呈现递增的趋势，核心国家与边缘国家数量则呈现下降趋势，且核心度整体水平呈现下降局势，说明东亚—东盟区域国家的差距并没有减少，反而有所增加，不利于区域内各国之间开展旅游合作联系。具体来看，中国、印度尼西亚、泰国始终为核心节点国家，说明这些国家一直处于东亚—东盟区域旅游合作联系网络中最重要的位置。值得注意的是，中国的核心度随着 2013 年"一带一路"倡议的提出，从第二位上升到第一位。可见，"一带一路"倡议的提出对中国与"一带一路"沿线国家之间的旅游合作联系起到了一定的促进作用。

3.3.1.3　个体结构特征分析

(1)网络中心性分析

①度数中心度。本书东亚—东盟区域旅游合作联系网络中，点出度表示某国对外发起旅游合作的次数，点入度表示某国接受旅游合作的次数。本书列举了 2010—2019 年东亚—东盟区域国家点出度、点入度以及中心度排名第一和

最后的国家(如表 3.17 所示)。

表 3.17　东亚—东盟国家旅游合作联系网络的度数中心度测算

年份	点出度 国家	数值	点入度 国家	数值	中心度 国家	数值
2010	菲律宾/印度尼西亚/中国	6	菲律宾	6	菲律宾	7
	马来西亚/文莱/新加坡	1	文莱/新加坡	1	文莱/新加坡	1
2011	菲律宾/印度尼西亚/中国	6	菲律宾	6	菲律宾	7
	文莱/新加坡	1	文莱/新加坡	1	文莱/新加坡	1
2012	菲律宾/印度尼西亚/中国	6	菲律宾	6	菲律宾	7
	文莱/新加坡	1	文莱/新加坡	1	文莱/新加坡	1
2013	印度尼西亚	7	菲律宾	6	菲律宾/印度尼西亚	7
	文莱/新加坡	1	文莱/新加坡	1	文莱/新加坡	1
2014	印度尼西亚	7	老挝	7	印度尼西亚	7
	文莱/新加坡	1	文莱/新加坡	1	文莱/新加坡	1
2015	印度尼西亚	7	老挝	7	印度尼西亚	8
	文莱/新加坡	1	文莱/新加坡	1	文莱/新加坡	1
2016	印度尼西亚/中国	7	菲律宾/老挝	7	印度尼西亚	8
	文莱	0	新加坡	0	新加坡	1
2017	印度尼西亚/中国	7	菲律宾/老挝	7	印度尼西亚	8
	文莱	0	新加坡	0	新加坡	1
2018	印度尼西亚/中国	7	菲律宾/老挝	7	印度尼西亚	8
	文莱	0	新加坡	0	新加坡	1
2019	印度尼西亚/中国	7	菲律宾/老挝	7	印度尼西亚	8
	文莱	0	新加坡	0	新加坡	1

从点出度来看：印度尼西亚的点出度指数一直位居首位，说明在旅游合作联系网络中，印度尼西亚向其他国家发起了较多的旅游合作次数；文莱的点出度指数较低，说明该国在旅游合作联系网络中的中心性程度较低，发挥作用较

小,处于边缘地位。此外,各国的点出度指数波动不大,表明各国与其他国家的旅游合作意愿变化不大。

从点入度来看:菲律宾、老挝两国的点入度指数先后位居首位,先后充当合作网络中的"领头羊"角色,主导整个合作网络;新加坡点入度指数较低,说明该国接收到其他国家旅游合作联系的系数较少。

从中心度来看:2010—2013年,菲律宾是东亚—东盟区域旅游合作联系网络的核心节点,2013—2019年,印度尼西亚中心度指数则为区域首位,说明其在旅游合作网络结构起支撑作用;文莱、新加坡两国与其余国家之间的联系相对较弱,在旅游合作联系网络中起辅助作用,但东亚—东盟区域旅游合作联系网络总体上具有中心性特点。

总之,从时间的纵向对比来看,各个国家的点出度、点入度以及中心度都变化不大,说明东亚—东盟区域国家之间旅游合作的程度仍有待加强;从各个国家的横向对比来看,点出度数值始终位居前列的是印度尼西亚,点入度数值较高的则是菲律宾,说明印度尼西亚更倾向对外发起旅游合作,而菲律宾则倾向其他国家对其发起的旅游合作。

②接近中心度。由表3.18可知,菲律宾、印度尼西亚的接近中心度在2010—2015年均高居首位,而2016年之后印度尼西亚与中国接近中心度位居首位,且在2016年增长迅猛,说明东亚—东盟区域旅游合作联系网络中"领头羊"的角色在2016年出现变动,但其控制能力逐渐增强。从接近中心度的最小值国家来看,文莱、新加坡在2010—2015年处于被控制的劣势位置,2016年之后仅新加坡处于劣势位置,在旅游合作联系网络中扮演着边缘行动者的角色。此外,"一带一路"沿线国家旅游合作联系网络中各国的接近中心度在2016年增长迅猛并保持着,说明各国之间资源流动速度加快,旅游合作联系更为紧密。

表3.18　　　东亚—东盟国家旅游合作联系网络的中心度测算

年份	接近中心度		中间中心度		特征向量中心度	
	国家	数值	国家	数值	国家	数值
2010	菲律宾	32.258	菲律宾	17.481	菲律宾	61.881
	文莱/新加坡	10.000	柬埔寨/马来西亚/蒙古国/缅甸/文莱/新加坡	0.000	文莱/新加坡	0.000

续表

年份	接近中心度 国家	数值	中间中心度 国家	数值	特征向量中心度 国家	数值
2011	菲律宾	32.258	菲律宾	17.481	菲律宾	61.881
	文莱/新加坡	10.000	柬埔寨/马来西亚/蒙古国/缅甸/文莱/新加坡	0.000	文莱/新加坡	0.000
2012	菲律宾	32.258	菲律宾	17.481	菲律宾	61.881
	文莱/新加坡	10.000	柬埔寨/马来西亚/蒙古国/缅甸/文莱/新加坡	0.000	文莱/新加坡	0.000
2013	菲律宾/印度尼西亚	32.258	菲律宾	11.852	印度尼西亚	61.458
	文莱/新加坡	10.000	柬埔寨/马来西亚/蒙古国/文莱/新加坡	0.000	文莱/新加坡	0.000
2014	印度尼西亚	33.333	印度尼西亚	11.111	印度尼西亚	59.756
	文莱/新加坡	10.000	柬埔寨/马来西亚/蒙古国/缅甸/文莱/新加坡	0.000	文莱/新加坡	0.000
2015	印度尼西亚	33.333	印度尼西亚	11.111	印度尼西亚	59.756
	文莱/新加坡	10.000	柬埔寨/马来西亚/蒙古国/缅甸/文莱/新加坡	0.000	文莱/新加坡	0.000
2016	印度尼西亚/中国	76.923	中国	37.778	印度尼西亚	59.756
	新加坡	34.483	柬埔寨/马来西亚/蒙古国/缅甸/新加坡	0.000	新加坡	1.481
2017	印度尼西亚/中国	76.923	中国	37.778	印度尼西亚	59.439
	新加坡	34.483	柬埔寨/马来西亚/蒙古国/缅甸/新加坡	0.000	新加坡	1.481
2018	印度尼西亚/中国	76.923	中国	37.778	印度尼西亚	59.439
	新加坡	34.483	柬埔寨/马来西亚/蒙古国/缅甸/新加坡	0.000	新加坡	1.481
2019	印度尼西亚/中国	76.923	中国	37.778	印度尼西亚	59.439
	新加坡	34.483	柬埔寨/马来西亚/蒙古国/缅甸/新加坡	0.000	新加坡	1.481

③中间中心度。由表3.18可知,菲律宾、印度尼西亚在东亚—东盟区域旅

游合作联系网络中的中间中心度在 2010—2015 年先后位居首位,而 2016 年后中国中间中心度增长为首位,表明中国能有效地支持其他国家间的旅游合作联系,即中国在旅游合作联系网络中起到及其重要的"桥梁"作用,在很大程度上起到了中介和沟通的作用,对于连接区域内旅游合作具有重要意义。此外,柬埔寨、马来西亚、蒙古国、缅甸、文莱、新加坡等国中间中心度均出现过 0 的情况,即曾经充当过边缘化的个体角色,旅游合作方面受到其他国家的"控制"与"支配"。

④特征向量中心度。由表 3.18 可知,菲律宾、印度尼西亚在东亚—东盟区域旅游合作联系网络中的特征向量中心度在 2010—2019 年先后位居首位,但特征向量中心度的数值呈现递减的趋势,表明虽然菲律宾、印度尼西亚是旅游合作联系网络的核心行动者,但两国对其他国家的影响力呈现减少的趋势。而文莱、新加坡等国特征向量中心度指数较低,从 2010—2015 年特征向量中心度数值一直为 0,2016 年之后出现小幅度上升,说明两国的网络地位在缓慢提升。

(2)网络结构洞分析

本书借助 Ucinet 6.0 软件对 2010—2019 年东亚—东盟区域旅游合作联系网络的结构洞进行测度,并列举了 2010—2019 年东亚—东盟区域国家结构洞相关指标(有效规模、行动效率、限制度、等级度)第一和最后的国家(如表 3.19 所示)。

表 3.19　　　　东亚—东盟国家旅游合作联系网络的结构洞分析

年份	有效规模		行动效率		限制度		等级度	
	国家	数值	国家	数值	国家	数值	国家	数值
2010	柬埔寨	4.125	文莱/新加坡	1.000	马来西亚	1.024	文莱/新加坡	1.000
	文莱/新加坡	0.000	蒙古国	0.313	文莱/新加坡	0.000	蒙古国	0.004
2011	柬埔寨	4.125	文莱/新加坡	1.000	柬埔寨/马来西亚	0.970	文莱/新加坡	1.000
	文莱/新加坡	0.000	蒙古国	0.313	文莱/新加坡	0.000	蒙古国	0.004
2012	柬埔寨	4.125	文莱/新加坡	1.000	柬埔寨/马来西亚	0.970	文莱/新加坡	1.000
	文莱/新加坡	0.000	蒙古国	0.313	文莱/新加坡	0.000	蒙古国	0.004

续表

年份	有效规模		行动效率		限制度		等级度	
	国家	数值	国家	数值	国家	数值	国家	数值
2013	柬埔寨	3.792	文莱/新加坡	1.000	柬埔寨/马来西亚	0.970	文莱/新加坡	1.000
	文莱/新加坡	0.000	蒙古国	0.313	文莱/新加坡	0.000	蒙古国	0.004
2014	印度尼西亚	4.083	文莱/新加坡	1.000	马来西亚	0.970	文莱/新加坡	1.000
	文莱/新加坡	0.000	柬埔寨	0.313	文莱/新加坡	0.000	泰国	0.021
2015	印度尼西亚	4.083	文莱/新加坡	1.000	马来西亚	0.970	文莱/新加坡	1.000
	文莱/新加坡	0.000	柬埔寨	0.313	文莱/新加坡	0.000	泰国	0.021
2016	印度尼西亚	3.962	文莱/新加坡	1.000	马来西亚	0.882	新加坡	1.000
	新加坡	0.000	蒙古国	0.300	新加坡	0.000	文莱	0.000
2017	印度尼西亚	4.115	文莱/新加坡	1.000	马来西亚	0.882	新加坡	1.000
	新加坡	0.000	柬埔寨/缅甸	0.304	新加坡	0.000	文莱	0.000
2018	印度尼西亚	3.958	文莱/新加坡	1.000	马来西亚	0.947	新加坡	1.000
	新加坡	0.000	柬埔寨/缅甸	0.304	新加坡	0.000	文莱	0.000
2019	印度尼西亚	4.115	文莱/新加坡	1.000	马来西亚	0.882	新加坡	1.000
	新加坡	0.000	柬埔寨/缅甸	0.304	新加坡	0.000	文莱	0.000

①由有效规模的变化可知：柬埔寨、印度尼西亚的有效规模在2010—2019年先后位居第一，但其有效规模都呈波动递减的趋势，表明东亚—东盟区域旅游合作联系强度在减弱。此外，文莱、新加坡等国的有效规模一直为0，说明两国在东亚—东盟区域旅游合作联系网络中处于劣势地位，主要受其他国家的约束。

②从行动效率的变化来看：无论是行动效率最高的国家还是行动效率最低

的国家的数值基本不变化,即文莱、新加坡始终为东亚—东盟区域行动效率最高的国家;而行动效率最低的国家在蒙古国、柬埔寨、新加坡等国交替出现。此外,东亚—东盟区域行动效率的数值基本稳定,说明东亚—东盟区域网络呈现均衡化发展。

③根据限制度的变化可得出:东亚—东盟区域国家的限制度最高值呈现下降趋势,而限制度最低值始终为0,表明东亚—东盟区域网络中各国合作朝着便利化、自由化发展。其中,马来西亚始终是限制度最高的国家,处于旅游合作发展的边缘,说明其所受其他国家的约束力较强,与其他节点国家的联系不足,但其限制度数值有所下降,因此,还需要进一步强化与其他较高国家之间的联系;而文莱、新加坡两国的限制度始终为0,说明两国与区域其他国家的旅游合作更为自由与便利。

④就等级度的变化而言:东亚—东盟区域等级度最高的数值始终为1,且文莱、新加坡都曾是等级度最高的国家,说明其在区域旅游合作联系网络中控制力较强,是不可缺少的媒介,在构建区域网络旅游合作联系中发挥着关键作用。此外,蒙古国、泰国、文莱等国等级度较低,甚至在某些年份为0,无法充当其他国家的媒介,对旅游资源的整合和支配能力较弱,存在着被孤立的风险。此外,文莱等级度数值从2010年最高下降至2016年最低,说明文莱对区域其他国家的控制力有所下降。

3.3.2 中亚—西亚网络特征

3.3.2.1 网络态势解析

(1)网络刻画。本书根据修正的引力模型,构建了中亚—西亚区域国家旅游合作联系关系矩阵,并采用Gephi软件进行可视化分析,以便对中亚—西亚区域国家旅游合作联系网络的发展趋势进行比较。本书将2010—2019年间中亚—西亚区域各国旅游合作联系度的平均值作为断点值,即某两国之间的旅游合作联系度高于平均值,即赋值为1,低于平均值则赋值为0,并绘制中亚—西亚区域国家主要年份的旅游合作联系网络拓扑结构图(如图3.7所示)。为了更直观地表示,拓扑结构图均采用模块化指标自动布局。图中的节点(用"圆形"表示)代表中亚—西亚区域各国,圆形大小表示该国在网络中的重要程度,即圆形越大越重要;连线表示两国之间存在旅游合作关系,连线越多,表示国家的旅游合作联系越频繁。中亚—西亚区域各国间旅游合作联系数从2010年的

75 增长至 2019 年的 83。由此可见，中亚—西亚区域各国间的旅游合作联系越发紧密，各国之间的合作联系网络结构形态明显，旅游合作联系网络的影响力和影响范围也在不断扩大，各国间的旅游合作联系逐渐向多向化、稠密化、纵深化方向发展。然而，吉尔吉斯斯坦与区域其他国家的联系逐渐减少，2019 年仅与埃及保持联系。

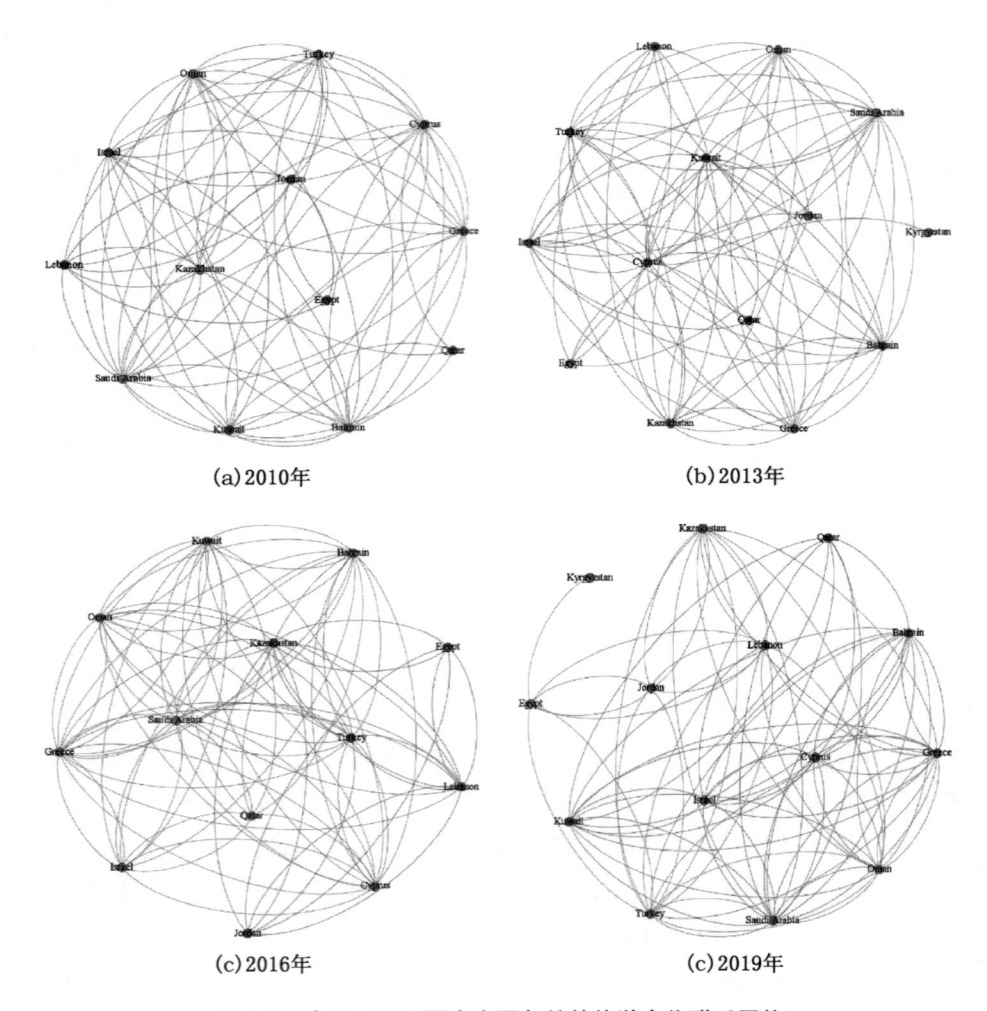

(a) 2010 年

(b) 2013 年

(c) 2016 年

(c) 2019 年

图 3.7　中亚—西亚国家主要年份的旅游合作联系网络

(2) 网络基本属性

本书分别采用网络密度、E-I 指数、网络直径、平均路径长度、聚类系数、互惠性等测度指标对中亚—西亚区域各国间旅游合作联系网络的整体特征进行刻画(如表 3.20 所示)。

表 3.20　　　　中亚—西亚国家旅游合作联系网络的基本属性

年份	网络密度	E-I 指数	网络直径	平均路径长度	聚类系数	互惠性
2010	0.412	−0.810	5	1.827	0.740	0.786
2011	0.412	−0.854	6	2.024	0.704	0.829
2012	0.412	−0.750	6	2.012	0.703	0.875
2013	0.429	−0.756	6	1.964	0.730	0.902
2014	0.429	−0.756	6	1.976	0.729	0.902
2015	0.473	−0.391	4	1.596	0.781	0.870
2016	0.473	−0.478	4	1.622	0.767	0.870
2017	0.462	−0.773	5	1.967	0.685	0.909
2018	0.440	−0.767	6	2.049	0.671	0.860
2019	0.456	−0.455	4	1.716	0.722	0.886

①网络密度。从表 3.20 可以看到,2010—2019 年间,中亚—西亚区域各国间旅游合作联系网络由 0.412 上升至 0.456,网络密度总体上呈现上升趋势,说明网络中各国之间的旅游合作联系日渐紧密。但中亚—西亚区域国家旅游合作联系网络密度相对较低,区域各国间合作紧密度仍有待提升。

②E-I 指数。从表 3.20 可以看出,E-I 指数呈现一定幅度的波动,且指数呈现增大趋势,这表明中亚—西亚区域各国间的旅游合作联系网络逐渐呈现分化和存在一定派系关系,即整个区域旅游合作联系网络中逐步出现小团体式合作模式,中亚—西亚区域旅游合作联系的整体性、一体化水平有待提高。

③网络直径与平均路径长度。据表 3.20 可知,2010—2019 年间中亚—西亚区域各国间旅游合作联系网络的网络直径与平均路径长度数值呈现先上升后下降的趋势,说明区域网络中各节点之间信息传递效率出现波动,但基本保持不变,中亚—西亚区域旅游合作联系网络中各节点国家间的合作交流并未呈现显著变化。

④聚类系数。由表 3.20 可知,2010—2019 年间中亚—西亚各国间旅游合作联系网络的聚类系数总体呈现波动下降趋势,说明区域各国间的独立性逐步增强,网络中个体能力较强,对于网络整体的依赖度逐步减弱。

⑤互惠性。从表3.20可知,中亚—西亚区域各国间旅游合作联系网络的互惠性呈现波动上升的趋势,且整体互惠指数较高,说明旅游合作联系网络具有较高的互惠性,即区域网络中各国之间倾向于相互发起旅游合作,意味着各国的地位越平等。

3.3.2.2 网络小群体特征探析

(1)网络凝聚子群分析。如表3.21所示,根据UCINET(最大分割深度为2,集中标准为0.2)测算结果将中亚—西亚区域各国划为4个子群。具体而言,随着时间的推移,凝聚子群总数没有发生变化,且子群成员的变化也较小。埃及、黎巴嫩与约旦始终处于同一个凝聚子群,说明这三个国家旅游合作联系较为紧密,且具有较强的凝聚力。此外,吉尔吉斯斯坦始终单独为最小的凝聚子群,说明其需加强与其他国家的合作。

表3.21 中亚—西亚国家旅游合作联系网络的凝聚子群分析

年份	1	2	3	4
2010	埃及、黎巴嫩、哈萨克斯坦、约旦	吉尔吉斯斯坦	巴林、阿曼、沙特阿拉伯、土耳其	卡塔尔、塞浦路斯、希腊、以色列、科威特
2013	埃及、黎巴嫩、约旦	吉尔吉斯斯坦	巴林、塞浦路斯、哈萨克斯坦、阿曼、希腊、沙特阿拉伯、土耳其	卡塔尔、以色列、科威特
2016	埃及、黎巴嫩、哈萨克斯坦、约旦	吉尔吉斯斯坦	希腊、阿曼、土耳其	巴林、卡塔尔、沙特阿拉伯、塞浦路斯、以色列、科威特
2019	埃及、黎巴嫩、哈萨克斯坦、土耳其、约旦	吉尔吉斯斯坦	沙特阿拉伯、希腊、阿曼	卡塔尔、巴林、塞浦路斯、以色列、科威特

为了更加简洁地分析,将凝聚子群密度矩阵中的值与整体网络密度的值比较,若其值大于整体网络密度的值,则赋值为1,反之则赋值为0,最后得到中亚—西亚区域国家旅游合作联系网络的像矩阵(如表3.22所示)。具体而言,第1子群、第3子群、第4子群对角线上的值均为1,说明每个子群内的成员间存在相互协作的关系;而第2子群仅为吉尔吉斯斯坦一个国家,故不存在旅游合作联系。此外,第3子群与第4子群始终建立较为密切的联系。整体而言,子群内的旅游合作联系比子群外的旅游合作联系更为紧密。

表 3.22　　中亚—西亚国家旅游合作联系网络的像矩阵

2010/2013/2016/2019	1	2	3	4
1	1/1/1/1	0/0/0/0	0/0/1/1	0/0/0/0
2	0/0/0/0	0/0/0/0	0/0/0/0	0/0/0/0
3	0/0/1/1	0/0/0/0	1/1/1/1	1/1/1/1
4	0/0/0/0	0/0/0/0	1/1/1/1	1/1/1/1

(2) 网络块模型分析。本书基于像矩阵，并利用各板块之间的像矩阵关系，确定板块所处位置，并绘制了简洁的板块角色关系图（如图3.8所示）。图中的每一个"点"代表一个板块，每个点上面的带箭头的小圆圈，表示关系从该点"发出"又回到本点，这表明每个板块内部成员间都存在一定的关联关系。

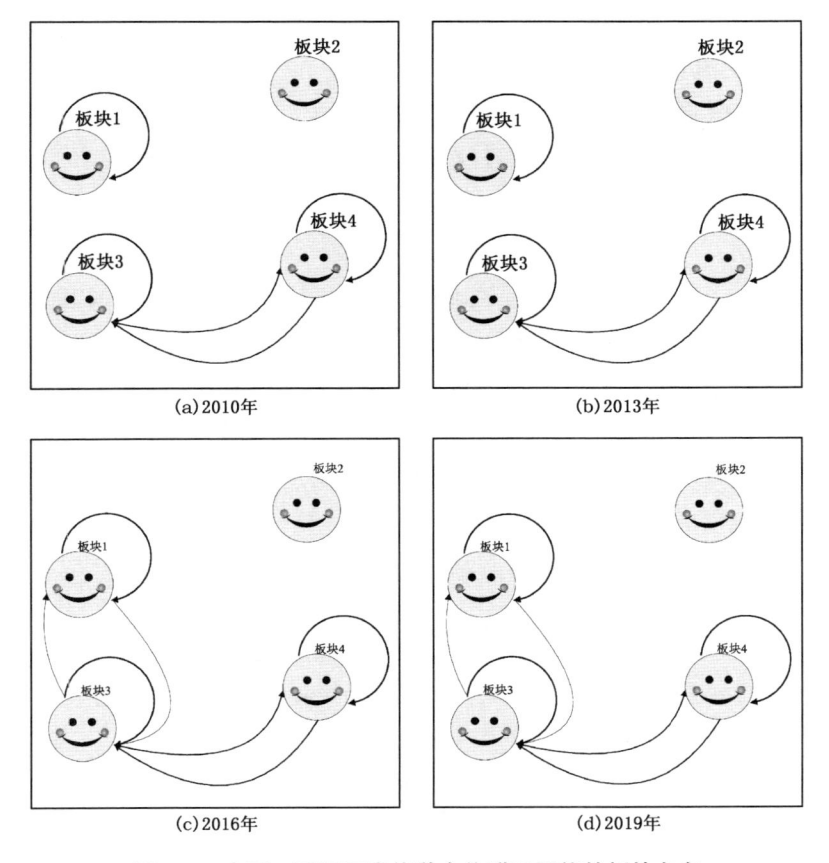

图 3.8　中亚—西亚国家旅游合作联系网络的板块角色

由图 3.8 可知：①板块 1 在 2010 年、2013 年位于孤立板块，仅与自身内部成员之间存在联系；而板块 1 在 2016 年、2019 年位于首属位置，不仅内部成员之间保持联系，而且与外部成员之间存在发送与接受的关系。②板块 2 在 2010 年、2013 年、2016 年、2019 年均位于孤立位置，其与外界成员均没有任何联系，根据表 3.21 可知，板块 2 成员为吉尔吉斯斯坦，该国与其他国家没有建立旅游合作联系，其应该多与其他国家建立联系。③板块 3 在 2010 年、2013 年位于首属位置，在 2016 年、2019 年位于经纪人位置，板块 3 不仅内部成员之间存在联系，其接受板块 1 和板块 4 发出的关系，也能向板块 1 和板块 4 发送关系，这表明板块 3 可以充当"桥梁"作用，实现了板块 1 与板块 3 的沟通。④板块 4 在 2010 年、2013 年、2016 年、2019 年均位于首属位置。总体而言，板块 1、板块 3 以及板块 4 内部均保持联系，说明这三个板块内部旅游合作联系密切，板块较为稳定。而板块 2 仅与外部成员没有建立联系，则需要多加强与其他板块成员之间的旅游交流合作。

(3) 网络核心—边缘分析。本书采用 Ucinet 6.0 软件计算得到中亚—西亚区域各国的核心度，并综合考虑各层次的区分程度将核心度在 0.35 以上的国家划分为核心国家，核心度在 0.15 以下的国家划分为边缘国家，其余国家划分为半边缘国家。

如表 3.23 显示，中亚—西亚区域旅游合作联系网络，半边缘国家的数量呈现递增的趋势，核心国家与边缘国家数量则呈现下降趋势，且核心度整体水平有所增加，说明中亚—西亚区域国家的差距正在不断减小，有利于各国之间开展旅游合作联系。具体来看，沙特阿拉伯、希腊始终为核心节点国家，说明这些国家一直处于中亚—西亚区域旅游合作联系网络中最重要的位置，并且希腊的核心度从 2010 年的第四位上升到第二位。此外，吉尔吉斯斯坦的核心度始终为 0，始终处于边缘国家，与区域其他国家未建立旅游合作联系。

表 3.23　中亚—西亚国家旅游合作联系网络的核心—边缘分析

国家 （核心度）	核心国家	半边缘国家	边缘国家
2010 年	沙特阿拉伯(0.399)、 阿曼(0.385)、 巴林(0.347)、 希腊(0.347)	土耳其(0.345)、 科威特(0.311)、 塞浦路斯(0.293)、 以色列(0.293)、 哈萨克斯坦(0.210)	卡塔尔(0.117)、 黎巴嫩(0.073)、 埃及(0.011)、 约旦(0.011)、 吉尔吉斯斯坦(0.000)

续表

国家 (核心度)	核心国家	半边缘国家	边缘国家
2013 年	巴林(0.368)、 塞浦路斯(0.368)、 沙特阿拉伯(0.368)、 希腊(0.368)	土耳其(0.345)、 阿曼(0.330)、 哈萨克斯坦(0.302)、 以色列(0.270)、 科威特(0.235)	黎巴嫩(0.083)、 卡塔尔(0.062)、 埃及(0.012)、 约旦(0.012)、 吉尔吉斯斯坦(0.000)
2016 年	沙特阿拉伯(0.407)、 希腊(0.378)	巴林(0.348)、 土耳其(0.344)、 阿曼(0.337)、 塞浦路斯(0.324)、 科威特(0.296)、 以色列(0.250)、 哈萨克斯坦(0.167)、 黎巴嫩(0.167)、 卡塔尔(0.153)	埃及(0.047)、 约旦(0.047)、 吉尔吉斯斯坦(0.000)
2019 年	沙特阿拉伯(0.413)、 希腊(0.397)	阿曼(0.348)、 科威特(0.322)、 巴林(0.289)、 塞浦路斯(0.289)、 土耳其(0.277)、 以色列(0.27)、 哈萨克斯坦(0.228)、 卡塔尔(0.216)	黎巴嫩(0.134)、 约旦(0.092)、 埃及(0.066)、 吉尔吉斯斯坦(0.000)

3.3.2.3 个体结构特征分析

(1)网络中心性分析

①度数中心度。本书中亚—西亚区域旅游合作联系网络中,点出度表示某国对外发起旅游合作的次数,点入度表示某国接受旅游合作的次数。本书列举了 2010—2019 年中亚—西亚区域国家点出度、点入度以及中心度排名第一和最后的国家(如表 3.24 所示)。

表 3.24　　中亚—西亚国家旅游合作联系网络的度数中心度测算

年份	点出度		点入度		中心度	
	国家	数值	国家	数值	国家	数值
2010	沙特阿拉伯/土耳其	9	阿曼/巴林/塞浦路斯/沙特阿拉伯/以色列	8	沙特阿拉伯/土耳其	9
	吉尔吉斯斯坦	0	吉尔吉斯斯坦	0	吉尔吉斯斯坦	0
2011	沙特阿拉伯/土耳其	9	阿曼/巴林/塞浦路斯/沙特阿拉伯/以色列	8	沙特阿拉伯/土耳其	9
	吉尔吉斯斯坦	0	吉尔吉斯斯坦	0	吉尔吉斯斯坦	0
2012	土耳其	9	巴林/塞浦路斯/沙特阿拉伯/希腊	8	土耳其	9
	吉尔吉斯斯坦	0	吉尔吉斯斯坦/卡塔尔	1	吉尔吉斯斯坦	1
2013	土耳其	9	巴林/塞浦路斯/沙特阿拉伯/希腊	8	土耳其	9
	吉尔吉斯斯坦	0	吉尔吉斯斯坦/卡塔尔	1	吉尔吉斯斯坦	1
2014	阿曼/巴林/沙特阿拉伯/土耳其/希腊	8	阿曼/巴林/塞浦路斯/沙特阿拉伯/希腊	8	阿曼/巴林/塞浦路斯/沙特阿拉伯/土耳其/希腊	8
	吉尔吉斯斯坦	0	吉尔吉斯斯坦/卡塔尔	1	吉尔吉斯斯坦	1
2015	土耳其	10	阿曼/巴林/希腊	9	土耳其	10
	吉尔吉斯斯坦	0	吉尔吉斯斯坦	0	吉尔吉斯斯坦	0
2016	沙特阿拉伯	10	希腊	9	沙特阿拉伯	10
	吉尔吉斯斯坦	0	吉尔吉斯斯坦	0	吉尔吉斯斯坦	0
2016	沙特阿拉伯	10	希腊	9	沙特阿拉伯	10
	吉尔吉斯斯坦	0	吉尔吉斯斯坦	0	吉尔吉斯斯坦	0

从点出度来看，沙特阿拉伯的点出度指数一直位居首位，说明在旅游合作联系网络中，沙特阿拉伯向其他国家发起了较多的旅游合作次数；吉尔吉斯斯坦点出度指数始终居于末位，且多数年份出现 0，说明该国在旅游合作联系网络

中的中心性程度较低,发挥作用不大,处于边缘地位。

从点入度来看,阿曼、巴林、希腊、沙特阿拉伯等国点入度指数先后位居首位,先后充当合作网络中的"领头羊"角色,主导整个合作网络,且点入度指数还在稍有上升,反映出中亚—西亚区域国家对其的旅游合作存在明显的加强情况;吉尔吉斯斯坦、卡塔尔两国点入度指数较低,部分年份的数值还出现0,说明这两国接受到其他国家旅游合作联系的系数较少。

从中心度来看,沙特阿拉伯、土耳其等国先后位于中亚—西亚区域网络的核心节点,在旅游合作网络结构起支撑作用;吉尔吉斯斯坦与其余国家之间的联系相对较弱,在旅游合作联系网络中起辅助作用,即旅游合作联系网络总体上具有中心性特点。此外,各国的中心性指数呈小幅度上升趋势,说明各国在旅游合作联系网络中紧密程度有所增加。

总之,从时间的纵向对比来看,各个国家的点出度和点入度都呈现小幅度上升,说明中亚—西亚区域国家之间的旅游合作、相互联系的程度逐渐增强;从各个国家的横向对比来看,沙特阿拉伯、土耳其、希腊等国中心度先后位居前列,且其点出度与点入度相差不大,说明这些国家对外发起旅游合作的程度与受其他国家发起旅游合作的程度区别不大,整体呈现均衡发展状态,是中亚—西亚区域内重要且中心的国家。

②接近中心度。由表3.25可知,土耳其在中亚—西亚区域国家旅游合作联系网络中的接近中心度在2010—2019年均高居首位,即扮演着"领头羊"的角色,且接近中心度指数呈现增长趋势,说明旅游合作联系网络中"领头羊"的控制能力逐渐增强。从接近中心度的最小值国家来看,埃及、吉尔吉斯斯坦等国处于被控制的劣势位置,在旅游合作联系网络中扮演着边缘行动者的角色。此外,"一带一路"沿线国家旅游合作联系网络中各国的接近中心度波动较大,说明各国之间旅游合作联系较不稳定。

表 3.25　　　　　中亚—西亚国家旅游合作联系网络的中心度测算

年份	接近中心度		中间中心度		特征向量中心度	
	国家	数值	国家	数值	国家	数值
2010	沙特阿拉伯/土耳其	44.828	土耳其	16.414	沙特阿拉伯	51.395
	埃及	29.545	埃及/吉尔吉斯斯坦/卡塔尔	0.000	吉尔吉斯斯坦	0.000

续表

年份	接近中心度 国家	数值	中间中心度 国家	数值	特征向量中心度 国家	数值
2011	土耳其	72.222	土耳其	35.185	希腊	50.049
	吉尔吉斯斯坦	28.889	吉尔吉斯斯坦/卡塔尔	0.000	吉尔吉斯斯坦	0.406
2012	土耳其	68.421	土耳其	31.797	巴林/塞浦路斯/沙特阿拉伯	50.315
	吉尔吉斯斯坦	28.261	吉尔吉斯斯坦/卡塔尔	0.000	吉尔吉斯斯坦	0.443
2013	土耳其	72.222	土耳其	33.228	希腊	50.012
	吉尔吉斯斯坦	28.889	吉尔吉斯斯坦/卡塔尔	0.000	吉尔吉斯斯坦	0.431
2014	土耳其	65.000	土耳其	29.701	希腊	50.226
	吉尔吉斯斯坦	27.660	吉尔吉斯斯坦/卡塔尔	0.000	吉尔吉斯斯坦	0.399
2015	土耳其	46.429	土耳其	18.355	希腊	48.848
	卡塔尔	34.211	阿曼/吉尔吉斯斯坦/卡塔尔/约旦	0.000	吉尔吉斯斯坦	0.000
2016	沙特阿拉伯	46.429	沙特阿拉伯	11.026	沙特阿拉伯	52.446
	埃及	32.500	埃及/吉尔吉斯斯坦/卡塔尔	0.000	吉尔吉斯斯坦	0.000
2017	沙特阿拉伯/土耳其	68.421	约旦	28.205	沙特阿拉伯	54.073
	吉尔吉斯斯坦	27.660	吉尔吉斯斯坦/卡塔尔	0.000	吉尔吉斯斯坦	0.266
2018	沙特阿拉伯/土耳其	68.421	约旦	28.205	沙特阿拉伯	54.073
	吉尔吉斯斯坦	27.660	吉尔吉斯斯坦/卡塔尔	0.000	吉尔吉斯斯坦	0.266
2019	沙特阿拉伯/土耳其/希腊	72.222	土耳其	23.148	沙特阿拉伯	52.321
	吉尔吉斯斯坦	34.211	吉尔吉斯斯坦/卡塔尔	0.000	吉尔吉斯斯坦	1.645

③中间中心度。由表3.25可知，土耳其、约旦在中亚—西亚区域国家旅游合作联系网络中的中间中心度在2010—2019年先后居首位，表明两国在旅游合作联系网络中扮演极其重要的"桥梁"作用，在很大程度上起到了中介和沟通的作用，对于连接中亚—西亚国家旅游合作具有重要意义。此外，各国中间中

心度呈现波动上升的趋势,说明旅游合作联系网络中心国家的核心地位有上升的趋势,其网络结构稳定性有所下降。而埃及、吉尔吉斯斯坦、卡塔尔等国中间中心度均出现过0的情况,即曾经充当过边缘化的个体角色,旅游合作方面受到其他国家的"控制"与"支配"。

④特征向量中心度。由表3.25可知,沙特阿拉伯在中亚—西亚区域旅游合作联系网络中的特征向量中心度在2010—2019年均高居首位,表明沙特阿拉伯是区域旅游合作联系网络的核心行动者,其"权力"较大,旅游合作联系辐射范围较大,对其他国家的影响力大。而吉尔吉斯斯坦等国特征向量中心度指数较低,且一直保持较小的增幅在上升,说明其网络地位在缓慢提升。

(2)网络结构洞分析

本书借助Ucinet 6.0软件对2010—2019年中亚—西亚区域旅游合作联系网络的结构洞进行测度,并列举了2010—2019年中亚—西亚区域国家结构洞相关指标(有效规模、行动效率、限制度、等级度)第一和最后的国家(如表3.26所示)。

表3.26　　　　中亚—西亚国家旅游合作联系网络的结构洞分析

年份	有效规模 国家	数值	行动效率 国家	数值	限制度 国家	数值	等级度 国家	数值
2010	土耳其	4.300	约旦	0.583	埃及	1.235	约旦	0.093
	吉尔吉斯斯坦	0.000	希腊	0.224	吉尔吉斯斯坦	0.000	吉尔吉斯斯坦	0.000
2011	土耳其	4.133	吉尔吉斯斯坦	1.000	卡塔尔	1.235	吉尔吉斯斯坦	1.000
	吉尔吉斯斯坦	0.000	塞浦路斯	0.214	吉尔吉斯斯坦	0.000	巴林/沙特阿拉伯/希腊	0.011
2012	土耳其	4.033	吉尔吉斯斯坦/卡塔尔	1.000	约旦	0.933	吉尔吉斯斯坦/卡塔尔	1.000
	吉尔吉斯斯坦/卡塔尔	0.000	以色列	0.236	吉尔吉斯斯坦/卡塔尔	0.000	阿曼	0.005
2013	土耳其	3.875	吉尔吉斯斯坦	1.000	卡塔尔	1.235	吉尔吉斯斯坦	1.000
	吉尔吉斯斯坦	0.000	阿曼	0.204	吉尔吉斯斯坦	0.000	阿曼	0.003

续表

年份	有效规模		行动效率		限制度		等级度	
	国家	数值	国家	数值	国家	数值	国家	数值
2014	土耳其	3.667	吉尔吉斯斯坦	1.000	卡塔尔	1.235	吉尔吉斯斯坦	1.000
	吉尔吉斯斯坦	0.000	塞浦路斯	0.242	吉尔吉斯斯坦	0.000	阿曼/巴林/沙特阿拉伯/希腊	0.010
2015	土耳其	4.412	黎巴嫩	0.516	卡塔尔	0.970	埃及/约旦	0.059
	吉尔吉斯斯坦	0.000	塞浦路斯	0.225	吉尔吉斯斯坦	0.000	吉尔吉斯斯坦	0.000
2016	沙特阿拉伯	3.853	哈萨克斯坦/吉尔吉斯斯坦/黎巴嫩	0.467	埃及	0.926	约旦	0.057
	吉尔吉斯斯坦	0.000	卡塔尔	0.200	吉尔吉斯斯坦	0.000	埃及/吉尔吉斯斯坦	0.000
2017	沙特阿拉伯	4.194	埃及/吉尔吉斯斯坦	1.000	卡塔尔	0.677	吉尔吉斯斯坦	1.000
	吉尔吉斯斯坦	0.000	卡塔尔	0.200	吉尔吉斯斯坦	0.000	埃及	0.000
2018	沙特阿拉伯	4.583	埃及/吉尔吉斯斯坦	1.000	卡塔尔	0.692	吉尔吉斯斯坦	1.000
	吉尔吉斯斯坦	0.000	卡塔尔	0.200	吉尔吉斯斯坦	0.000	埃及	0.000
2019	土耳其	4.067	吉尔吉斯斯坦	1.000	约旦	0.740	吉尔吉斯斯坦	1.000
	吉尔吉斯斯坦	0.000	卡塔尔	0.200	吉尔吉斯斯坦	0.000	以色列	0.009

①由有效规模的变化可知，土耳其、沙特阿拉伯的有效规模在中亚—西亚区域国家旅游合作联系网络中在2010—2019年先后居首位，且其有效规模都呈波动递减的趋势，表明中亚—西亚区域旅游合作联系紧密程度有所削弱。此外，吉尔吉斯斯坦的有效规模在2010—2019年观测时间中均为0，表明吉尔吉斯斯坦在中亚—西亚区域旅游合作联系网络中处于劣势地位，受其他国家的约束程度较为明显。

②从行动效率的变化来看，尽管在2010、2015、2016年行动效率最高值较

低,但在其他年份行动效率最高值始终为1,且吉尔吉斯斯坦的行动效率相对较高,多数年份为行动效率最高,表明其在中亚—西亚区域旅游合作联系网络中国家的影响力较大,此外,行动效率最低值呈现逐年降低的趋势、但趋于稳定发展,希腊、塞浦路斯、卡塔尔等国家都先后是行动效率最低的国家。

③根据限制度的变化可得出,中亚—西亚区域国家限制度的最高值呈现下降的趋势,而限制度最低值则始终为0,表明社会网络中中亚—西亚区域各国合作网呈现便利化、自由化发展趋势。其中,埃及、卡塔尔、约旦先后是限制度最高的国家,处于旅游合作发展的边缘,说明其所受其他国家的约束力较强,与其他节点国家的联系不足,在社会网络中容易受到各种关系的影响,因此,需要进一步强化与其他较高结构洞水平的国家之间的联系。而吉尔吉斯斯坦由于与其他国家联系较少,基本不受其他国家影响,故其限制度始终为0。

④就等级度的变化而言,中亚—西亚区域国家等级度发展相对稳定,仅在2015—2016年出现波动下降。此外,阿曼、以色列、埃及等国等级度较低,在多数年份为0,无法充当其他国家的媒介,对旅游资源的整合和支配能力较弱,存在被孤立的风险。值得注意的是,由于吉尔吉斯斯坦与外部国家的联系基本为零,所以其等级度基本在1左右。

3.3.3 南亚网络表征

3.3.3.1 网络态势解析

(1)网络刻画。本书根据修正的引力模型,构建了南亚区域国家旅游合作联系关系矩阵,并采用Gephi软件进行可视化分析,以便对南亚区域国家旅游合作联系网络的发展趋势进行比较。本书将2010—2019年间南亚区域各国旅游合作联系度的平均值作为断点值,即某两国之间的旅游合作联系度高于平均值,即赋值为1,低于平均值则赋值为0,并绘制南亚区域国家主要年份的旅游合作联系网络拓扑结构图(如图3.9所示)。为了更直观地表示,拓扑结构图均采用模块化指标自动布局。图中的节点(用"圆形"表示)代表南亚区域各国,圆形大小表示该国在网络中的重要程度,即圆形越大越重要;连线表示两国之间存在旅游合作关系,连线越多,表示国家的旅游合作联系越频繁。南亚区域各国间旅游合作联系数从2010年的18增长至2019年的23。由此可见,南亚区域各国间的旅游合作联系越发紧密,各国之间的合作联系网络结构形态明显,旅游合作联系网络的影响力和影响范围也在不断扩大,各国间的旅游合作联系逐渐向多向化、稠密化、纵深化方向发展。此外,南亚区域国家并未出现"孤立"角色,即表明所有国家都不可或缺。

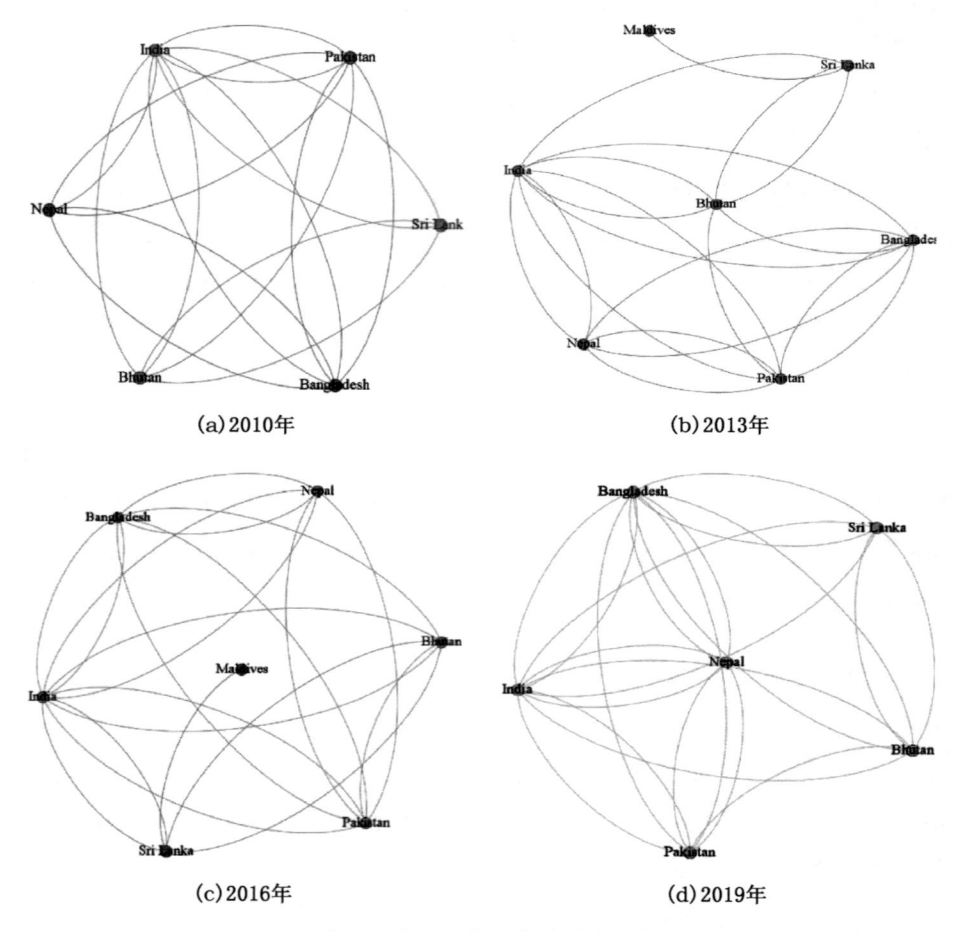

(a) 2010年

(b) 2013年

(c) 2016年

(d) 2019年

图 3.9　南亚国家主要年份的旅游合作联系网络

(2) 网络基本属性。本书分别采用网络密度、E-I 指数、网络直径、平均路径长度、聚类系数、互惠性等测度指标对南亚区域各国间旅游合作联系网络的整体特征进行刻画(如表 3.27 所示)。

表 3.27　　　　　　　南亚国家旅游合作联系网络的基本属性

年份	网络密度	E-I 指数	网络直径	平均路径长度	聚类系数	互惠性
2010	0.429	0.000	3	1.433	0.756	0.800

续表

年份	网络密度	E-I 指数	网络直径	平均路径长度	聚类系数	互惠性
2011	0.476	−0.091	3	1.528	0.686	0.818
2012	0.452	−0.091	3	1.639	0.658	0.727
2013	0.476	0.000	3	1.611	0.653	0.667
2014	0.476	0.000	3	1.611	0.653	0.667
2015	0.476	0.000	3	1.611	0.653	0.667
2016	0.500	0.000	3	1.500	0.667	0.750
2017	0.500	0.000	3	1.500	0.667	0.750
2018	0.571	0.077	3	1.389	0.744	0.846
2019	0.548	0.167	2	1.233	0.828	0.917

①网络密度。从表3.27中可以看到，2010—2019年间，南亚区域各国间旅游合作联系网络由0.429上升至0.548，网络密度总体上呈现上升趋势，说明网络中各国之间的旅游合作联系日渐紧密。但南亚区域国家旅游合作联系网络密度相对较低，区域各国间合作紧密度仍有待提升。

②E-I指数。从表3.27可以看出，E-I指数呈现一定幅度的波动上升，但整体该值越接近0，表明南亚区域各国关系越趋向于随机分布，看不出派系林立，说明南亚区域旅游合作联系的整体性、一体化水平有待提高。

③网络直径与平均路径长度。据表3.27可知，2010—2019年间南亚区域各国间旅游合作联系网络的网络直径与平均路径长度数值基本保持不变，说明网络中各节点之间信息传递效率基本保持不变，旅游合作联系网络中各节点国家间的合作交流并未呈现显著变化。

④聚类系数。由表3.27可知，2010—2019年间南亚各国间旅游合作联系网络的聚类系数总体呈现波动上升趋势，说明区域各国间的独立性逐步减弱，网络中个体能力逐渐下降，对于网络整体的依赖度逐步增强。

⑤互惠性。从表3.27可知，南亚区域各国间旅游合作联系网络的互惠性呈现波动上升的趋势，且整体互惠指数较高，说明旅游合作联系网络具有较高的互惠性，即区域网络中各国之间越倾向于相互发起旅游合作，各国地位越平等。

3.3.3.2 网络小群体特征探析

(1)网络凝聚子群分析。如表3.28所示，根据UCINET(最大分割深度为

2，集中标准为 0.2)测算结果将南亚区域各国划为 4 个子群。具体而言，随着时间的推移，凝聚子群总数在 2019 年发生了变化，仅凝聚为 3 类子群，其余年份凝聚子群总数未发生变化，且子群成员的变化也较小。巴基斯坦与孟加拉国始终处于同一个凝聚子群，说明两国旅游合作联系较为紧密，且具有较强的凝聚力。此外，尼泊尔、印度、马尔代夫、斯里兰卡等国均出现单独凝聚为一个子群的情况，说明这些国家与区域其他国家旅游合作联系不稳定，需进一步加强。

表 3.28　　　　　　南亚国家旅游合作联系网络的凝聚子群分析

年份	1	2	3	4
2010	巴基斯坦、孟加拉国	尼泊尔	斯里兰卡、不丹、印度	马尔代夫
2013	巴基斯坦、尼泊尔、孟加拉国	印度	马尔代夫、不丹	斯里兰卡
2016	巴基斯坦、尼泊尔、孟加拉国	印度	斯里兰卡、不丹	马尔代夫
2019	巴基斯坦、尼泊尔	斯里兰卡/不丹	孟加拉国、马尔代夫、印度	—

为了更加简洁地分析，将凝聚子群密度矩阵中的值与整体网络密度的值进行比较，若其值大于整体网络密度的值，则赋值为 1，反之则赋值为 0，最后得到南亚区域国家旅游合作联系网络的像矩阵（如表 3.29 所示）。具体而言，第 1 子群间对角线上的值均为 1，说明该子群内的成员间相互协作更为密切。此外，第 1 子群与第 2 子群间、第 2 子群与第 3 子群间建立较为密切的联系。整体而言，子群间的旅游合作联系比子群内的旅游合作联系更为紧密。

表 3.29　　　　　　南亚国家旅游合作联系网络的像矩阵

2010/2013/2016/2019	1	2	3	4
1	1/1/1/1	1/1/1/0	1/0/0/1	1/0/0/0
2	1/1/1/0	0/0/0/1	0/1/1/1	0/1/0/0
3	0/0/0/1	0/1/1/1	1/0/1/0	0/1/0/0
4	0/0/0/0	0/0/0/0	0/0/0/0	0/0/0/—

（2）网络块模型分析。本书基于像矩阵，并利用各板块之间的像矩阵关系，确定板块所处位置，并绘制了简洁的板块角色关系图（如图 3.10 所示）。图中的每一个"点"代表一个板块，每个点上面的带箭头的小圆圈，表示关系从该点"发出"又回到本点，这表明每个板块内部成员间都存在一定的关联关系。

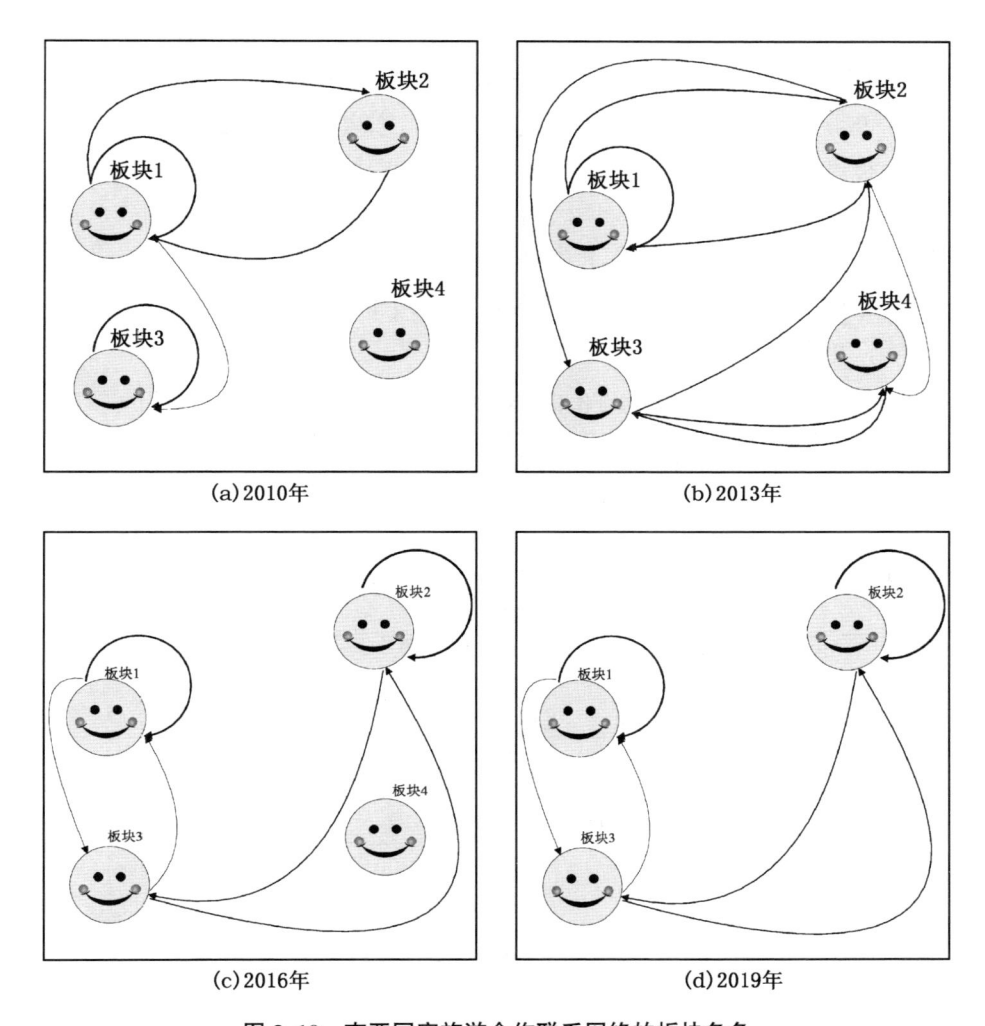

图 3.10 南亚国家旅游合作联系网络的板块角色

由图 3.10 可知：①板块 1 在 2010 年位于谄媚位置，在 2013 年位于经纪人位置，在 2016 年、2019 年位于首属位置，这说明板块 1 成员向外部成员发出的关系在逐渐减少。②板块 2 在 2010 年位于经纪人位置，在 2013 年位于谄媚位置，在 2016 年、2019 年位于首属位置，这说明板块 2 成员不仅接受外部成员的关系，其自身内部成员之间也存在紧密联系。③板块 3 在 2013 年、2016 年、2019 年均位于经纪人位置，板块 3 内部成员联系较少，但其接受板块 1 和板块 2 发出的关系，也能向板块 1 和板块 2 发送关系，这表明板块 3 可以充当"桥梁"

作用，实现了板块 1 与板块 2 的沟通。④板块 4 在 2010 年、2016 年均位于孤立位置，由表 3.28 可知，该板块成员为马尔代夫，其与外部成员不存在接受与发送关系；板块 4 在 2013 年成员为斯里兰卡，位于经纪人位置，其接受着板块 1、板块 3、板块 4 发出的关系，也向板块 1、板块 3、板块 4 发送关系。

（3）网络核心—边缘分析。本书采用 Ucinet 6.0 软件计算得到南亚区域各国的核心度（如表 3.30 所示），并综合考虑各层次的区分程度将核心度在 0.5 以上的国家划分为核心国家，核心度在 0.25 以下的划分为边缘国家，其余国家划分为半边缘国家。

表 3.30　　南亚国家旅游合作联系网络的核心—边缘结构分析

国家 （核心度）	核心国家	半边缘国家	边缘国家
2010	印度(0.716)	巴基斯坦(0.446)、 孟加拉国(0.370)	不丹(0.237)、 斯里兰卡(0.237)、 尼泊尔(0.200)、 马尔代夫(0.000)
2013	印度(0.521)、 巴基斯坦(0.505)、 孟加拉国(0.505)	尼泊尔(0.449)	不丹(0.132)、 斯里兰卡(0.031)、 马尔代夫(0.000)
2016	印度(0.569)	巴基斯坦(0.473)、 孟加拉国(0.473)、 尼泊尔(0.412)	不丹(0.173)、 斯里兰卡(0.173)、 马尔代夫(0.000)
2019	孟加拉国(0.520)、 印度(0.520)	巴基斯坦(0.409)、 尼泊尔(0.332)、 不丹(0.300)、 斯里兰卡(0.300)	马尔代夫(0.000)

如表 3.30 所示，南亚区域旅游合作联系网络，核心国家与半边缘国家的数量呈现波动上升的趋势，边缘国家数量则呈现下降趋势，且核心度整体水平呈现下降局势，说明南亚区域国家的差距并没有减少，反而有所增加，不利于区域内各国之间开展旅游合作联系。具体来看，印度始终为核心节点国家，说明印度一直处于南亚区域旅游合作联系网络中最重要的位置。但印度核心度的值从 2010 年的 0.716 下降至 2019 年的 0.520，因此，应该注重印度与区域其他国家间的联系。此外，马尔代夫的核心度始终为 0，始终处于边缘国家，与区域其他国家未建立旅游合作联系。

3.3.3.3 个体结构特征分析

(1)网络中心性分析

①度数中心度。本书南亚区域旅游合作联系网络中,点出度表示某国对外发起旅游合作的次数,点入度表示某国接受旅游合作的次数。本书列举了2010—2019年南亚区域国家点出度、点入度以及中心度排名第一和最后的国家(如表3.31所示)。

表 3.31　　　　南亚国家旅游合作联系网络的度数中心度测算

年份	点出度 国家	点出度 数值	点入度 国家	点入度 数值	中心度 国家	中心度 数值
2010	印度	5	印度	4	印度	5
	马尔代夫	0	马尔代夫	0	马尔代夫	0
2011	印度	5	印度	5	印度	5
	马尔代夫	0	马尔代夫	1	马尔代夫	1
2012	印度	5	印度	4	印度	5
	马尔代夫	0	马尔代夫	1	马尔代夫	1
2013	印度	5	印度	4	印度	5
	马尔代夫	0	马尔代夫/不丹	1	马尔代夫	1
2014	印度	5	印度	4	印度	5
	马尔代夫	0	马尔代夫/不丹	1	马尔代夫	1
2015	印度	5	印度	4	印度	5
	马尔代夫	0	马尔代夫/不丹	1	马尔代夫	1
2016	印度	5	印度	5	印度	5
	马尔代夫	0	马尔代夫	1	马尔代夫	1
2017	印度	5	印度	5	印度	5
	马尔代夫	0	马尔代夫	1	马尔代夫	1
2018	印度/孟加拉国	5	印度/孟加拉国	5	印度/孟加拉国	5
	马尔代夫	0	马尔代夫	1	马尔代夫	1
2019	印度/孟加拉国	5	印度/孟加拉国	5	印度/孟加拉国	5
	马尔代夫	0	马尔代夫	0	马尔代夫	0

从点出度来看,印度的点出度指数一直位居首位,说明在旅游合作联系网络中,印度向其他国家发起了较多的旅游合作次数;马尔代夫点出度指数始终居于末位,且数值始终为0,说明该国在旅游合作联系网络中的中心性程度较低,发挥作用不大,处于边缘地位。

从点入度来看,印度的点入度指数位居首位,充当合作网络中的"领头羊"角色,主导整个合作网络,且点入度指数大小变化不大,反映出南亚区域国家的旅游合作发展相对稳定;马尔代夫点入度指数较低,2011—2019年的数值始终为1,其他年份数值为0,说明马尔代夫接受其他国家旅游合作联系的系数较少。

从中心度来看,印度、孟加拉国等国先后位于中亚—西亚区域网络的核心节点,在旅游合作网络结构起支撑作用;马尔代夫与其余国家之间的联系相对较弱,在旅游合作联系网络中起辅助作用,即旅游合作联系网络总体上具有中心性特点。此外,各国的中心性指数变化不大,说明各国在旅游合作联系网络中紧密程度并未有所变化。

总之,从时间的纵向对比来看,各个国家的点出度和点入度并未出现明显变化,说明南亚区域国家之间的旅游合作、相互联系的程度发展较为稳定;从各个国家的横向对比来看,印度的中心度始终位居前列,且其点出度与点入度相差不大,说明印度对外发起旅游合作的程度与受其他国家发起旅游合作的程度区别不大,整体呈现均衡发展状态,是南亚区域内重要且中心的国家。

②接近中心度。由表3.32可知,印度在南亚区域国家旅游合作联系网络中的接近中心度在2010—2019年均高居首位,即扮演着"领头羊"的角色,且接近中心度指数呈现增长趋势,说明旅游合作联系网络中"领头羊"的控制能力逐渐增强。从接近中心度的最小值国家来看,斯里兰卡、马尔代夫等国处于被控制的劣势位置,在旅游合作联系网络中扮演着边缘行动者的角色。此外,南亚区域国家旅游合作联系网络中各国的接近中心度波动较小,说明各国之间旅游合作联系较为稳定。

表 3.32　　　　　　　南亚国家旅游合作联系网络的中心度测算

年份	接近中心度 国家	数值	中间中心度 国家	数值	特征向量中心度 国家	数值
2010	印度	50.000	印度	28.889	印度	74.600
	斯里兰卡	0.000	马尔代夫/尼泊尔/斯里兰卡	0.000	马尔代夫	0.000
2011	印度	85.714	印度	40.000	印度	74.333
	马尔代夫	42.857	马尔代夫/孟加拉国/尼泊尔	0.000	马尔代夫	10.711
2012	印度	85.714	印度	40.000	印度	74.333
	马尔代夫	42.857	马尔代夫/孟加拉国/尼泊尔	0.000	马尔代夫	10.711
2013	印度	85.714	印度	34.444	印度	69.619
	马尔代夫	42.857	马尔代夫/尼泊尔	0.000	马尔代夫	9.204
2014	印度	85.714	印度	34.444	印度	69.619
	马尔代夫	42.857	马尔代夫/尼泊尔	0.000	马尔代夫	9.204
2015	印度	85.714	印度	34.444	印度	69.619
	马尔代夫	42.857	马尔代夫/尼泊尔	0.000	马尔代夫	9.204
2016	印度	85.714	印度	34.444	印度	69.619
	马尔代夫	42.857	马尔代夫/尼泊尔	0.000	马尔代夫	9.204
2017	印度	85.714	印度	34.444	印度	69.619
	马尔代夫	42.857	马尔代夫/尼泊尔	0.000	马尔代夫	9.204
2018	孟加拉国/印度	85.714	斯里兰卡	16.667	印度	66.445
	马尔代夫	46.154	马尔代夫/尼泊尔	0.000	马尔代夫	11.760
2019	孟加拉国/印度	50.000	孟加拉国/印度	10.556	印度	66.961
	尼泊尔/斯里兰卡	42.857	马尔代夫/尼泊尔/斯里兰卡	0.000	马尔代夫	0.000

③中间中心度。由表 3.32 可知,印度在中亚—西亚区域国家旅游合作联系网络中的中间中心度在 2010—2019 年始终位居首位,表明印度在旅游合作联系网络中扮演极其重要的"桥梁"角色,在很大程度上起到了中介和沟通的作用,对于连接中南亚国家旅游合作具有重要意义。此外,各国中间中心度呈现

波动下降的趋势,说明旅游合作联系网络中心国家的核心地位有下降的趋势,其网络结构趋向稳定发展。而马尔代夫、尼泊尔、斯里兰卡等国中间中心度均出现过 0 的情况,即曾经充当过边缘化的个体角色,旅游合作方面受到其他国家的"控制"与"支配"。

④特征向量中心度。由表 3.32 可知,印度在南亚区域旅游合作联系网络中的特征向量中心度在 2010—2019 年均高居首位,表明印度是区域旅游合作联系网络的核心行动者,其"权力"较大,旅游合作联系辐射范围较大,对其他国家的影响力大。而马尔代夫等国特征向量中心度指数较低,且呈现小幅度下降趋势。整体而言,特征向量中心度数值呈现下降趋势,说明南亚区域旅游合作联系趋向稳定性发展。

(2)网络结构洞分析。本书借助 Ucinet 6.0 软件对 2010—2019 年南亚区域旅游合作联系网络的结构洞进行测度,并列举了 2010—2019 年南亚区域国家结构洞相关指标(有效规模、行动效率、限制度、等级度)第一和最后的国家(如表 3.33 所示)。

表 3.33　　　　　南亚国家旅游合作联系网络的结构洞分析

年份	有效规模 国家	数值	行动效率 国家	数值	限制度 国家	数值	等级度 国家	数值
2010	印度	3.222	印度	0.644	斯里兰卡	1.125	不丹	0.151
	马尔代夫	0.000	尼泊尔	0.333	马尔代夫	0.000	斯里兰卡	0.000
2011	印度	3.200	马尔代夫	1.000	不丹	0.933	马尔代夫	1.000
	马尔代夫	0.00	孟加拉国/尼泊尔	0.333	马尔代夫	0.000	孟加拉国/尼泊尔	0.000
2012	印度	3.111	马尔代夫	1.000	孟加拉国/尼泊尔	0.926	马尔代夫	1.000
	马尔代夫	0.000	孟加拉国/尼泊尔	0.333	马尔代夫	0.000	孟加拉国/尼泊尔	0.000
2013	印度	2.889	马尔代夫	1.000	尼泊尔	0.926	马尔代夫	1.000
	马尔代夫	0.000	尼泊尔	0.333	马尔代夫	0.000	尼泊尔	0.000
2014	印度	2.889	马尔代夫	1.000	尼泊尔	0.926	马尔代夫	1.000
	马尔代夫	0.000	尼泊尔	0.333	马尔代夫	0.000	尼泊尔	0.000

续表

年份	有效规模		行动效率		限制度		等级度	
	国家	数值	国家	数值	国家	数值	国家	数值
2015	印度	2.889	马尔代夫	1.000	尼泊尔	0.926	马尔代夫	1.000
	马尔代夫	0.000	尼泊尔	0.333	马尔代夫	0.000	尼泊尔	0.000
2016	印度	3.000	马尔代夫	1.000	尼泊尔	0.926	马尔代夫	1.000
	马尔代夫	0.000	尼泊尔	0.333	马尔代夫	0.000	尼泊尔	0.000
2017	印度	3.000	马尔代夫	1.000	尼泊尔	0.926	马尔代夫	1.000
	马尔代夫	0.000	尼泊尔	0.333	马尔代夫	0.000	尼泊尔	0.000
2018	孟加拉国/印度	2.400	马尔代夫	1.000	尼泊尔	0.926	马尔代夫	1.000
	马尔代夫	0.000	尼泊尔	0.333	马尔代夫	0.000	尼泊尔	0.000
2019	孟加拉国/印度	2.400	孟加拉国/印度	0.480	尼泊尔/斯里兰卡	0.926	巴基斯坦/不丹	0.057
	马尔代夫	0.000	尼泊尔/斯里兰卡	0.333	马尔代夫	0.000	尼泊尔/斯里兰卡	0.000

①由有效规模的变化可知：印度始终是南亚区域有效规模最高的国家，表明印度在"南亚区域旅游合作联系网络中优势明显，处于有利地位，在网络中与其他国家旅游合作具有较强的控制力，且受到其他国家的约束程度较弱。但南亚区域最高有效规模的数值呈现波动递减的趋势，说明南亚区域旅游合作联系紧密程度有所削弱。此外，马尔代夫的有效规模始终为0，处于南亚区域劣势位置。

②从行动效率的变化来看，一方面，马尔代夫在2011—2018年是南亚区域行动效率最高的国家，其数值为1；尼泊尔始终是南亚区域行动效率最低的国家。可见，南亚区域行动效率最高和最低的国家基本稳定，说明南亚区域整体社会网络呈现均衡化发展。

③根据限制度的变化可得出：南亚区域限制度的最高值并未出现明显的变化，即尼泊尔在2012—2019年始终是南亚区域限制度最高的国家；而南亚区域限制度最低值始终为0，即马尔代夫是限制度最低的国家，说明马尔代夫所受其他国家的约束力较弱。

④就等级度的变化而言，南亚区域国家等级度发展相对稳定，马尔代夫的

等级度在 2011—2018 年始终位居第一且数值为 1，2010 年和 2019 年不丹是南亚区域等级度最高的国家。值得注意的是，由于马尔代夫与外部国家的联系基本为零，因此其等级度基本在 1 左右。此外，斯里兰卡、尼泊尔、孟加拉国等国等级度较低，在多数年份为 0，无法充当其他国家的媒介，对旅游资源的整合和支配能力较弱，存在着被孤立的风险。

3.3.4 独联体网络表征

3.3.4.1 网络态势解析

（1）网络刻画。本书根据修正的引力模型，构建了独联体区域国家旅游合作联系关系矩阵，并采用 Gephi 软件进行可视化分析，以便对独联体区域国家旅游合作联系网络的发展趋势进行比较。本书将 2010—2019 年间独联体区域各国旅游合作联系度的平均值作为断点值，即某两国之间的旅游合作联系度高于平均值，即赋值为 1，低于平均值则赋值为 0，并绘制独联体区域国家主要年份的旅游合作联系网络拓扑结构图（如图 3.11 所示）。为了更直观地表示，拓扑结构图均采用模块化指标自动布局。图中的节点（用"圆形"表示）代表独联体区域各国，圆形大小表示该国在区域网络中的重要程度，即圆形越大越重要；连线表示两国之间存在旅游合作关系，连线越多，表示国家的旅游合作联系越频繁。独联体区域各国间旅游合作联系数从 2010 年的 33 增长至 2019 年的 37。整体而言，虽然独联体区域各国间的旅游合作联系数增加并不明显，但各国之间的旅游合作联系呈现增长的态势，且各国之间紧密联系。

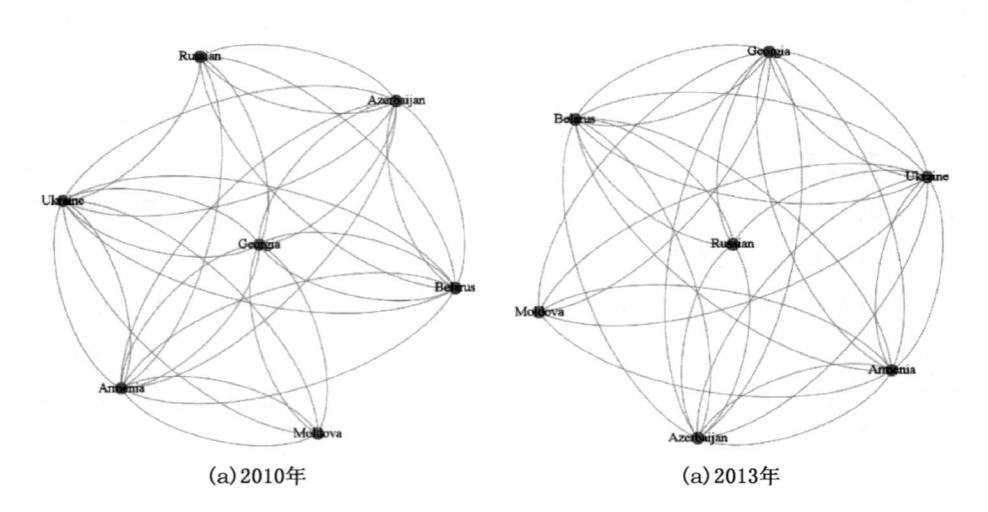

(a) 2010年　　　　　　　　　　(a) 2013年

(c) 2016年　　　　　　　　　　(d) 2019年

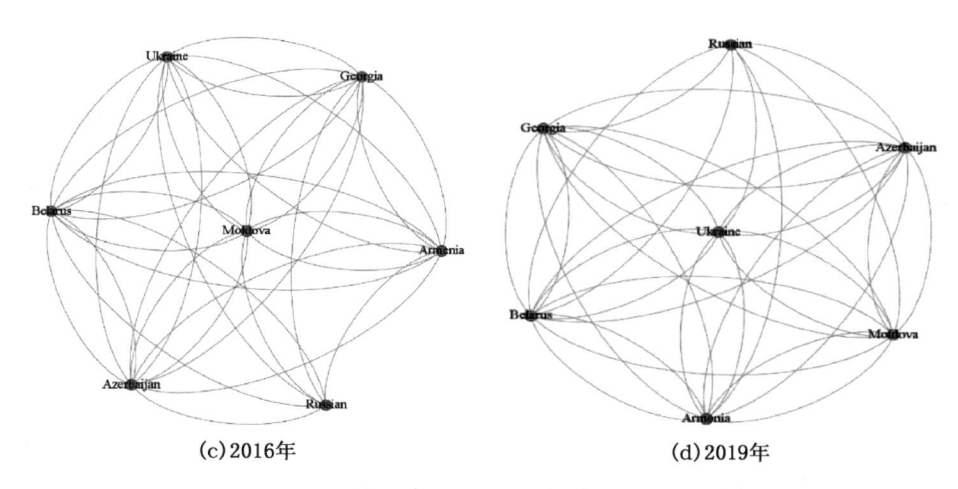

图 3.11　独联体国家主要年份的旅游合作联系网络

（2）网络基本属性。本书分别采用网络密度、E-I 指数、网络直径、平均路径长度、聚类系数、互惠性等测度指标对独联体区域各国间旅游合作联系网络的整体特征进行刻画（如表 3.34 所示）。

表 3.34　　　　　　　独联体国家旅游合作联系网络的基本属性

年份	网络密度	E-I 指数	网络直径	平均路径长度	聚类系数	互惠性
2010	0.786	−0.111	3	1.238	0.843	0.833
2011	0.762	0.000	3	1.262	0.819	0.778
2012	0.762	0.000	3	1.262	0.819	0.778
2013	0.762	−0.059	3	1.262	0.829	0.882
2014	0.738	−0.059	3	1.286	0.812	0.824
2015	0.810	−0.053	2	1.190	0.845	0.789
2016	0.881	−0.429	2	1.119	0.881	0.762
2017	0.881	−0.429	2	1.119	0.881	0.762
2018	0.881	−0.429	2	1.119	0.881	0.762
2019	0.881	−0.429	2	1.119	0.881	0.762

①网络密度。从表 3.34 中可以看到，2010—2019 年间，独联体区域各国间旅游合作联系网络由 0.786 上升至 0.881，网络密度总体上呈现上升趋势，说明

网络中各国之间的旅游合作联系日渐紧密。且独联体区域国家旅游合作联系网络密度相对较高,区域各国间合作联系相对紧密。

②E-I 指数。从表 3.34 可以看出,E-I 指数呈现一定幅度的波动下降,这表明独联体区域各国间的旅游合作联系网络外部关系越少,其关系发生趋向于发生在群体北部,即独联体区域网络派系林立程度越小。

③网络直径与平均路径长度。据表 3.34 可知,2010—2019 年间独联体区域各国间旅游合作联系网络的网络直径与平均路径长度数值基本保持不变,说明网络中各节点之间信息传递效率基本保持不变,旅游合作联系网络中各节点国家间的合作交流并未呈现显著变化。

④聚类系数。由表 3.34 可知,2010—2019 年间独联体区域各国间旅游合作联系网络的聚类系数总体呈现波动上升趋势,说明区域各国间的独立性逐步减弱,网络中个体能力逐渐下降,对于网络整体的依赖度逐步增强。

⑤互惠性。从表 3.34 可知,独联体区域各国间旅游合作联系网络的互惠度呈现波动下降的趋势,但整体互惠指数较高,说明区域旅游合作联系网络具有较高的互惠性,即区域网络中各国之间倾向于相互发起旅游合作,意味着各国的地位越平等。

3.3.4.2 网络小群体特征探析

(1)网络凝聚子群分析。如表 3.35 所示,根据 UCINET(最大分割深度为 2,集中标准为 0.2)测算结果将独联体区域各国划分为 4 个子群。具体而言,随着时间的推移,凝聚子群总数没有明显变化,2016 年、2019 年仅凝聚为 2 个子群,且子群成员的变化也较大。其中,2010 年与 2013 年、2016 年与 2019 年的子群分区内成员组成一致。此外,俄罗斯、摩尔多瓦从单个子群被凝聚到其他子群,说明这两国开始与其他国家建立旅游合作联系。

表 3.35　　　　　独联体国家旅游合作联系网络的凝聚子群分析

年份	1	2	3	4
2010	阿塞拜疆、白俄罗斯	俄罗斯	格鲁吉亚、乌克兰、亚美尼亚	摩尔多瓦
2013	阿塞拜疆、白俄罗斯	俄罗斯	格鲁吉亚、乌克兰、亚美尼亚	摩尔多瓦
2016	阿塞拜疆、摩尔多瓦、乌克兰、格鲁吉亚、亚美尼亚	白俄罗斯、俄罗斯	—	—

续表

年份	1	2	3	4
2019	阿塞拜疆、摩尔多瓦、乌克兰、格鲁吉亚、亚美尼亚	白俄罗斯、俄罗斯	—	—

为了更加简洁地分析,将凝聚子群密度矩阵中的值与整体网络密度的值比较,若其值大于整体网络密度的值,则赋值为 1,反之则赋值为 0,最后得到独联体区域国家旅游合作联系网络的像矩阵(如表 3.36 所示)。具体而言,第 1 子群间、第 2 子群间对角线上的值为 1 的比例较大,说明该子群内的成员间相互协作更为密切。此外,第 1 子群与第 2 子群、第 3 子群始终建立较为密切的联系。整体而言,子群间的旅游合作联系比子群内的旅游合作联系更为紧密。

表 3.36　　　　　　　独联体国家旅游合作联系网络的像矩阵

2010/2013/2016/2019	1	2	3	4
1	1/1/1/1	1/1/1/0	1/1/—/—	0/0/—/—
2	1/1/0/0	1/0/1/1	0/0/—/—	—/—/—/—
3	1/1/—/—	0/0/—/—	1/1/—/—	1/1/—/—
4	0/0/—/—	0/0/—/—	1/1/—/—	0/0/—/—

(2)网络块模型分析。本书基于像矩阵,并利用各板块之间的像矩阵关系,确定板块所处位置,并绘制了简洁的板块角色关系图(如图 3.12 所示)。图中的每一个"点"代表一个板块,每个点上面的带箭头的小圆圈,表示关系从该点"发出"又回到本点,这表明每个板块内部成员间都存在一定的关联关系。

由图 3.12 可知:①2010 年与 2013 年关系图一样,从板块类型来看,板块 1 与板块 3 均位于经纪人位置;一方面,板块 1 内部成员不仅存在联系,且与外界成员联系也较为紧密,连接着板块 2 与板块 3 的关系;另一方面,板块 3 内部成员不仅存在联系,且与外界成员联系也较为紧密,连接着板块 1 与板块 4 的关系;说明板块 2 和板块 4 实现了区域网络的旅游合作联系。此外,板块 2 与板块 4 均位于首属位置,其板块成员的关系相对较少。②2016 年与 2019 年关系图一样,仅形成两大板块,从板块类型来看,板块 1 位于谄媚位置,其与自身内部成员之间联系较少,且其向外部成员发送的关系大于接受外部成员的关系;板块 2 位于首属位置,其不仅接受来自板块 1 的关系,其自身内部成员之间也

(a) 2010年　　　　　　　　　　　　(b) 2013年

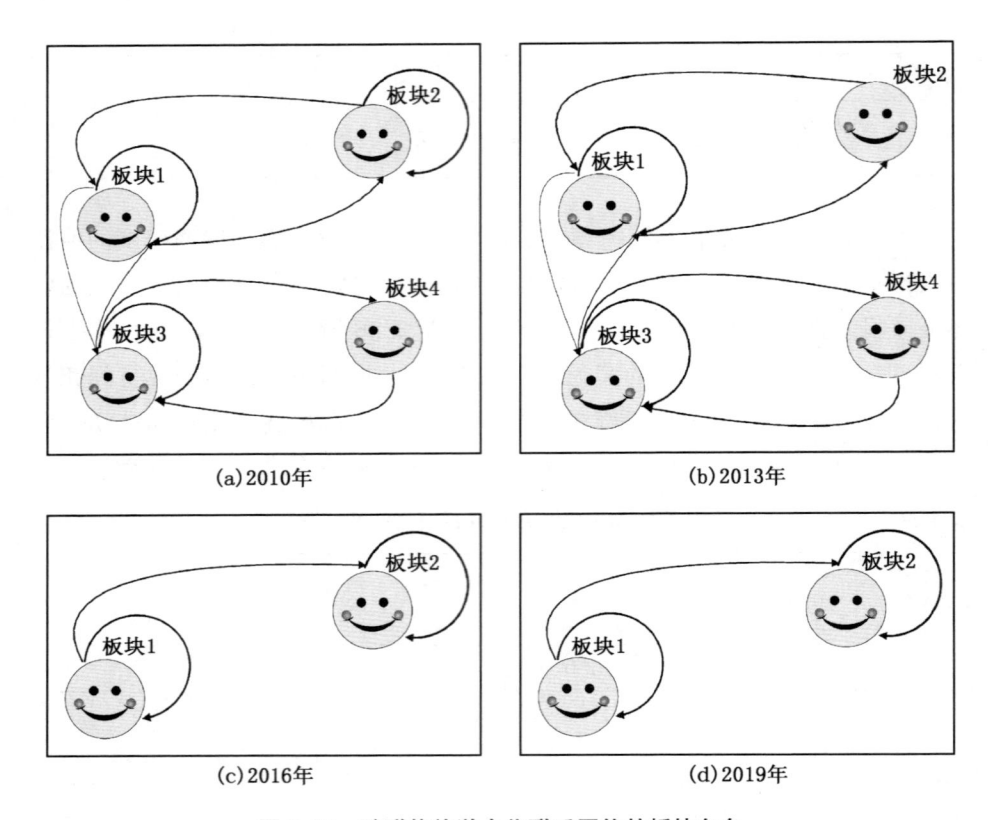

(c) 2016年　　　　　　　　　　　　(d) 2019年

图3.12　独联体旅游合作联系网络的板块角色

存在紧密联系。

（3）网络核心—边缘分析。本书采用 Ucinet 6.0 软件计算得到中东欧区域各国的核心度，并综合考虑各层次的区分程度将核心度在 0.4 以上的国家划分为核心国家，核心度在 0.25 以下的国家划分为边缘国家，其余国家划分为半边缘国家。

如表 3.37 显示，独联体区域旅游合作联系网络，半边缘国家的数量呈现递增的趋势，核心国家与边缘国家数量则呈现下降趋势，且核心度整体水平有所增加，说明独联体区域国家的差距正在不断减小，有利于区域各国之间开展旅游合作联系。具体来看，白俄罗斯、俄罗斯始终为核心节点国家，说明这些国家一直处于独联体区域旅游合作联系网络中最重要的位置。此外，边缘国家摩尔多瓦的核心度呈现递增趋势，在 2016 年上升为半边缘国家，说明该国注重与区域内其他国家的联系。

表 3.37　　　　　独联体国家旅游合作联系网络的核心—边缘结构分析

国家 (核心度)	核心国家	半边缘国家	边缘国家
2010	阿塞拜疆(0.426)、 白俄罗斯(0.426)、 俄罗斯(0.426)	格鲁吉亚(0.371)、 乌克兰(0.371)、 亚美尼亚(0.371)	摩尔多瓦(0.206)
2013	阿塞拜疆(0.426)、 白俄罗斯(0.426)	乌克兰(0.398)、 格鲁吉亚(0.398)、 亚美尼亚(0.398)、 俄罗斯(0.331)	摩尔多瓦(0.225)
2016	白俄罗斯(0.453)、 俄罗斯(0.453)	阿塞拜疆(0.344)、 格鲁吉亚(0.344)、 摩尔多瓦(0.344)、 乌克兰(0.344)、 亚美尼亚(0.344)	—
2019	白俄罗斯(0.453)、 俄罗斯(0.453)	阿塞拜疆(0.344)、 格鲁吉亚(0.344)、 摩尔多瓦(0.344)、 乌克兰(0.344)、 亚美尼亚(0.345)	—

3.3.4.3　个体结构特征分析

(1)网络中心性分析

①度数中心度。本书独联体区域旅游合作联系网络中,点出度表示某国对外发起旅游合作的次数,点入度表示某国接受旅游合作的次数。本书列举了2010—2019 年独联体区域国家点出度、点入度以及中心度排名第一和最后的国家(如表 3.38 所示)。

表 3.38　　　　　独联体旅游合作联系网络的度数中心度测算

年份	点出度 国家	点出度 数值	点入度 国家	点入度 数值	中心度 国家	中心度 数值
2010	阿塞拜疆/白俄罗斯/俄罗斯/格鲁吉亚/乌克兰/亚美尼亚	5	格鲁吉亚/乌克兰/亚美尼亚	6	格鲁吉亚/乌克兰/亚美尼亚	6
	摩尔多瓦	3	俄罗斯	2	摩尔多瓦	3

续表

年份	点出度 国家	点出度 数值	点入度 国家	点入度 数值	中心度 国家	中心度 数值
2011	阿塞拜疆/白俄罗斯/格鲁吉亚/乌克兰/亚美尼亚	5	格鲁吉亚/乌克兰	6	白俄罗斯/格鲁吉亚/乌克兰	6
	摩尔多瓦	3	俄罗斯	1	俄罗斯/摩尔多瓦	4
2012	阿塞拜疆/白俄罗斯/格鲁吉亚/乌克兰/亚美尼亚	5	格鲁吉亚/乌克兰	6	白俄罗斯/格鲁吉亚/乌克兰	6
	摩尔多瓦	3	俄罗斯	1	俄罗斯/摩尔多瓦	4
2013	阿塞拜疆/白俄罗斯/格鲁吉亚/乌克兰/亚美尼亚	5	格鲁吉亚/乌克兰	6	格鲁吉亚/乌克兰	6
	摩尔多瓦	3	俄罗斯	2	摩尔多瓦	3
2014	白俄罗斯/格鲁吉亚/乌克兰/亚美尼亚	5	格鲁吉亚/亚美尼亚	6	格鲁吉亚/亚美尼亚	6
	摩尔多瓦	3	俄罗斯	2	摩尔多瓦	3
2015	阿塞拜疆/白俄罗斯/俄罗斯/格鲁吉亚/摩尔多瓦/亚美尼亚	5	白俄罗斯/格鲁吉亚/摩尔多瓦/亚美尼亚	6	白俄罗斯/格鲁吉亚/摩尔多瓦/亚美尼亚	6
	乌克兰	4	俄罗斯	2	乌克兰	4
2016	白俄罗斯/俄罗斯	6	阿塞拜疆/白俄罗斯/格鲁吉亚/摩尔多瓦/乌克兰/亚美尼亚	6	阿塞拜疆/白俄罗斯/俄罗斯/格鲁吉亚/摩尔多瓦/乌克兰/亚美尼亚	6
	阿塞拜疆/格鲁吉亚/摩尔多瓦/乌克兰/亚美尼亚	5	俄罗斯	1	—	—
2017	白俄罗斯/俄罗斯	6	阿塞拜疆/白俄罗斯/格鲁吉亚/摩尔多瓦/乌克兰/亚美尼亚	6	阿塞拜疆/白俄罗斯/俄罗斯/格鲁吉亚/摩尔多瓦/乌克兰/亚美尼亚	6
	阿塞拜疆/格鲁吉亚/摩尔多瓦/乌克兰/亚美尼亚	5	俄罗斯	1	—	—

续表

年份	点出度 国家	数值	点入度 国家	数值	中心度 国家	数值
2018	白俄罗斯/俄罗斯	6	阿塞拜疆/白俄罗斯/格鲁吉亚/摩尔多瓦/乌克兰/亚美尼亚	6	阿塞拜疆/白俄罗斯/俄罗斯/格鲁吉亚/摩尔多瓦/乌克兰/亚美尼亚	6
	阿塞拜疆/格鲁吉亚/摩尔多瓦/乌克兰/亚美尼亚	5	俄罗斯	1	—	—
2019	白俄罗斯/俄罗斯	6	阿塞拜疆/白俄罗斯/格鲁吉亚/摩尔多瓦/乌克兰/亚美尼亚	6	阿塞拜疆/白俄罗斯/俄罗斯/格鲁吉亚/摩尔多瓦/乌克兰/亚美尼亚	6
	阿塞拜疆/格鲁吉亚/摩尔多瓦/乌克兰/亚美尼亚	5	俄罗斯	1	—	—

从点出度来看，阿塞拜疆、白俄罗斯、俄罗斯、格鲁吉亚、乌克兰、亚美尼亚等国的点出度指数先后位居首位，说明在旅游合作联系网络中，这些国家向其他国家发起了较多的旅游合作次数；摩尔多瓦点出度指数居于末位，说明该国在旅游合作联系网络中的中心性程度较低，发挥作用不大，处于边缘地位。

从点入度来看，格鲁吉亚、乌克兰等国点入度指数先后位居首位，先后充当合作网络中的"领头羊"角色，主导整个合作网络；而俄罗斯的点入度指数较低，说明俄罗斯接受到其他国家旅游合作联系的系数较少。

从中心度来看，格鲁吉亚、亚美尼亚、乌克兰等国先后位于中亚—西亚区域网络的核心节点，在旅游合作网络结构起支撑作用；而摩尔多瓦与其余国家之间的联系相对较弱，在旅游合作联系网络中起辅助作用，即旅游合作联系网络总体上具有中心性特点。此外，各国的中心性指数均为出现明显变化，说明各国在旅游合作联系网络中紧密程度相对稳定。

总之，从时间的纵向对比来看，各个国家的点出度和点入度并未出现明显变化，说明独联体区域国家之间的旅游合作、相互联系的程度发展较为稳定；从各个国家的横向对比来看，格鲁吉亚、亚美尼亚、乌克兰等国的中心度始终位居前列，且其点出度与点入度相差不大，说明这些国家对外发起旅游合作的程度与受其他国家发起旅游合作的程度区别不大，独联体区域整体呈现均衡发展状态。

②接近中心度。由表3.39可知,格鲁吉亚、乌克兰、亚美尼亚、白俄罗斯等国在独联体区域旅游合作联系网络中的接近中心度在2010—2019年先后居首位,即扮演着"领头羊"的角色,且接近中心度指数稳定在100,说明旅游合作联系网络中"领头羊"的控制能力较强。从接近中心度的最小值国家来看,摩尔多瓦在2010—2014年处于被控制的劣势位置,在旅游合作联系网络中扮演着边缘行动者的角色,2016年之后独联体区域则没有接近中心度最大值和最小值,即独联体区域所有国家接近中心度一致,说明各国之间旅游合作联系趋于稳定。

表3.39　　　　　　独联体旅游合作联系网络的中心度测算

年份	接近中心度		中间中心度		特征向量中心度	
	国家	数值	国家	数值	国家	数值
2010	格鲁吉亚/乌克兰/亚美尼亚	100.000	格鲁吉亚/乌克兰/亚美尼亚	6.667	乌克兰	58.695
	摩尔多瓦	66.667	阿塞拜疆/白俄罗斯/俄罗斯/摩尔多瓦	0.000	摩尔多瓦	33.245
2011	白俄罗斯/格鲁吉亚/乌克兰	100.000	白俄罗斯/格鲁吉亚/乌克兰	5.556	白俄罗斯/格鲁吉亚	59.497
	俄罗斯/摩尔多瓦	75.000	俄罗斯/摩尔多瓦	0.000	俄罗斯	44.043
2012	白俄罗斯/格鲁吉亚/乌克兰	100.000	白俄罗斯/格鲁吉亚/乌克兰	5.556	白俄罗斯/格鲁吉亚	59.497
	俄罗斯/摩尔多瓦	75.000	俄罗斯/摩尔多瓦	0.000	俄罗斯	44.043
2013	格鲁吉亚/乌克兰	100.000	格鲁吉亚/乌克兰	9.444	格鲁吉亚	61.396
	摩尔多瓦	66.667	俄罗斯/摩尔多瓦	0.000	摩尔多瓦	35.177
2014	格鲁吉亚/亚美尼亚	100.000	格鲁吉亚/亚美尼亚	9.444	格鲁吉亚	61.396
	摩尔多瓦	66.667	俄罗斯/摩尔多瓦	0.000	摩尔多瓦	35.177

续表

年份	接近中心度 国家	数值	中间中心度 国家	数值	特征向量中心度 国家	数值
2015	白俄罗斯/格鲁吉亚/摩尔多瓦/亚美尼亚	100.000	白俄罗斯/格鲁吉亚/摩尔多瓦/亚美尼亚	3.333	白俄罗斯/格鲁吉亚/摩尔多瓦	57.231
	乌克兰	75.000	阿塞拜疆/俄罗斯/乌克兰	0.000	乌克兰	41.597
2016	阿塞拜疆/白俄罗斯/俄罗斯/格鲁吉亚/摩尔多瓦/亚美尼亚	100.000	阿塞拜疆/白俄罗斯/俄罗斯/格鲁吉亚/摩尔多瓦/乌克兰/亚美尼亚	0.000	乌克兰	53.452
	—	—	—	—	亚美尼亚	53.452
2017	阿塞拜疆/白俄罗斯/俄罗斯/格鲁吉亚/摩尔多瓦/亚美尼亚	100.000	阿塞拜疆/白俄罗斯/俄罗斯/格鲁吉亚/摩尔多瓦/乌克兰/亚美尼亚	0.000	亚美尼亚	53.452
	—	—	—	—	阿塞拜疆	53.452
2018	阿塞拜疆/白俄罗斯/俄罗斯/格鲁吉亚/摩尔多瓦/乌克兰/亚美尼亚	100.000	阿塞拜疆/白俄罗斯/俄罗斯/格鲁吉亚/摩尔多瓦/乌克兰/亚美尼亚	0.000	亚美尼亚	53.452
	—	—	—	—	阿塞拜疆	53.452
2019	阿塞拜疆/白俄罗斯/俄罗斯/格鲁吉亚/摩尔多瓦/乌克兰/亚美尼亚	100.000	阿塞拜疆/白俄罗斯/俄罗斯/格鲁吉亚/摩尔多瓦/乌克兰/亚美尼亚	0.000	亚美尼亚	53.452
	—	—	—	—	阿塞拜疆	53.452

注：本书部分数据大小仅为细微差别，而本书仅保留三位小数，故部分数据呈现结果相同。

③中间中心度。由表3.39可知，格鲁吉亚、乌克兰、亚美尼亚等国在独联体区域旅游合作联系网络中的中间中心度在2010—2019年先后位居首位，表明这些国家在旅游合作联系网络中扮演极其重要的"桥梁"角色，在很大程度上起到了中介和沟通的作用，但各国中间中心度呈现波动下降的趋势，说明旅游

合作联系网络中心国家的核心地位有下降的趋势,其网络结构趋向稳定发展。此外,在2016年之后,独联体区域所有国家中间中心度均为0,即都充当边缘化的个体角色,旅游合作方面受到限制。

④特征向量中心度。由表3.39可知,白俄罗斯、格鲁吉亚等国在独联体区域旅游合作联系网络中的特征向量中心度在2010—2019年先后高居首位,表明这些是区域旅游合作联系网络的核心行动者,其"权力"较大,旅游合作联系辐射范围较大,对其他国家的影响力大。此外,独联体区域特征向量中心度指数最高值呈现下降趋势,而特征向量中心度指数最低值呈现上升趋势,至2016年,独联体区域所有国家特征向量中心度指数大小接近,说明独联体区域旅游合作联系趋向稳定性发展。

(2)网络结构洞分析。本书借助Ucinet 6.0软件对2010—2019年独联体区域旅游合作联系网络的结构洞进行测度,并列举了2010—2019年独联体区域国家结构洞相关指标(有效规模、行动效率、限制度、等级度)第一和最后的国家(如表3.40所示)。

表3.40　　　　独联体国家旅游合作联系网络的结构洞分析

年份	有效规模		行动效率		限制度		等级度	
	国家	数值	国家	数值	国家	数值	国家	数值
2010	格鲁吉亚/乌克兰/亚美尼亚	2.273	格鲁吉亚/乌克兰/亚美尼亚	0.379	摩尔多瓦	0.926	格鲁吉亚/乌克兰/亚美尼亚	0.040
	俄罗斯/摩尔多瓦	1.000	俄罗斯	0.200	格鲁吉亚/乌克兰/亚美尼亚	0.554	摩尔多瓦	0.000
2011	格鲁吉亚/乌克兰	2.364	阿塞拜疆	0.400	俄罗斯	0.841	白俄罗斯	0.062
	俄罗斯/摩尔多瓦	1.000	俄罗斯/摩尔多瓦	0.250	格鲁吉亚/乌克兰	0.559	亚美尼亚	0.012
2012	格鲁吉亚/乌克兰	2.364	阿塞拜疆	0.400	俄罗斯	0.841	白俄罗斯	0.062
	俄罗斯/摩尔多瓦	1.000	俄罗斯/摩尔多瓦	0.250	格鲁吉亚/乌克兰	0.559	亚美尼亚	0.012
2013	格鲁吉亚/乌克兰	2.409	格鲁吉亚/乌克兰	0.402	摩尔多瓦	0.926	格鲁吉亚/乌克兰	0.045
	俄罗斯/摩尔多瓦	1.000	俄罗斯	0.250	格鲁吉亚/乌克兰	0.553	摩尔多瓦	0.000

续表

年份	有效规模		行动效率		限制度		等级度	
	国家	数值	国家	数值	国家	数值	国家	数值
2014	格鲁吉亚/亚美尼亚	2.591	格鲁吉亚/亚美尼亚	0.432	摩尔多瓦	0.926	格鲁吉亚/亚美尼亚	0.043
	俄罗斯/摩尔多瓦	1.000	俄罗斯	0.250	格鲁吉亚/亚美尼亚	0.547	摩尔多瓦	0.000
2015	白俄罗斯/格鲁吉亚/摩尔多瓦/亚美尼亚	2.091	俄罗斯/摩尔多瓦	0.348	乌克兰	0.789	格鲁吉亚/摩尔多瓦/亚美尼亚	0.035
	俄罗斯/乌克兰	1.000	俄罗斯	2.000	白俄罗斯	0.558	阿塞拜疆	0.007
2016	白俄罗斯	1.833	白俄罗斯	0.306	俄罗斯	0.606	阿塞拜疆/格鲁吉亚/摩尔多瓦/乌克兰/亚美尼亚	0.028
	俄罗斯	1.000	俄罗斯	0.167	白俄罗斯	0.545	白俄罗斯	0.008
2017	白俄罗斯	1.833	白俄罗斯	0.306	俄罗斯	0.606	阿塞拜疆/格鲁吉亚/摩尔多瓦/乌克兰/亚美尼亚	0.028
	俄罗斯	1.000	俄罗斯	0.167	白俄罗斯	0.545	白俄罗斯	0.008
2018	白俄罗斯	1.833	白俄罗斯	0.306	俄罗斯	0.606	阿塞拜疆/格鲁吉亚/摩尔多瓦/乌克兰/亚美尼亚	0.028
	俄罗斯	1.000	俄罗斯	0.167	白俄罗斯	0.545	白俄罗斯	0.008
2019	白俄罗斯	1.833	白俄罗斯	0.306	俄罗斯	0.606	阿塞拜疆/格鲁吉亚/摩尔多瓦/乌克兰/亚美尼亚	0.028
	俄罗斯	1.000	俄罗斯	0.167	白俄罗斯	0.545	白俄罗斯	0.008

①由有效规模的变化可知，无论是有效规模最高的国家还是最低的国家，其有效规模都呈波动递增的趋势，表明"一带一路"沿线国家旅游合作联系不断

强化呈现紧密化发展趋势。此外,中国的有效规模在 2010—2019 年观测时间中均位居第一,表明中国在"一带一路"沿线国家旅游合作联系网络中优势明显,处于有利地位,在网络中与其他国家旅游合作具有较强的控制力,且受到其他国家的约束程度也较弱。

②从行动效率的变化来看,一方面,行动效率最高国家的行动效率呈现逐年降低的趋势,而行动效率最低国家的行动效率呈现先上升后下降的趋势,表明"一带一路"沿线国家旅游合作联系网络中国家的影响力正在衰退。另一方面,2010—2013 年行动效率最高和最低的国家呈现不断交替变化的特征,而 2014—2019 年行动效率最高和最低的国家基本稳定。可见,整体社会网络呈现均衡化发展。

③根据限制度的变化可得出:"一带一路"沿线国家的限制度最高值呈现递减的趋势,而限制度最低值波动趋势不大,表明社会网络中沿线各国合作网呈现便利化、自由化发展趋势。其中,摩尔多瓦、俄罗斯、乌克兰等国先后是限制度最高的国家,处于旅游合作发展的边缘,说明其所受其他国家的约束力较强,与其他节点国家的联系不足,在社会网络中容易受到各种关系的影响,因此,需要进一步强化与其他较高结构洞水平的国家之间的联系。

④就等级度的变化而言,白俄罗斯、格鲁吉亚、乌克兰、亚美尼亚等国先后是等级度最高的国家,说明在旅游合作联系网络中其控制力较强,是旅游合作联系网络中不可缺少的媒介,在构建整体社会网络旅游合作联系中发挥着重要作用。此外,摩尔多瓦、阿塞拜疆、白俄罗斯等国等级度较低,甚至在某些年份为 0,无法充当其他国家的媒介,对旅游资源的整合和支配能力较弱,存在被孤立的风险。并且,等级度最高值呈现下降趋势,而等级度最低值呈现逐渐上升趋势,说明网络各国的控制力呈现均衡状态。

3.3.5　中东欧网络表征

3.3.5.1　网络态势解析

(1)网络刻画。本书根据修正的引力模型,构建了中东欧区域国家旅游合作联系关系矩阵,并采用 Gephi 软件进行可视化分析,以便对中东欧区域国家旅游合作联系网络的发展趋势进行比较。本书将 2010—2019 年间中东欧区域各国旅游合作联系度的平均值作为断点值,即某两国之间的旅游合作联系度高于平均值,即赋值为 1,低于平均值则赋值为 0,并绘制中东欧区域国家主要年

第 3 章 "一带一路"沿线国家旅游合作联系网络的建构及其表征解析 | 119

份的旅游合作联系网络拓扑结构图(如图 3.13 所示)。为了更直观地表示,拓扑结构图均采用模块化指标自动布局。图中的节点(用"圆形"表示)代表中东欧区域各国,圆形大小表示该国在区域网络中的重要程度,即圆形越大越重要;连线表示两国之间存在旅游合作关系,连线越多,表示国家的旅游合作联系越频繁。中东欧区域各国间旅游合作联系数从 2010 年的 163 增长至 2019 年的 169。由此可见,中东欧区域各国间的旅游合作一直都保持着紧密联系,且呈现越发紧密的趋势,说明中东欧各国旅游合作与联系日益密切。

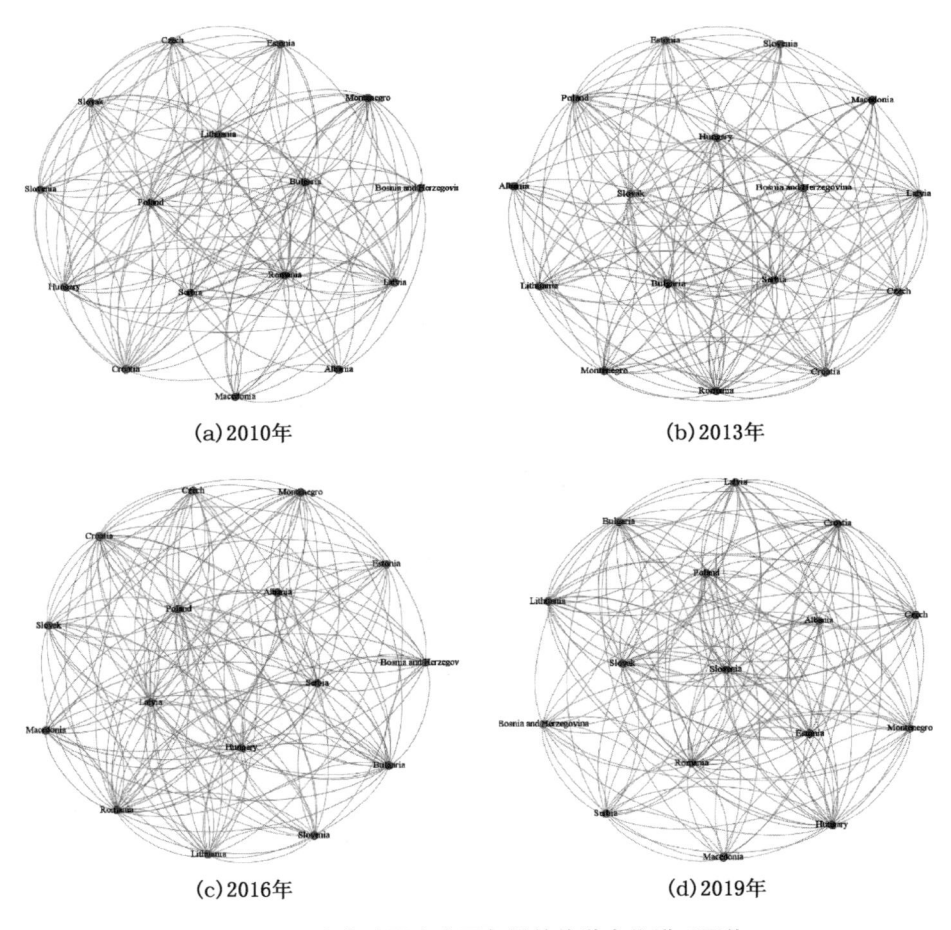

(a) 2010 年　　　　　　　　　(b) 2013 年

(c) 2016 年　　　　　　　　　(d) 2019 年

图 3.13　中东欧国家主要年份的旅游合作联系网络

(2)网络基本属性。本书分别采用网络密度、E-I 指数、互惠性、平均路径长度、网络直径、聚类系数等测度指标对中东欧区域各国间旅游合作联系网络的整体特征进行刻画(如表 3.41 所示)。

表 3.41　　　　　　中东欧国家旅游合作联系网络的基本属性

年份	网络密度	E-I指数	网络直径	平均路径长度	聚类系数	互惠性
2010	0.688	−0.214	3	1.329	0.846	0.964
2011	0.683	−0.214	3	1.333	0.843	0.952
2012	0.663	−0.229	3	1.354	0.836	0.916
2013	0.688	−0.172	3	1.317	0.832	0.897
2014	0.688	−0.172	3	1.317	0.836	0.897
2015	0.696	−0.172	2	1.304	0.844	0.920
2016	0.700	−0.159	2	1.300	0.841	0.909
2017	0.700	−0.159	2	1.300	0.841	0.909
2018	0.708	−0.089	2	1.292	0.835	0.889
2019	0.704	−0.101	2	1.296	0.836	0.899

①网络密度。从表 3.41 中可以看到,2010—2019 年间,中东欧区域各国间旅游合作联系网络由 0.668 上升至 0.704,网络密度总体上呈现上升趋势,说明网络中各国之间的旅游合作联系日渐紧密。且中东欧区域国家旅游合作联系网络密度相对较高,区域各国间合作联系相对紧密。

②E-I 指数。从表 3.41 可以看出,E-I 指数呈现一定幅度的波动上升,这表明中东欧区域各国间的旅游合作联系网络逐渐呈现分化和存在一定派系关系,即整个区域旅游合作联系网络中逐步出现小团体式合作模式,中东欧区域旅游合作联系的整体性、一体化水平有待提高。

③网络直径与平均路径长度。据表 3.41 可知,2010—2019 年间中东欧区域各国间旅游合作联系网络的网络直径与平均路径长度数值基本保持不变,说明网络中各节点之间信息传递效率基本保持不变,旅游合作联系网络中各节点国家间的合作交流并未呈现显著变化。

④聚类系数。由表 3.41 可知,2010—2019 年间中东欧区域各国间旅游合作联系网络的聚类系数总体呈现小幅度波动下降趋势,说明中东欧区域各国间的独立性逐步增强,网络中个体能力较强,对于网络整体的依赖度逐步减弱。

⑤互惠性。从表 3.41 可知,中东欧区域各国间旅游合作联系网络的互惠

性呈现波动下降的趋势,但整体互惠指数较高,说明区域旅游合作联系网络具有较高的互惠性,即区域网络中各国之间倾向于相互发起旅游合作,意味着各国的地位越平等。

3.3.5.2 网络小群体特征探析

(1)网络凝聚子群分析。如表3.42所示,根据UCINET(最大分割深度为2,集中标准为0.2)测算结果将中东欧区域各国划分为4个子群。具体而言,随着时间的推移,凝聚子群总数没有发生变化,且子群成员的变化也较小。其中,第2子群成员数量呈现减少趋势,2016年、2019年仅凝聚为罗马尼亚单独一个国家,说明该国家与区域内其他国家的旅游合作与交流呈现减少趋势,即彼此间旅游合作联系越发不紧密。

表 3.42　　　　　　中东欧国家旅游合作联系网络的凝聚子群分析

年份	1	2	3	4
2010	阿尔巴尼亚、波黑、北马其顿	保加利亚、塞尔维亚、罗马尼亚、黑山	爱沙尼亚、斯洛文尼亚、斯洛伐克、捷克	克罗地亚、波兰、拉脱维亚、立陶宛、匈牙利
2013	阿尔巴尼亚、波黑、黑山、北马其顿、塞尔维亚	罗马尼亚、保加利亚	爱沙尼亚、立陶宛、斯洛伐克、斯洛文尼亚、捷克	克罗地亚、拉脱维亚、波兰、匈牙利
2016	阿尔巴尼亚、波黑、保加利亚、北马其顿、塞尔维亚、黑山	罗马尼亚	爱沙尼亚、立陶宛、拉脱维亚、斯洛文尼亚、捷克、斯洛伐克	克罗地亚、波兰、匈牙利
2019	阿尔巴尼亚、波黑、保加利亚、北马其顿、塞尔维亚、黑山	罗马尼亚	爱沙尼亚、立陶宛、拉脱维亚、斯洛文尼亚、捷克、斯洛伐克	克罗地亚、波兰、匈牙利

为了更加简洁地分析,将凝聚子群密度矩阵中的值与整体网络密度的值比较,若其值大于整体网络密度的值,则赋值为1,反之则赋值为0,最后得到中东欧区域国家旅游合作联系网络的像矩阵(如表3.43所示)。具体而言,对角线上的值均为1,说明每个子群内的成员间存在相互协作的关系。此外,第1子群与第3子群之间的密度均小于中东欧区域国家旅游合作联系整体网络密度,可见第1子群与第3子群未建立旅游合作联系,即旅游合作效应仍未充分体现。第4子群与其他子群产生密切的旅游合作联系,发挥了强化整体节点旅游合作联系的作用。

表 3.43　　　　　　　　中东欧国家旅游合作联系网络的像矩阵

2010/2013/2016/2019	1	2	3	4
1	1/1/1/1	1/1/1/1	0/0/0/0	0/0/0/0
2	1/1/1/1	1/1/1/1	0/1/1/1	1/0/0/0
3	0/0/0/0	0/1/1/1	1/1/1/1	1/1/1/1
4	0/0/1/1	1/1/1/1	1/1/1/1	1/1/1/1

（2）网络块模型分析。本书基于像矩阵，并利用各板块之间的像矩阵关系，确定板块所处位置，并绘制了简洁的板块角色关系图（如图 3.14 所示）。图中的每一个"点"代表一个板块，每个点上面的带箭头的小圆圈，表示关系从该点"发出"又回到本点，这表明每个板块内部成员间都存在一定的关联关系。

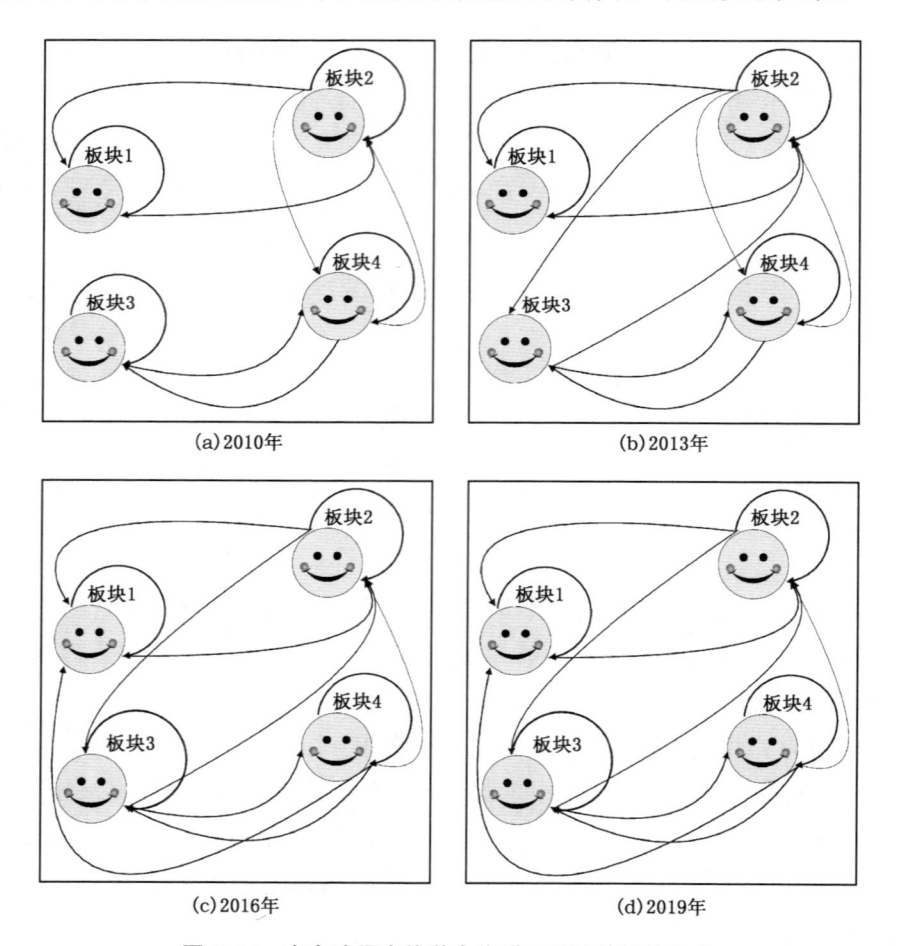

图 3.14　中东欧国家旅游合作联系网络的板块角色

由图 3.14 可知:①板块 1 在 2010 年、2013 年位于首属位置,虽然内部成员之间的联系较少,但与外部成员之间存在发送与接受关系。②2016 年与 2019 年关系图一样,从板块类型来看,板块 1、板块 2、板块 3、板块 4 均位于经纪人位置,其不仅内部成员之间存在联系,也接受外部板块发出的关系,也能向外部板块发送关系,这表明四个板块都可以充当"桥梁"作用,实现了区域间板块的旅游交流合作。此外,板块 2 和板块 4 在 2010 年、2013 年也位于经纪人位置。总体而言,四个板块内部均保持联系,说明板块内部旅游合作联系密切,板块较为稳定。此外,板块 2、板块 3、板块 4 与外界成员联系紧密,说明其在中东欧区域旅游合作联系网络中起着重要的"桥梁"作用。

(3) 网络核心—边缘分析。本书采用 Ucinet 6.0 软件计算得到中东欧区域各国的核心度(如表 3.44 所示),并综合考虑各层次的区分程度将核心度在 0.3 以上的国家划分为核心国家,核心度在 0.15 以下的国家划分为边缘国家,其余国家划分为半边缘国家。

表 3.44　独联体国家旅游合作联系网络的核心—边缘结构分析

国家 (核心度)	核心国家	半边缘国家	边缘国家
2010	波兰(0.322)、 罗马尼亚(0.312)	克罗地亚(0.299)、 拉脱维亚(0.299)、 立陶宛(0.299)、 匈牙利(0.299)、 保加利亚(0.289)、 爱沙尼亚(0.254)、 斯洛伐克(0.254)、 塞尔维亚(0.240)、 捷克(0.227)、 黑山(0.212)、 斯洛文尼亚(0.199)	阿尔巴尼亚(0.109)、 北马其顿(0.109)、 波黑(0.109)
2013	罗马尼亚(0.334)、 波兰(0.322)、 克罗地亚(0.311)、 匈牙利(0.311)	拉脱维亚(0.300)、 立陶宛(0.300)、 捷克(0.261)、 斯洛伐克(0.261)、 保加利亚(0.261)、 爱沙尼亚(0.236)、 塞尔维亚(0.209)、 斯洛文尼亚(0.206)、 黑山(0.182)	阿尔巴尼亚(0.103)、 北马其顿(0.103)、 波黑(0.103)

续表

国家 （核心度）	核心国家	半边缘国家	边缘国家
2016	罗马尼亚(0.330)、 波兰(0.319)、 克罗地亚(0.319)、 匈牙利(0.319)	保加利亚(0.281)、 拉脱维亚(0.276)、 立陶宛(0.276)、 斯洛伐克(0.276)、 捷克(0.258)、 爱沙尼亚(0.232)、 斯洛文尼亚(0.232)、 黑山(0.182)、 塞尔维亚(0.182)	波黑(0.129)、 阿尔巴尼亚(0.103)、 北马其顿(0.103)
2019	波兰(0.328)、 罗马尼亚(0.328)、 克罗地亚(0.317)、 匈牙利(0.306)	斯洛伐克(0.293)、 保加利亚(0.280)、 拉脱维亚(0.275)、 立陶宛(0.275)、 捷克(0.258)、 爱沙尼亚(0.232)、 斯洛文尼亚(0.232)、 黑山(0.180)、 塞尔维亚(0.180)	波黑(0.127)、 阿尔巴尼亚(0.102)、 北马其顿(0.102)

如表 3.44 显示，中东欧区域旅游合作联系网络，核心国家与半边缘国家的数量呈现递增的趋势，边缘国家数量则呈现下降趋势，且核心度整体水平呈现上升局势，说明中东欧区域国家的差距有所减少，有利于区域内各国之间开展旅游合作联系。具体来看，波兰、罗马尼亚始终为核心节点国家，说明这些国家一直处于中东欧区域旅游合作联系网络中最重要的位置。此外，2013 年克罗地亚、匈牙利的核心度上升至核心国家，而边缘国家的核心度并未有明显的变化。

3.3.5.3　个体结构特征分析

（1）网络中心性分析

①度数中心度。本书中东欧区域旅游合作联系网络中，点出度表示某国对外发起旅游合作的次数，点入度表示某国接受旅游合作的次数。本书列举了 2010—2019 年中东欧区域国家点出度、点入度以及中心度排名第一和最后的国家（如表 3.45 所示）。

表 3.45　　　　　中东欧国家旅游合作联系网络的度数中心度测算

年份	点出度 国家	数值	点入度 国家	数值	中心度 国家	数值
2010	波兰/罗马尼亚	14	罗马尼亚	14	波兰/罗马尼亚	14
	阿尔巴尼亚/北马其顿/波黑	6	阿尔巴尼亚	6	阿尔巴尼亚	6
2011	波兰/罗马尼亚	14	罗马尼亚	14	波兰/罗马尼亚	14
	阿尔巴尼亚/北马其顿/波黑	6	阿尔巴尼亚	6	阿尔巴尼亚	6
2012	波兰/罗马尼亚	14	罗马尼亚	14	保加利亚/波兰/罗马尼亚	14
	阿尔巴尼亚/北马其顿/波黑	6	阿尔巴尼亚	6	阿尔巴尼亚	6
2013	罗马尼亚	15	罗马尼亚	14	罗马尼亚	15
	阿尔巴尼亚/北马其顿/波黑	6	阿尔巴尼亚	6	阿尔巴尼亚	6
2014	罗马尼亚	15	罗马尼亚	14	罗马尼亚	15
	阿尔巴尼亚/北马其顿/波黑	6	阿尔巴尼亚	6	阿尔巴尼亚	6
2015	罗马尼亚	15	罗马尼亚	15	罗马尼亚	15
	阿尔巴尼亚/北马其顿	6	阿尔巴尼亚	6	阿尔巴尼亚	6
2016	罗马尼亚	15	罗马尼亚	15	罗马尼亚	15
	阿尔巴尼亚/北马其顿	6	阿尔巴尼亚	6	阿尔巴尼亚	6
2017	罗马尼亚	15	罗马尼亚	15	罗马尼亚	15
	阿尔巴尼亚/北马其顿	6	阿尔巴尼亚	6	阿尔巴尼亚	6
2018	罗马尼亚/波兰	15	罗马尼亚	15	波兰/罗马尼亚	15
	阿尔巴尼亚/北马其顿	6	阿尔巴尼亚	7	阿尔巴尼亚	7
2019	罗马尼亚/波兰	15	罗马尼亚	15	波兰/罗马尼亚	15
	阿尔巴尼亚/北马其顿	6	阿尔巴尼亚	7	阿尔巴尼亚	7

从点出度来看,波兰、罗马尼亚的点出度指数一直位居首位,说明在旅游合作联系网络中,波兰、罗马尼亚向其他国家发起了较多的旅游合作次数;阿尔巴尼亚、北马其顿、波黑的点出度指数较低,说明其在中东欧区域旅游合作联系网络中的中心性程度较低,发挥作用较小,处于边缘地位。此外,各国的点出度指数未出现明显变动,表明中东欧区域各国的旅游合作联系较为稳定。

从点入度来看,罗马尼亚的点入度指数始终位居首位,充当合作网络中的"领头羊"角色,主导整个合作网络;阿尔巴尼亚的点入度指数较低,说明该国接受到其他国家旅游合作联系的系数较少。此外,各国的点入度指数未出现明显变化,表明中东欧区域各国的旅游合作联系较为稳定。

从中心度来看,罗马尼亚始终是中东欧区域旅游合作联系网络的核心节点,在旅游合作网络结构起支撑作用;阿尔巴尼亚与其余国家之间的联系相对较弱,在旅游合作联系网络中起辅助作用,即旅游合作联系网络总体上具有中心性特点。此外,各国的中心性指数变动不大,说明各国在旅游合作联系网络紧密程度较为稳定。

总之,从时间的纵向对比来看,各个国家的点出度和点入度并未出现明显变化,说明中东欧区域国家之间的旅游合作、相互联系的程度发展较为稳定;从各个国家的横向对比来看,罗马尼亚的中心度始终位居前列、阿尔巴尼亚的中心度始终居于末位,且两国点出度与点入度相差不大,说明两国对外发起旅游合作的程度与受其他国家发起旅游合作的程度区别不大,即中东欧区域整体呈现均衡发展状态。

②接近中心度。由表 3.46 可知,罗马尼亚在中东欧区域旅游合作联系网络中的接近中心度在 2010—2019 年均高居首位,即扮演着"领头羊"的角色,且接近中心度指数呈现增长趋势,在 2013 年增长到 100,说明旅游合作联系网络中"领头羊"的控制能力逐渐增强。从接近中心度的最小值国家来看,阿尔巴尼亚处于被控制的劣势位置,在旅游合作联系网络中扮演着边缘行动者的角色,但接近中心度最小值指数呈现小幅度上升趋势,说明阿尔巴尼亚与区域其他国家之间的旅游合作联系不会受到其他国家的影响。

表 3.46　　中东欧国家旅游合作联系网络的中心度测算

年份	接近中心度 国家	数值	中间中心度 国家	数值	特征向量中心度 国家	数值
2010	波兰/罗马尼亚	93.750	罗马尼亚	8.025	波兰	44.222
	阿尔巴尼亚	60.000	阿尔巴尼亚/斯洛文尼亚	0.000	阿尔巴尼亚	17.839
2011	波兰/罗马尼亚	93.750	罗马尼亚	8.025	波兰	44.222
	阿尔巴尼亚	60.000	阿尔巴尼亚/斯洛文尼亚	0.000	阿尔巴尼亚	17.839
2012	保加利亚/波兰/罗马尼亚	93.750	保加利亚/罗马尼亚	7.908	波兰	44.563
	阿尔巴尼亚	60.000	阿尔巴尼亚/斯洛文尼亚	0.000	阿尔巴尼亚	17.629
2013	罗马尼亚	100.000	罗马尼亚	8.705	罗马尼亚	44.655
	阿尔巴尼亚	62.500	阿尔巴尼亚/爱沙尼亚/斯洛文尼亚	0.000	阿尔巴尼亚	17.755
2014	罗马尼亚	100.000	罗马尼亚	8.320	罗马尼亚	44.856
	阿尔巴尼亚	62.500	阿尔巴尼亚/爱沙尼亚/斯洛文尼亚	0.000	阿尔巴尼亚	18.049
2015	罗马尼亚	100.000	罗马尼亚	8.320	罗马尼亚	44.856
	阿尔巴尼亚	62.500	阿尔巴尼亚/爱沙尼亚/斯洛文尼亚	0.000	阿尔巴尼亚	18.049
2016	罗马尼亚	100.000	罗马尼亚	7.867	罗马尼亚	44.413
	阿尔巴尼亚	62.500	阿尔巴尼亚/爱沙尼亚/斯洛文尼亚	0.000	阿尔巴尼亚	17.908
2017	罗马尼亚	100.000	罗马尼亚	7.867	罗马尼亚	44.413
	阿尔巴尼亚	62.500	阿尔巴尼亚/爱沙尼亚/斯洛文尼亚	0.000	阿尔巴尼亚	17.908
2018	波兰/罗马尼亚	100.000	波兰/罗马尼亚	5.890	波兰/罗马尼亚	43.884
	阿尔巴尼亚	62.500	阿尔巴尼亚/爱沙尼亚/斯洛文尼亚	0.000	阿尔巴尼亚	21.509
2019	波兰/罗马尼亚	100.000	波兰/罗马尼亚	6.341	波兰/罗马尼亚	44.214
	阿尔巴尼亚	65.217	阿尔巴尼亚/爱沙尼亚/斯洛文尼亚	0.000	阿尔巴尼亚	21.509

③中间中心度。由表 3.46 可知,罗马尼亚在中东欧区域国家旅游合作联

系网络中的中间中心度在 2010—2019 年始终位居首位,表明罗马尼亚在旅游合作联系网络中扮演极其重要的"桥梁"角色,在很大程度上起到了中介和沟通的作用,对于连接中东欧区域国家旅游合作具有重要意义。此外,各国中间中心度呈现波动下降的趋势,说明旅游合作联系网络中心国家的核心地位有所下降,其网络结构趋向于稳定性发展。而阿尔巴尼亚、斯洛文尼亚、爱沙尼亚等国的中间中心度均出现过 0 的情况,即曾经充当过边缘化的个体角色,旅游合作方面受到其他国家的"控制"与"支配"。

④特征向量中心度。由表 3.46 可知,波兰、罗马尼亚在中东欧区域旅游合作联系网络中的特征向量中心度在 2010—2019 年先后高居首位,表明波兰、罗马尼亚是区域旅游合作联系网络的核心行动者,其"权力"较大,旅游合作联系辐射范围较大,对其他国家的影响力大。而阿尔巴尼亚的特征向量中心度指数较低,但呈现小幅度上升,说明阿尔巴尼亚的网络地位在缓慢提升。

(2)网络结构洞分析。本书借助 Ucinet 6.0 软件对 2010—2019 年中东欧区域旅游合作联系网络的结构洞进行测度,并列举了 2010—2019 年中东欧区域国家结构洞相关指标(有效规模、行动效率、限制度、等级度)第一和最后的国家(如表 3.47 所示)。

表 3.47　　　　　中东欧国家旅游合作联系网络的结构洞分析

年份	有效规模 国家	数值	行动效率 国家	数值	限制度 国家	数值	等级度 国家	数值
2010	罗马尼亚	5.357	罗马尼亚	0.383	阿尔巴尼亚	0.560	波兰	0.026
	阿尔巴尼亚/斯洛文尼亚	1.000	斯洛文尼亚	0.125	罗马尼亚	0.259	阿尔巴尼亚/斯洛文尼亚	0.000
2011	罗马尼亚	5.429	罗马尼亚	0.383	阿尔巴尼亚	0.560	波兰	0.026
	阿尔巴尼亚/斯洛文尼亚	1.000	斯洛文尼亚	0.125	罗马尼亚	0.258	阿尔巴尼亚/斯洛文尼亚	0.000
2012	罗马尼亚	5.786	罗马尼亚	0.413	阿尔巴尼亚	0.560	黑山	0.039
	阿尔巴尼亚/斯洛文尼亚	1.000	斯洛文尼亚	0.125	罗马尼亚	0.257	阿尔巴尼亚/斯洛文尼亚	0.000

续表

年份	有效规模 国家	有效规模 数值	行动效率 国家	行动效率 数值	限制度 国家	限制度 数值	等级度 国家	等级度 数值
2013	罗马尼亚	5.897	罗马尼亚	0.393	阿尔巴尼亚	0.560	黑山	0.037
	阿尔巴尼亚/斯洛文尼亚	1.000	斯洛文尼亚	0.111	罗马尼亚	0.244	阿尔巴尼亚	0.000
2014	罗马尼亚	5.897	罗马尼亚	0.393	阿尔巴尼亚	0.560	北马其顿/波黑	0.032
	阿尔巴尼亚/斯洛文尼亚	1.000	斯洛文尼亚	0.111	罗马尼亚	0.245	阿尔巴尼亚	0.000
2015	罗马尼亚	5.867	罗马尼亚	0.391	阿尔巴尼亚	0.560	北马其顿	0.030
	阿尔巴尼亚/爱沙尼亚/斯洛文尼亚	1.000	爱沙尼亚/斯洛文尼亚	0.111	罗马尼亚	0.243	阿尔巴尼亚/爱沙尼亚/斯洛文尼亚	0.000
2016	罗马尼亚	5.800	罗马尼亚	0.387	阿尔巴尼亚	0.560	黑山	0.034
	阿尔巴尼亚/爱沙尼亚/斯洛文尼亚	1.000	爱沙尼亚/斯洛文尼亚	0.111	罗马尼亚	0.243	阿尔巴尼亚/爱沙尼亚/斯洛文尼亚	0.000
2017	罗马尼亚	5.800	罗马尼亚	0.387	阿尔巴尼亚	0.560	黑山	0.034
	阿尔巴尼亚/爱沙尼亚/斯洛文尼亚	1.000	爱沙尼亚/斯洛文尼亚	0.111	罗马尼亚	0.243	阿尔巴尼亚/爱沙尼亚/斯洛文尼亚	0.000
2018	罗马尼亚	5.667	罗马尼亚	0.378	阿尔巴尼亚	0.500	黑山	0.032
	爱沙尼亚/斯洛文尼亚	1.000	爱沙尼亚/斯洛文尼亚	0.111	罗马尼亚	0.243	爱沙尼亚/斯洛文尼亚	0.000
2019	罗马尼亚	5.733	罗马尼亚	0.382	阿尔巴尼亚	0.500	黑山	0.032
	爱沙尼亚/斯洛文尼亚	1.000	爱沙尼亚/斯洛文尼亚	0.111	罗马尼亚	0.243	爱沙尼亚/斯洛文尼亚	0.000

①由有效规模的变化可知：罗马尼亚的有效规模在 2010—2019 年观测时间中均位居第一，表明罗马尼亚在中东欧区域旅游合作联系网络中优势明显，处于有利地位，在网络中与其他国家旅游合作具有较强的控制力，且受到其他国家的约束程度也较弱。且中东欧区域有效规模最高值呈波动递增的趋势，表明中东欧区域旅游合作联系不断强化且呈现紧密化发展趋势。此外，阿尔巴尼亚、斯洛文尼亚等国的有效规模较低，且在多数年份为 1，说明这些国家需进一步加强与区域其他国家的联系。

②从行动效率的变化来看：一方面，行动效率最高沿线国家的行动效率呈现先上升后下降的趋势，而行动效率最低国家的行动效率呈现下降的趋势，表明中东欧区域旅游合作联系网络中国家的影响力正在衰退。另一方面，罗马尼亚始终是中东欧区域行动效率最高的国家，斯洛文尼亚始终是中东欧区域行动效率最低的国家。

③根据限制度的变化可得出：中东欧区域中无论是限制度最高的国家还是限制度最低的国家均呈现下降的趋势，说明中东欧区域各国合作网络呈现便利化、自由化发展趋势。其中，阿尔巴尼亚始终是中东欧区域限制度最高的国家，处于旅游合作发展的边缘，说明其所受其他国家的约束力较强，与其他节点国家的联系不足，在社会网络中容易受到各种关系的影响，因此，需要进一步强化与其他较高结构洞水平的国家之间的联系。

④就等级度的变化而言，波兰、黑山等国先后是中东欧区域等级度最高的国家，说明在旅游合作联系网络中其控制力较强，是旅游合作联系网络中不可缺少的媒介，在构建整体社会网络旅游合作联系中发挥着重要作用。此外，阿尔巴尼亚、斯洛文尼亚等国等级度较低，在多数年份为 0，无法充当其他国家的媒介，对旅游资源的整合和支配能力较弱，存在被孤立的风险。

3.4　本章小结

本章在介绍数据来源与研究对象的基础上，选取"一带一路"沿线国家 2010—2019 年间的相关数据，通过引入旅游能级与经济距离因素修正后的引力模型来测度旅游合作联系数，进而构建了"一带一路"沿线国家旅游合作网络。在此基础上，借助社会网络分析工具 Ucinet 6.0 和 Gephi 软件深入解析"一带一路"沿线国家旅游合作网络结构与特征。本书从"整体网络态势解析""网络小群体特征探析"以及"个体网络结构分析"对旅游合作联系网络进行深入剖析，并绘制旅游合作联系网络特征表征框架图。本章的研究发现主要包括以下方面：

(1)构建了多指标集成的旅游能级评价体系。本书通过3个一级指标(旅游经济能级、旅游潜力能级、旅游环境支撑能级)、10个二级指标(经济效益、游客接待情况、资本竞争力、人才资源竞争力、交通环境、医疗环境、对外开放环境、科技环境、商业环境、生态环境)和35个单项指标构建"一带一路"沿线国家旅游能级评价指标体系。在此基础上，运用上述旅游能级评价模型分别计算出2010—2019年"一带一路"沿线国家旅游能级指数后，借助修正后的万有引力模型测度2010—2019年"一带一路"沿线国家旅游合作联系数。

基于社会网络理论，本书根据研究对象与研究范围，聚焦于"一带一路"沿线国家旅游合作联系网络的整体网络态势、网络小群体特征以及个体网络结构三个层面，建立旅游合作联系网络结构框架。

(2)旅游合作联系整体网络态势解析。本书基于2010—2019年"一带一路"沿线国家旅游合作联系数，选取2010—2019年各国旅游合作联系数平均值作为断点值，构建2010—2019年"一带一路"沿线国家旅游合作联系网络，并借助Gephi软件绘制"一带一路"沿线国家主要年份的旅游合作联系网络拓扑结构图。此外，本书分别采用网络密度、网络中心势、E-I指数、互惠性、平均路径长度、网络直径、聚类系数等指标对"一带一路"沿线国家旅游合作联系网络的整体特征进行测度，研究发现：

①合作联系日渐紧密。2010—2019年，"一带一路"沿线国家旅游合作联系网络的网络密度总体上呈现上升趋势，但网络密度相对较低，说明网络中各国之间的旅游合作联系虽然日渐紧密，但仍有很大的提升空间。

②合作朝整体化发展。2010—2019年"一带一路"沿线国家在旅游合作联系网络中未出现绝对的"领导者"和"领头羊"角色，各国自由化、便利化程度逐步上升，合作受限程度逐步减少，各国之间的直接合作逐步加强，旅游合作联系网络逐渐呈现均衡、整体发展。

③存在小团体式合作。2010—2019年"一带一路"沿线旅游经济合作联系网络中可能存在小团体式合作模式，沿线国家旅游经济合作联系的整体性、一体化水平有待提高。

④个体合作联系更加顺畅。2010—2019年"一带一路"沿线国家旅游合作联系网络的网络直径与平均路径长度数值呈现下降趋势,说明网络中各节点之间信息传递效率有所提高,旅游合作联系网络中各节点国家间越容易合作交流。

⑤网络凝聚力日渐增强。2010—2019年"一带一路"沿线国家旅游合作联系网络的聚类系数呈现逐年上升的趋势,说明各国聚类或抱团现象明显,彼此之间信息的交流以及资源的获取愈加便利,即网络整体凝聚力较强。

⑥合作越发平等。2010—2019年"一带一路"沿线国家旅游合作联系网络具有较高的互惠性,说明网络中各国之间倾向于相互发起旅游合作,即各国的地位越平等。

(3)旅游合作联系网络小群体特征探析。首先,本书应用CONCOR迭代相关收敛算法来对"一带一路"沿线国家旅游合作联系网络的空间结构进行剖析,研究发现:

①中国合作凝聚力较高。2010—2019年,凝聚子群总数没有发生变化,但子群成员变化较大。中国在2010年、2013年始终处于国家个数最多的凝聚子群中,说明与中国旅游合作联系比较紧密的国家较多,中国的凝聚力相对较高。

②存在诸多凝聚力较强的国家。国家个数最多的凝聚子群包含的国家相对稳定,阿尔巴尼亚、阿塞拜疆、蒙古国、乌克兰、白俄罗斯、北马其顿、塞尔维亚、约旦、摩尔多瓦、泰国、印度尼西亚、亚美尼亚等国一直处于同一个最大的凝聚子群,说明这些国家旅游合作联系比较紧密,且具有较强的凝聚力。

③合作凝聚力小的国家变化相对较大。国家个数较少的凝聚子群的成员组成情况随着时间的推移变化较大,其中,2013年子群结构变化最大,文莱、以色列、科威特、新加坡、卡塔尔等国凝聚为最小的凝聚子群。

④存在合作凝聚力较弱的小团体。根据"一带一路"沿线国家旅游合作联系网络的像矩阵可知,第2子群与其他子群旅游合作联系不够紧密,旅游合作效应仍未充分体现。而第4子群与其他子群产生密切的旅游合作联系,发挥了强化整体节点旅游合作联系的作用。

其次,本书基于像矩阵,确定板块所处位置,并绘制了简洁的板块角色关系图。研究发现:其一,四个板块内部均保持联系,说明板块内部旅游合作联系密切,板块较为稳定。其二,板块4与外界成员联系紧密,且与板块1和板块3均有接受和发送的关系,说明板块4在"一带一路"沿线国家旅游合作联系网络中起着重要的"桥梁"作用。其三,板块2仅与内部成员保持联系,需要多加强与其他板块成员之间的旅游交流合作。

最后,本书基于各国的核心度将各国划分为核心国家、半边缘国家以及边缘国家。研究发现:

①旅游合作整体性越发提升。"一带一路"沿线核心国家与边缘国家的数量呈现递增的趋势,半边缘国家数量则呈现下降趋势,且核心度整体水平有所增加,说明"一带一路"沿线国家的差距正在不断减小,有利于各国之间开展旅游合作联系。

②中国扮演着合作联系的示范者、推进者角色。中国的核心度随着2013年"一带一路"倡议的提出,从第二位上升到第一位。可见,"一带一路"倡议的提出对中国与"一带一路"沿线国家之间的旅游合作联系起到一定的促进作用。

(4)旅游合作联系个体结构特征分析。一方面,本书对旅游合作联系网络中心性展开分析,研究表明:

①中国是旅游合作的重要推动者。由度数中心度可知,各个国家的点出度和点入度都在不断上升,说明"一带一路"沿线国家之间的旅游合作、相互联系的程度逐渐增强;中国点出度始终位居前列,且其点出度远大于点入度,说明中国对外发起旅游合作的程度远远大于其他国家发起旅游合作的程度,是"一带一路"沿线区域内重要且中心的国家。

②要素流动在旅游合作联系网络中逐步加强。由接近中心度可知,中国接近中心度在2010—2019年均高居首位,且接近中心度指数呈现增长趋势,说明其控制能力逐渐增强,而卡塔尔、新加坡等国处于被控制的劣势位置,在旅游合作联系网络中扮演着边缘行动者的角色。此外,各国的接近中心度在逐年提高,说明各国之间资源流动速度加快,旅游合作联系更为紧密。

③节点国家的旅游合作自主性得到较大提升。由中间中心度可知,中国中间中心度在2010—2019年均高居首位,远高于其他国家,表明中国能有效地支持其他国家间的旅游合作联系;而卡塔尔、孟加拉国、尼泊尔、新加坡等国中间中心度均出现过0的情况,即曾经充当过边缘化的个体角色,旅游合作方面受到其他国家的"控制"与"支配"。此外,各国中间中心度呈现波动下降的趋势,说明旅游合作联系网络中心国家的核心地位有下降的趋势,"一带一路"沿线国家旅游合作联系网络更密切,其网络结构逐渐趋向均衡和稳定。

④旅游合作联系网络中仍旧存在需要重点提升的个体。由特征向量中心

度可知，中国特征向量中心度在 2010—2019 年均高居首位，表明中国是旅游合作联系网络的核心行动者，对其他国家的影响力大；而孟加拉国、尼泊尔、新加坡、卡塔尔等国特征向量中心度指数较低，且一直保持较小的增幅在上升，说明这四国的网络地位在缓慢提升。

另一方面，本书对旅游合作联系网络结构洞进行分析，研究表明：

其一，有效规模较大、行动效率和等级度较高且限制度较低的国家在旅游合作联系网络中非冗余因素较多，对网络中其他国家具有更强的控制能力，如中国、印度、老挝等国属于旅游合作网络的枢纽，能够快速有效的获取旅游发展所需的资源，其竞争优势明显。

其二，有效规模较小、行动效率和等级度较低且限制度较高的国家容易受其他国家的影响与控制，难以单独发挥其核心作用，如新加坡、卡塔尔、尼泊尔等国家获取旅游资源的能力较弱，依赖于其他国家，亟进一步提升自身旅游发展水平，加强与其他国家的旅游合作联系。

此外，东亚—东盟网络、中亚—西亚网络、南亚网络、独联体网络、中东欧网络等分区网络在"整体网络态势解析""网络小群体特征探析"以及"个体网络结构分析"三个层面上呈现的特征与整体网络特征相契合。

区域发展格局与演化特征和合作联系网络中的节点相互作用、要素和信息流动有着密切联系，基于相互作用与流空间的区域研究成为区域网络特征研究的关键研究范式。[255]因此，从网络视角出发，强化对区域旅游合作联系网络空间特征、结构属性的探讨有助于促进区域旅游整体发展。[256]本书从"整体网络态势解析""网络小群体特征探析"以及"个体网络结构分析"等多重视角对沿线国家"整体—分区"旅游合作联系网络进行解析发现，"整体—分区"旅游合作联系网络均表现出多国紧密联系与中心国家辐射相结合的合作结构特征，即旅游合作联系网络整体性逐步加强，信息传递与要素流动的通畅性与日俱增，旅游合作联系日益紧密。其中，中国在"一带一路"沿线国家旅游合作联系网络中扮演着示范者、推进者的重要角色。

第 4 章

"一带一路"沿线国家旅游合作联系网络结构韧性评估与障碍诊断

网络结构属性是评估区域韧性能力的关键途径。[24] 网络结构韧性是区域结构与功能特征的重要体现,对区域抵抗外界冲击、恢复稳定状态以及重新进行资源配置具有重要作用。因此,评估网络结构韧性能力对区域稳定发展、沿线国家旅游合作高质量发展至关重要。基于此,本章节将选取鲁棒性、传输性、集聚性、层级性和匹配性5项指标对沿线国家旅游合作联系网络结构韧性评估体系进行构建,进而分别对"一带一路"沿线国家旅游合作联系整体网络的结构韧性、东亚—东盟、中亚—西亚、南亚、独联体、中东欧等不同区域旅游合作联系网络的结构韧性进行综合评估;其次,将依据层级性与匹配性2个指标的静态特征,对整体—分区网络结构韧性划分为随机网络、同配性核心—边缘网络以及韧性网络;再次,将根据层级性与匹配性2个指标的动态变化,对整体—分区网络结构韧性演化水平进行量化;最后,将引入障碍因子诊断模型分析影响沿线国家旅游合作联系网络结构韧性提升的关键障碍因子。

4.1 网络结构韧性评估体系构建

网络结构属性的差异是影响区域韧性能力的重要表征[99,181,257],即网络结构属性是评估区域韧性能力的关键途径。[24] 网络结构韧性是区域结构与功能特征的重要体现,对区域抵抗外界冲击、恢复稳定状态以及重新进行资源配置具有重要作用。因此,评估网络结构韧性能力对区域稳定发展至关重要。目前,对网络结构韧性的量化研究尚处于探索阶段,尚未形成标准的测算方法。现有研究主要从网络拓扑结构中的不同属性对网络结构韧性进行评估,并认为节点位置、节点等级分布、最短路径长度、网络聚集程度等是影响网络功能与结构的重要因素。例如,费智涛等(2020)关注城市节点之间的联系,基于城市节点的健壮性、冗余性、多样性、快速性4项指标,构建了韧性框架并测算城市节点地震韧性能力。[107]路兰等(2020)从经济、社会、生态三个维度构建多维城市功能关联网络,选取传递性、多样性和中心性等结构韧性指标作为城市韧性的结构性评价指标,构建了城市韧性评价指标体系。[109]Balland和Rigby(2017)则基于双模态结构网络分析方法,构建了城市—科技多样性和普遍性的二维矩阵,进而探讨了1975—2004年美国城市—科技网络分布与演化特征。[258]Crespo等(2014)指出网络的度分布(层次结构水平)和度关联(结构同质水平)是评价集群执行能力的关键指标,并提出了包括随机网络、同配性边缘—核心网络、韧性网络三种网络拓扑结构[99];在此基础上,谢永顺等(2020)从层级性、匹配性出发构建哈大城市带网络结构韧性演化评价模型,对比分析多重城市网络结构韧性的演化特征。[25]彭翀等(2019)构建长江中游城市群客运网络,选取传输性和多样性对城市群网络应对外界冲击下网络结构总体韧性与节点韧性的变化特征进行探讨,进而对城市群网络空间结构优化提出建议。[26]此外,层级性、匹配性、传输性、集聚性及多样性4项指标常被用来测度网络结构韧性。彭翀等(2018)构建城市经济、信息和交通联系网络,从层级性、匹配性、传输性和集聚性对长江中游城市群三类网络的结构韧性进行评估并提出空间优化策略。魏石梅、潘竟虎(2021)在构建信息、交通、经济城市联系网络的基础上,对城市网络层级性和匹配性进行测度,并对中断场景下网络的传输性和多样性进行分析,进而从不同视角针对性提出网络结构优化策略。[105]

综上所述,本书选取鲁棒性、传输性、集聚性、层级性和匹配性5项指标对沿线国家旅游合作联系网络结构进行韧性评估。首先,构建沿线国家旅游合作联系网络的鲁棒性、传递性、聚集性、层级性和匹配性等多个指标在内的综合评估指标体系,从而构建网络结构韧性演化评价模型,分别综合评估"一带一路"沿线国家整体旅游合作联系网络的结构韧性,东亚—东盟、中亚—西亚、南亚、独联体、中东欧等不同区域旅游合作联系网络的结构韧性;其次,依据层级性与匹配性2个指标的静态特征,对整体—分区网络结构韧性划分为随机网络、同配性核心—边缘网络以及韧性网络；最后，根据层级性与匹配性 2 个指标的动态变化，初步量化整体—分区网络结构韧性演化水平。

4.1.1 网络结构韧性评估指标选取

本书参考已有学者的研究，选取了鲁棒性、传输性、集聚性、层级性以及匹配性 5 项指标对"一带一路"沿线国家整体—分区网络结构韧性进行综合评估。

4.1.1.1 网络鲁棒性

鲁棒性是衡量网络健壮性的重要指标，当网络内部结构和外部环境发生改变时，该系统能否保持系统功能[259]，即鲁棒性越高，表明网络抵抗外界破坏能力越强。[230]本书采用网络中各节点的平均度（各节点度值的平均）来衡量网络鲁棒性。[107]度是网络结构中最基本的属性，其定义为网络中某一节点与其他节点相连的边的数目总和。[24]某一个节点的度越大，表明该节点与网络中其他节点的联系越多，即该节点容易获得网络中其他节点的支撑，表明网络中能够团结应对风险和外部冲击的力量越多。故本书采用平均度来体现沿线国家旅游合作联系网络抵御外界破坏的能力。

$$\bar{K}_i = \frac{\sum_{i=1}^{n} K_i}{n} \tag{4.1}$$

式中：$\bar{K}_i$ 为节点 i 的平均度；K_i 表示节点 i 的度；n 是节点数。

4.1.1.2 网络传输性

传输性描述了区域网络中各类要素流的扩散能力，其通过网络的平均路径长度来评估，平均路径长度是网络中任意两个节点间距离的平均值。[24]若网络的平均路径长度数值越大，说明要素从一个节点扩散到另一个节点所需经过的路径较长，网络通达性较差，即网络传输性较低；反之，则表明网络的传输效率和扩散能力较强。拥有高传输性的节点意味着其在区域网络中与其他节点能够快速实现资金、信息、技术等资源要素互换，促进节点之间的学习交流，增强区域抵御外界冲击的能力。此外，在应对外界冲击时，越短的路径长度，代表其可靠性越高[261]，能够更快应对外界变化，因此网络传输性与网络韧性水平成反比。本书网络传输性通过平均路径长度来测度，公式为：

$$L = \frac{1}{1/2n(n+1)} \sum_{i \geqslant j} d_{ij} \tag{4.2}$$

式中:L 是网络的平均路径长度;n 是节点数;d_{ij} 是从节点 i 到节点 j 的距离。

4.1.1.3 网络聚集性

网络聚集性包含局部聚类系数和平均聚类系数两个指标。[24]局部聚类系数描述节点 i 的邻居之间所实际具有的边数与所有可能有的边数的比值,即网络中节点的聚集程度。其公式为:

$$C_i = \frac{2E_i}{k_i(k_i-1)} \tag{4.3}$$

式中:k_i 是节点 i 的度,即节点 i 的邻居数;E_i 是节点 i 邻居间实际产生的边数;C_i 表示局部聚类系数。

平均聚类系数描述网络中所有节点局部聚类系数的平均值,即整个网络中的节点聚集程度。[103]由于局部聚类系数计算的仅是单个节点与相邻节点连接的集聚性,因此本书选择平均聚类系数来观察整个网络的节点集聚程度。公式为:

$$C = \frac{1}{n\sum_{i=1}^{n} C_i} \tag{4.4}$$

式中:C 表示平均聚类系数。

平均聚类系数越大,节点间的传递和交互功能就越强,即节点间存在联系并形成小团体,孤立节点较少,网络对抗外界干扰的能力就越强。[24]

4.1.1.4 网络层级性

网络层级性刻画的是网络中节点的等级,可以通过网络度分布来表征,度分布的斜率越大,表示节点间度的层级性越显著。[99]节点的度越大,意味着该节点与网络中其他节点的联系越多。度分布是反映网络中各节点度的分布情况,度分布曲线的斜率越大,说明节点度分布的非均质性越强,网络联系分布在空间越不均衡。[262]当高度数节点受到外界干扰时,其与网络中其他节点的联系就会遭到破坏,因此度分布斜率与网络节后韧性成反比。

本书参照前人测度方法[24-25],通过借鉴位序—规模法则,根据各节点国家的度值对网络中的所有节点国家从大到小依次排序并绘制成幂律曲线,并用幂律曲线的斜率 α 来衡量网络层级性。则该网络的度分布公式为:

$$K_i = C(K_i^*)^\alpha \tag{4.5}$$

对公式进行对数处理可得:

$$\ln(K_i) = \ln(C) + \alpha \ln(K_i^*) \tag{4.6}$$

式中:K_i 表示节点 i 的度;K_i^* 表示节点 i 的度在网络中的位序排名;C 为

常数，α 表示度分布曲线的斜率，且 $\alpha<0$。

4.1.1.5 网络匹配性

匹配性反映网络中节点之间的相关程度，其描绘的是度值相近的节点是否倾向于相互连接，并通过度关联指标来测算。[24]若度值相近的节点倾向于相互连接，那么该网络具有同配性，即为度正关联（度关联指数为正数）。反之，则称该网络具有异配性，即为度负关联（度关联指数为负数）。

在网络中，每个节点都有与该节点直接相连接的一定数量的相邻节点 V_i。在此基础上，计算出与节点 i 直接连接的所有相邻节点的度的平均值 $\bar{K}_i$：

$$\bar{K}_i = \frac{1}{K_i} \sum_{j,V_i} K_j \tag{4.7}$$

接着，K_i 对 $\bar{K}_i$ 与的线性关系进行估计：

$$\bar{K}_i = D + bK_i \tag{4.8}$$

式中：K_j 表示节点 i 相邻节点 j 的度；V_i 表示节点 i 所有相邻节点 j 的集合；D 为常数项；b 为度关联系数，若 $b>0$，那么网络具有同配性，即为度正关联；若 $b<0$，那么网络具有异配性，即为度负关联。

4.1.2 网络结构韧性水平评估

本书构建旅游合作联系网络的鲁棒性（衡量网络的健壮性）、传输性（刻画网络中要素流的扩散能力）、聚集性（刻画网络的密集程度）、层级性（衡量网络的凝聚力和竞争力）、匹配性（衡量网络节点抱团发展的能力）等多个指标在内的综合评估指标体系，对网络结构韧性进行综合评估；在此基础上，本书选取鲁棒性、传输性、聚集性与层级性 4 项指标，借助熵值法测算 4 项指标的指标权重，并综合测算出沿线国家旅游合作联系整体—分区网络结构韧性指数。公式如下：

$$R = \sum_{i=1}^{4} W_i I_i \tag{4.9}$$

式中：R 表示网络结构韧性指数，W_i 表示第 i 个指标的权重，I_i 表示第 i 个指标的取值。

4.1.3 网络结构韧性类型判定

参考 Crespo 等（2014）对网络结构韧性类型的划分[99]，本书依据层级性与匹配性 2 个指标的静态特征[25]，将网络结构韧性类型划分为三类：随机网络、同配性核心—边缘网络、韧性网络(如表 4.1 所示)。

表 4.1　　　　　　　　　　　网络结构韧性类型

类型	随机网络	同配性核心—边缘网络	韧性网络
度分布	$\lvert\alpha\rvert\approx 0$	$\lvert\alpha\rvert>0$	$\lvert\alpha\rvert>0$
度关联	$b\approx 0$	$b>0$	$b<0$
网络拓扑图			

4.1.3.1　随机网络

随机网络呈现相对平坦的度分布($\lvert\alpha\rvert\approx 0$)、度关联接近零($b\approx 0$),即网络层次结构平坦,无显著的核心节点,任何节点的移除对整个网络的影响较小,即网络抵抗外界干扰的能力较强。此外,由于随机网络中各节点均具有多条路径连接,因此随机网络表现出强大的资源流动重组和扩散的能力。但随机网络由于缺乏凝聚力和核心节点,削弱了对集体行为的控制与主导,即无法形成整合效应和聚类效应。

4.1.3.2　同配性核心—边缘网络

同配性核心—边缘网络呈现相对较大的度分布斜率($\lvert\alpha\rvert>0$),网络结构层次较为立体,核心节点表现出较强的整合效应与聚类效应。但该网络度关联较强($b>0$),网络表现出核心节点与边缘节点的连接较为松散,即同质抱团现象明显。该网络较强的度关联会降低现有结构与外围结构之间的联系,即该网络中寡头垄断结构和外围结构之间的桥接能力薄弱。总之,该网络表现出过度的同配性与协调性会造成区域封闭,削弱整体网络结构的韧性。

4.1.3.3　韧性网络

韧性网络呈现出较高斜率的度分布($\lvert\alpha\rvert>0$),但该网络度相关为负($b<0$),因此此类网络呈现出一定的异配性。节点间度的负相关关系说明网络核心节点与外围节点保持着较为紧密的联系,各类资源要素可以通过多条路径在核心节点与边缘节点之间循环流动。因此,核心节点的缺失对整体网络结构的影响较小,表现出较强的网络结构韧性。同时,寡头垄断结构发挥着重复探索和桥接联系的能力,使得各类资源要素能轻易地从边缘节点扩散到核心节点。

4.1.4　网络结构韧性演化分析

本书参考谢永顺等(2020)的研究[25],依据层级性与匹配性 2 个指标的动态变化,初步判定网络结构韧性的提升或衰退水平,以及其发展质量或衰退态势,从而构建网络结构韧性演化综合发展水平评估模型(如图 4.1 所示)。图 4.1 中,P 为点$(\Delta|\alpha|, \Delta b)$与直线 $\Delta b = \Delta|\alpha|$ 的垂直距离,Q 为点$(\Delta|\alpha|, \Delta b)$与直线 $\Delta b = -\Delta|\alpha|$ 的垂直距离,L 为点$(\Delta|\alpha|, \Delta b)$与坐标原点的距离。若点$(\Delta|\alpha|, \Delta b)$落在直线 $\Delta b = \Delta|\alpha|$ 的上半部分,表示此类网络在发展和演化过程中网络结构韧性受到削弱;若点$(\Delta|\alpha|, \Delta b)$落在直线 $\Delta b = \Delta|\alpha|$ 的下半部分,表示此类网络在发展和演化过程中网络结构韧性得到提升。同时,点$(\Delta|\alpha|, \Delta b)$与坐标原点的距离 L 表示该网络结构韧性变化的幅度,L 越大,表示该网络结构韧性演变的幅度越大;反之,则越小;点$(\Delta|\alpha|, \Delta b)$与直线 $\Delta b = \Delta|\alpha|$ 的垂直距离 P 和与直线 $\Delta b = \Delta|\alpha|$ 的垂直距离 Q 的比值 P/Q 则反映了该网络结构韧性的发展质量,比值 P/Q 越大,表示该网络结构韧性发展质量越好,或者韧性衰退越迅速。此外,为区分网络结构韧性演化方向,本书以"+"表示网络结构韧性提升方向,"一"表示网络结构韧性衰退方向。据此,本书构建网络结构韧性演化综合发展水平 E,其公式为:

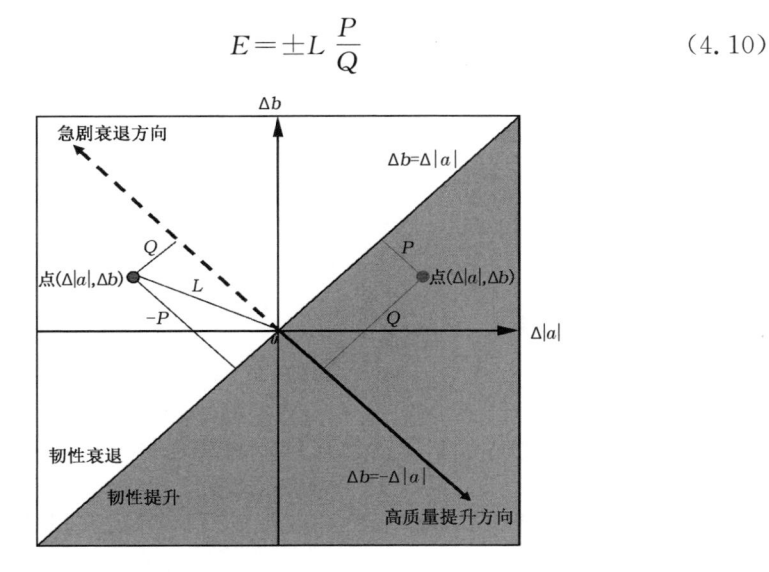

$$E = \pm L \frac{P}{Q} \tag{4.10}$$

图 4.1　网络结构韧性演化综合发展水平评估模型

4.2 网络结构韧性特征探析

4.2.1 网络结构韧性水平评估

4.2.1.1 网络结构韧性指标特征

本书依据现有研究[24-25,105,109],选取鲁棒性、传输性、聚集性、层级性、匹配性等指标来构建网络结构韧性评估指标体系。此外,由于匹配性是根据网络节点间连接相关性来判断节点间的偏好依附程度,并不能直观反映整体网络结构韧性水平[24,99]。因此,本书仅选取鲁棒性、传输性、聚集性与层级性4项指标对沿线国家旅游合作联系整体—分区网络结构韧性指数进行测算(如表4.2所示)。

表4.2　网络结构韧性特征

区域	年份	R1	R2	R3	R4	R	区域	年份	R1	R2	R3	R4	R
整体	2010	21.018	0.671	2.043	0.293	0.045	南亚	2010	2.500	0.589	1.409	0.765	0.105
	2011	21.218	0.677	2.027	0.347	0.025		2011	2.429	0.457	1.667	0.534	0.054
	2012	21.836	0.688	2.003	0.366	0.041		2012	2.571	0.493	1.567	0.443	0.089
	2013	22.182	0.688	1.985	0.357	0.057		2013	2.714	0.500	1.905	0.614	0.047
	2014	22.455	0.686	1.932	0.338	0.085		2014	2.857	0.507	1.881	0.536	0.065
	2015	23.345	0.690	1.856	0.327	0.129		2015	3.000	0.526	1.810	0.488	0.089
	2016	23.636	0.692	1.856	0.316	0.143		2016	3.000	0.526	1.810	0.488	0.089
	2017	23.691	0.688	1.849	0.300	0.152		2017	3.143	0.579	1.738	0.813	0.093
	2018	23.618	0.688	1.851	0.295	0.153		2018	3.429	0.648	1.361	0.813	0.169
	2019	24.036	0.694	1.820	0.302	0.170		2019	3.333	0.794	1.333	0.892	0.201
东亚—东盟	2010	3.818	0.508	1.250	0.597	0.160	独联体	2010	4.857	0.810	1.056	0.183	0.097
	2011	4.000	0.542	1.214	0.701	0.143		2011	4.714	0.819	1.083	0.243	0.054
	2012	4.000	0.542	1.214	0.701	0.143		2012	4.714	0.819	1.083	0.243	0.054
	2013	4.000	0.522	1.622	0.641	0.055		2013	4.714	0.786	1.083	0.213	0.047
	2014	4.273	0.554	1.527	0.656	0.096		2014	4.714	0.786	1.262	0.187	0.043
	2015	4.364	0.547	1.659	0.662	0.060		2015	4.857	0.810	1.214	0.162	0.092
	2016	4.545	0.562	1.585	0.593	0.124		2016	5.286	0.881	1.119	0.298	0.161
	2017	4.545	0.562	1.598	0.593	0.121		2017	5.143	0.857	1.000	0.311	0.129
	2018	4.364	0.541	1.622	0.714	0.045		2018	5.286	0.881	1.119	0.298	0.161
	2019	4.273	0.549	1.634	0.688	0.052		2019	5.286	0.881	1.119	0.298	0.161

续表

区域	年份	R1	R2	R3	R4	R	区域	年份	R1	R2	R3	R4	R
中亚—西亚	2010	5.571	0.603	1.852	0.561	0.055	中东欧	2010	11.000	0.791	1.296	0.194	0.171
	2011	5.643	0.653	1.846	0.627	0.075		2011	10.625	0.782	1.333	0.191	0.067
	2012	5.571	0.600	1.882	0.671	0.021		2012	10.375	0.781	1.346	0.190	0.042
	2013	5.857	0.676	1.822	0.658	0.106		2013	10.688	0.787	1.304	0.230	0.092
	2014	5.929	0.659	1.799	0.577	0.128		2014	10.688	0.786	1.300	0.230	0.087
	2015	6.214	0.662	1.740	0.644	0.152		2015	10.750	0.792	1.296	0.242	0.130
	2016	5.857	0.628	2.055	0.450	0.104		2016	10.875	0.783	1.300	0.222	0.078
	2017	5.857	0.628	2.055	0.450	0.104		2017	10.688	0.782	1.312	0.206	0.068
	2018	5.857	0.633	1.940	0.440	0.124		2018	10.812	0.786	1.317	0.199	0.109
	2019	5.857	0.640	1.817	0.489	0.130		2019	11.000	0.787	1.304	0.168	0.157

注：$R1$ 为网络鲁棒性，$R2$ 为网络聚集性，$R3$ 为网络传输性，$R4$ 为网络层级性，R 为网络结构韧性指数。

(1) 网络鲁棒性。本书选取平均度来测度网络鲁棒性，由表 4.2 可知，沿线国家旅游合作联系整体网络平均度远高于分区网络平均度，且呈递增趋势，说明整体网络和分区网络中各国联系均越发紧密，抗外界干扰能力逐步增强；此外，相较于分区网络平均度上升幅度，整体区域网络上升幅度显著，说明整体区域内节点国家的合作联系比区域网络中节点国家的联系更紧密、合作更深入。具体而言，南亚区域、东亚—东盟区域、独联体区域以及中亚—西亚区域网络平均度值较低且水平相当，其此 4 个区域网络鲁棒性较差，在应对外界干扰时区域结构易被破坏；中东欧区域网络平均度值仅次于整体网络平均度，数值在 10.3~11.0。可见，分区网络鲁棒性较差，有待进一步提升，需要促进区域网络中节点国家合作联系。

(2) 网络传输性。从整体区域网络传输性来看，其平均路径长度 L 的值较大，表明沿线国家旅游合作联系网络的路径传输效率较低，2010—2012 年 L 值大于 2，说明要素在节点国家间传递需要通过 2 个及以上的节点国家，但 L 值呈逐年递减态势，随着 2013 年 "一带一路" 重大倡议的提出，L 值低于 2，表明沿线国家旅游合作联系网络的传输效率虽然较低但有所提升，旅游合作联系自由化与便利化程度在不断提高，信息与资源要素的流转效率在提升，即抗外界干扰能力在提升。从分区网络传输性来看，中亚—西亚区域网络的平均路径长度 L 值最大，在 1.7~2.1，表明中亚—西亚区域网络的路径传输效率较低，其原因可能是该区域内国家距离较远，要素传递较为不便；而东亚—东盟区域、南亚区域、独联体区域、中东欧区域网络的平均路径长度 L 值均低于 2，说明此 4 个区域的要素传递在节点国家内中转不超过 2 个节点国家，节点国家彼此间旅游合作联系较为便捷；其中，独联体区域网络的路径最短，说明该区域节点国家间可达性和连通性相对较强，各类要素扩散的成本相对较低，有利于区域内人才、技术、资金等资源的传递。

（3）网络聚集性。从网络聚集性数值来看，独联体区域、中东欧区域网络平均聚类系数均在 0.8 左右，表明网络中大部分节点国家与其相邻的国家间存在紧密联系并形成小集团，孤立节点国家较少，网络的聚类效应显著；此外，整体区域网络平均聚类系数值也较大，接近 0.7，说明整体区域网络聚集程度也较高，在应对外界干扰时资源整合范围和效率较高。从网络聚集性变化趋势来看，整体区域、东亚—东盟区域、中亚—西亚区域、南亚区域、独联体区域等网络的平均聚类系数均呈现递增态势，说明区域间节点国家间的互动越来越多，其紧密程度在加强；而中东欧区域网络平均聚类系数值虽然较高，但数值波动较小，说明其网络结构稳定。

（4）网络层级性。从沿线国家旅游合作联系整体—分区网络度分布特征变化情况来看（如图 4.2～图 4.7 所示），整体—分区网络的度分布拟合曲线斜率绝对值$|\alpha|$差异较大，且在研究期限内整体—区域网络均发生差异性演化，表明沿线国家旅游合作联系整体—分区网络结构层级性有所差异；此外，整体—分区网络的度分布拟合曲线斜率绝对值$|\alpha|$总体呈现递增趋势，说明整体—分区网络层级性增强，沿线国家旅游合作联系整体—分区网络的立体化特征凸显。具体而言，东亚—东盟区域、中亚—西亚区域以及南亚区域网络的度分布拟合曲线斜率$|\alpha|$较大，表明此 3 个区域网络具有明显的非均质性和等级性，核心国家组群具有强大的网络控制能力，核心国家地位较为突出；而整体、独联体区域以及中东欧区域网络的度分布拟合曲线斜率绝对值$|\alpha|$较小，说明此 3 个区域网络层级性相对较低，核心国家地位不显著，网络发展呈扁平化特征。

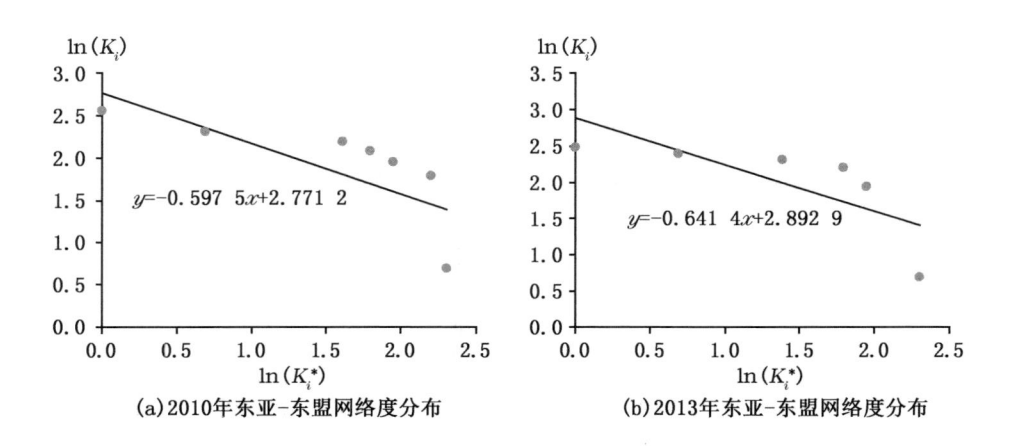

第 4 章 "一带一路"沿线国家旅游合作联系网络结构韧性评估与障碍诊断 | 145

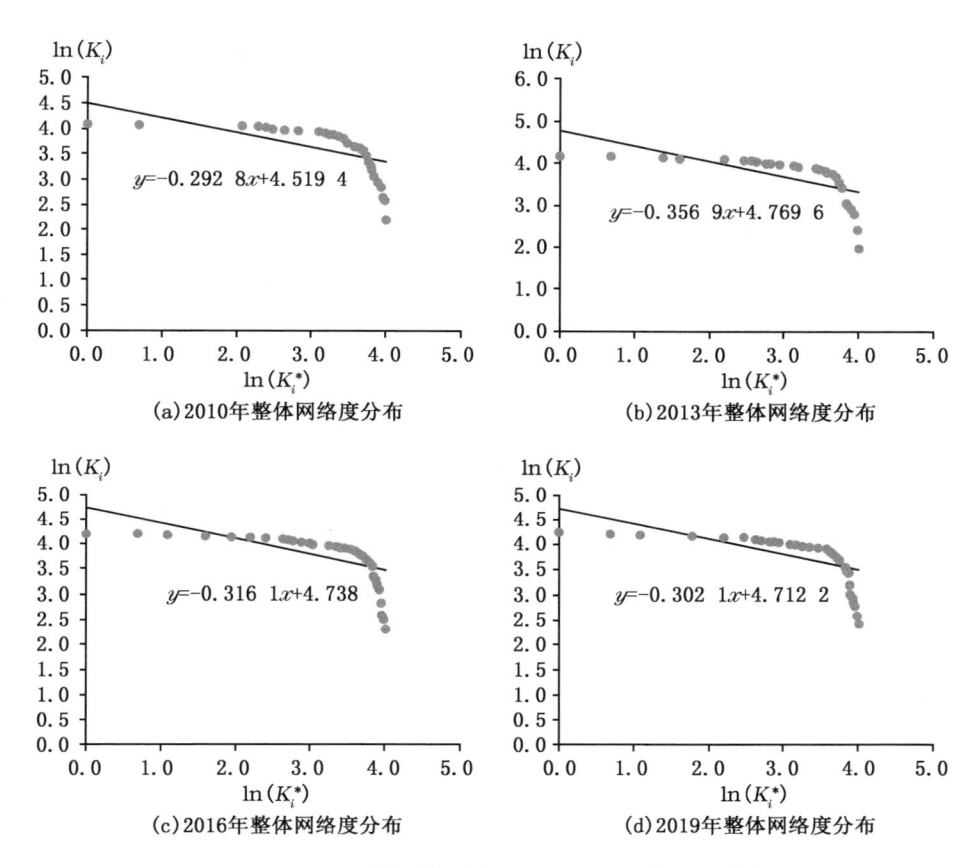

(a) 2010年整体网络度分布 　　$y=-0.2928x+4.5194$

(b) 2013年整体网络度分布 　　$y=-0.3569x+4.7696$

(c) 2016年整体网络度分布 　　$y=-0.3161x+4.738$

(d) 2019年整体网络度分布 　　$y=-0.3021x+4.7122$

图 4.2 "一带一路"沿线国家旅游合作联系的整体网络度分布

(a) 2010年东亚-东盟网络度分布 　　$y=-0.5975x+2.7712$

(b) 2013年东亚-东盟网络度分布 　　$y=-0.6414x+2.8929$

(c) 2016年东亚-东盟网络度分布 　　　　(d) 2019年东亚-东盟网络度分布

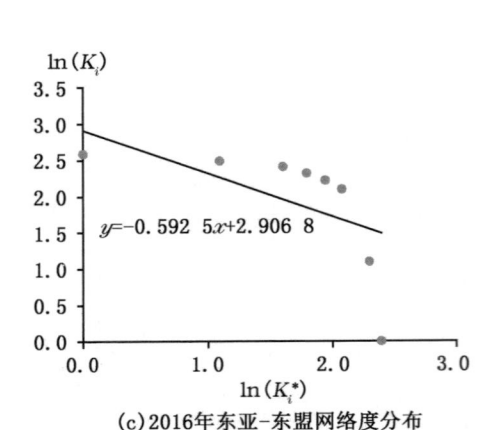

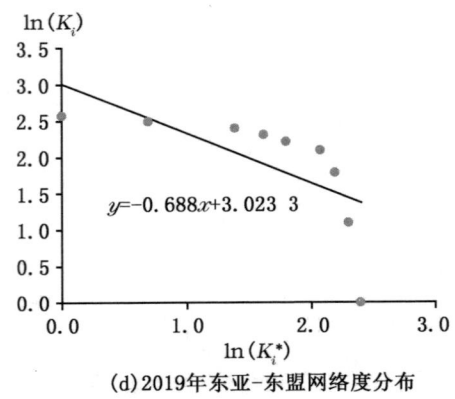

图 4.3　东亚—东盟沿线国家旅游合作联系网络度分布

$y=-0.5925x+2.9068$

$y=-0.688x+3.0233$

$y=-0.5611x+3.1724$

$y=-0.6579x+3.3225$

(a) 2010年中亚-西亚网络度分布 　　　　(b) 2013年中亚-西亚网络度分布

$y=-0.4505x+3.0583$

$y=-0.4885x+3.0886$

(c) 2016年中亚-西亚网络度分布 　　　　(d) 2019年中亚-西亚网络度分布

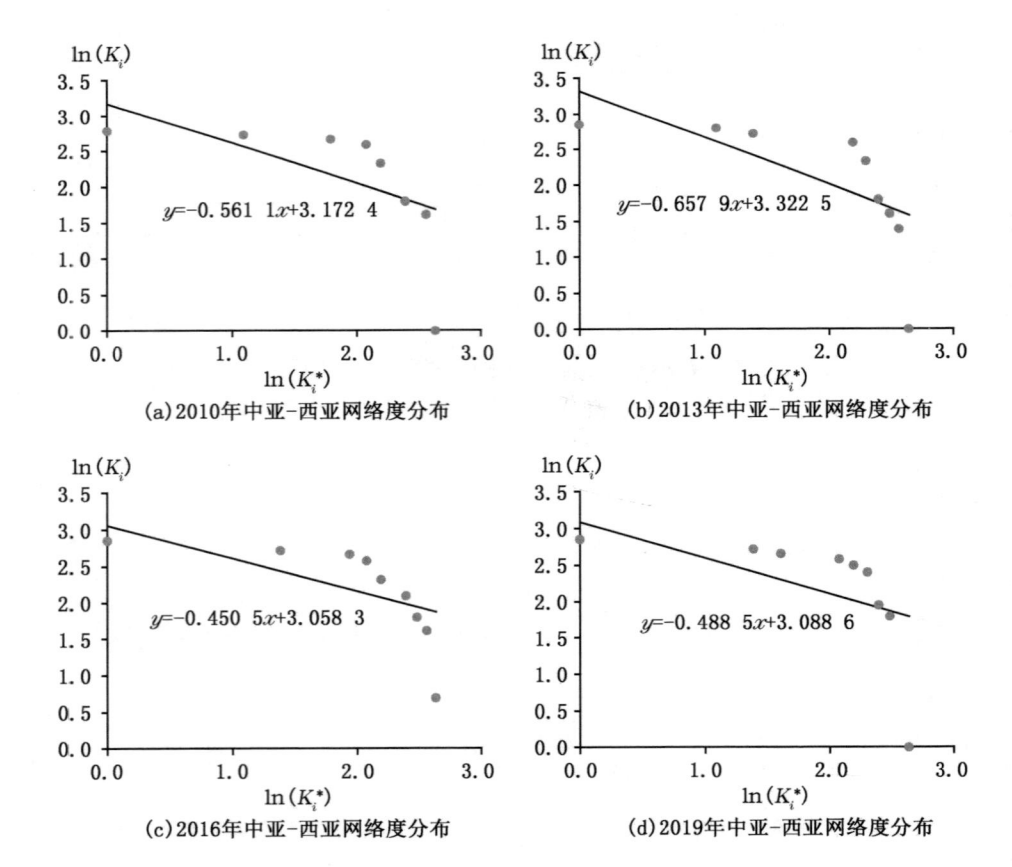

图 4.4　中亚—西亚沿线国家旅游合作联系网络度分布

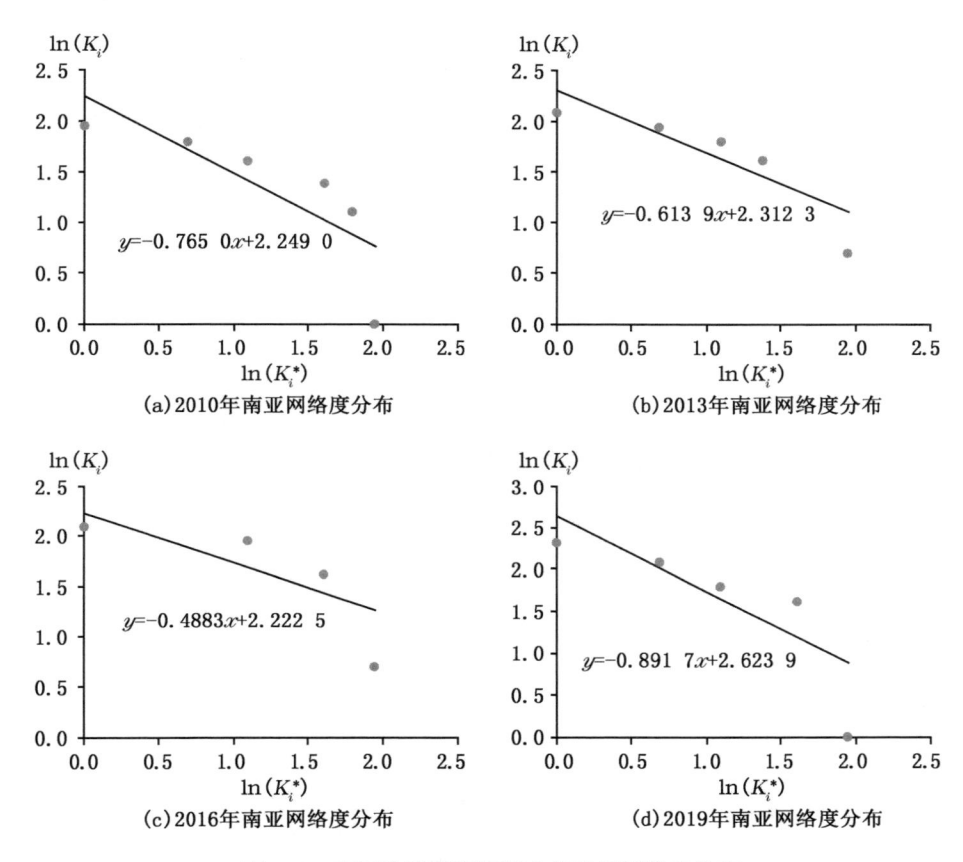

(a) 2010年南亚网络度分布　　$y=-0.765\,0x+2.249\,0$

(b) 2013年南亚网络度分布　　$y=-0.613\,9x+2.312\,3$

(c) 2016年南亚网络度分布　　$y=-0.488\,3x+2.222\,5$

(d) 2019年南亚网络度分布　　$y=-0.891\,7x+2.623\,9$

图 4.5　南亚沿线国家旅游合作联系网络度分布

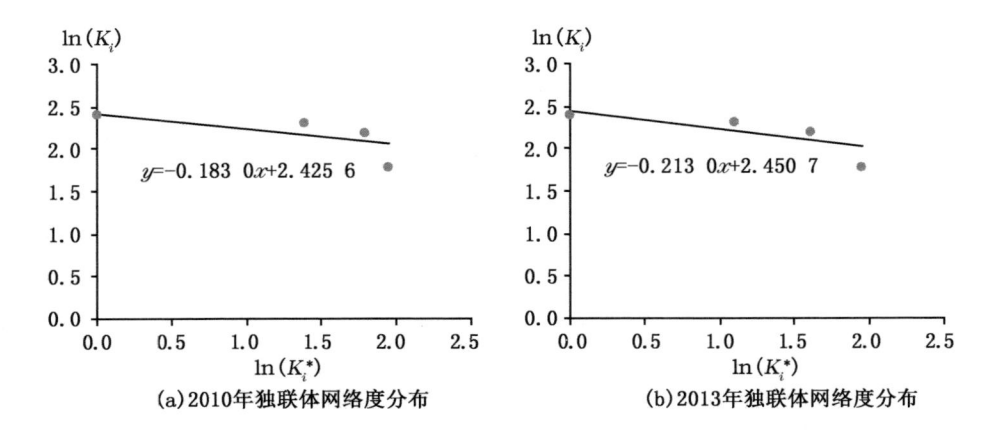

(a) 2010年独联体网络度分布　　$y=-0.183\,0x+2.425\,6$

(b) 2013年独联体网络度分布　　$y=-0.213\,0x+2.450\,7$

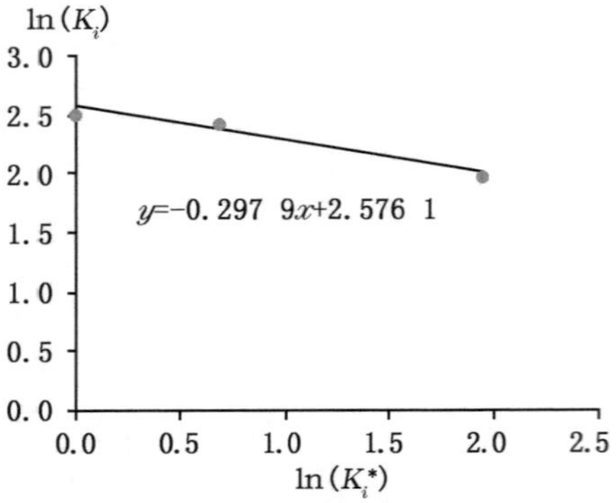

(c)2016年独联体网络度分布

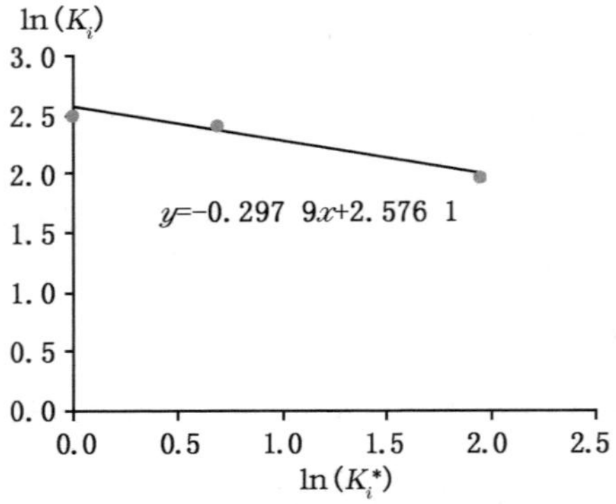

(d)2019年独联体网络度分布

图 4.6　独联体沿线国家旅游合作联系网络度分布

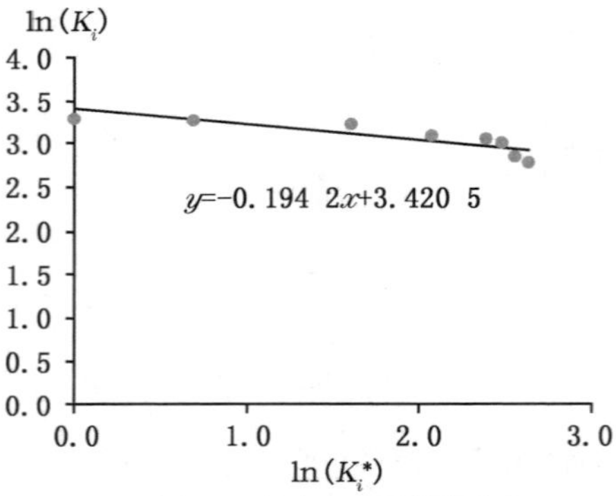

(a)2010年中东欧网络度分布

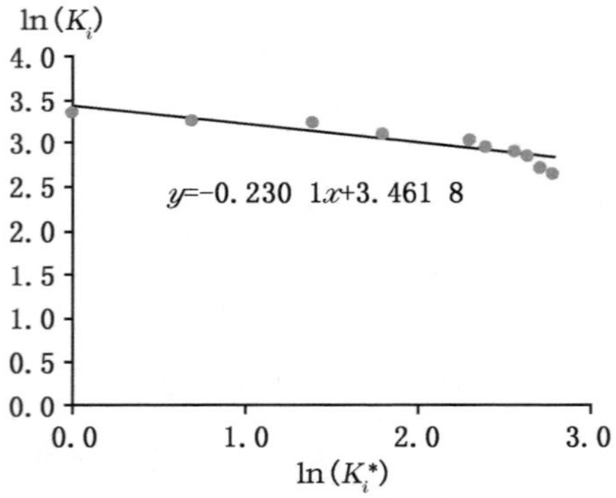

(b)2016年中东欧网络度分布

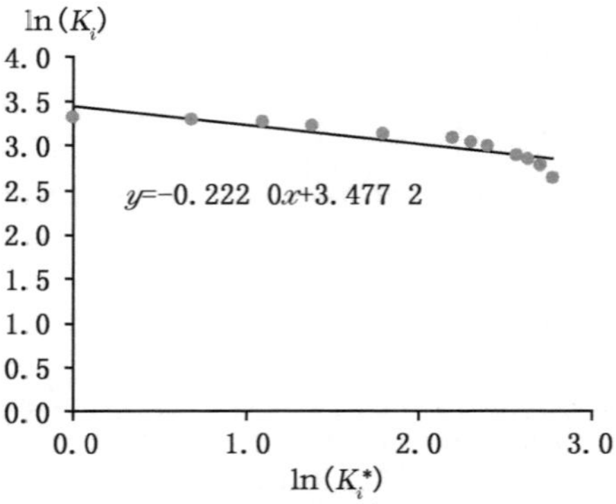

(c)2016年中东欧网络度分布

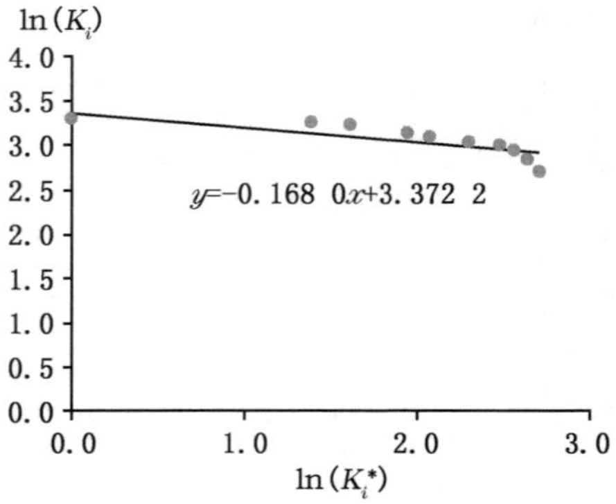

(d)2019年中东欧网络度分布

图 4.7　中东欧沿线国家旅游合作联系网络度分布

(5)网络匹配性。从沿线国家旅游合作联系整体—分区网络度关联特征变化情况来看(如图4.8~图4.14所示),整体—分区网络在匹配性上存在显著差异,其中,整体、南亚区域以及中东欧区域网络度关联 b 值为正,网络为度正相关,说明网络结构表现为同配性,网络结构层级较为立体且具备较强的凝聚作用,网络中节点国家倾向同质化联系;中亚—西亚区域和独联体区域网络度关联 b 值为负,网络为度负相关,说明网络结构表现为异配性,网络中核心国家与边缘国家之间的联系较为紧密,网络具备较强的核心控制力;而东亚—东盟区域网络结构则表现为同配性与异配性交替出现,整体网络结构较不稳定。

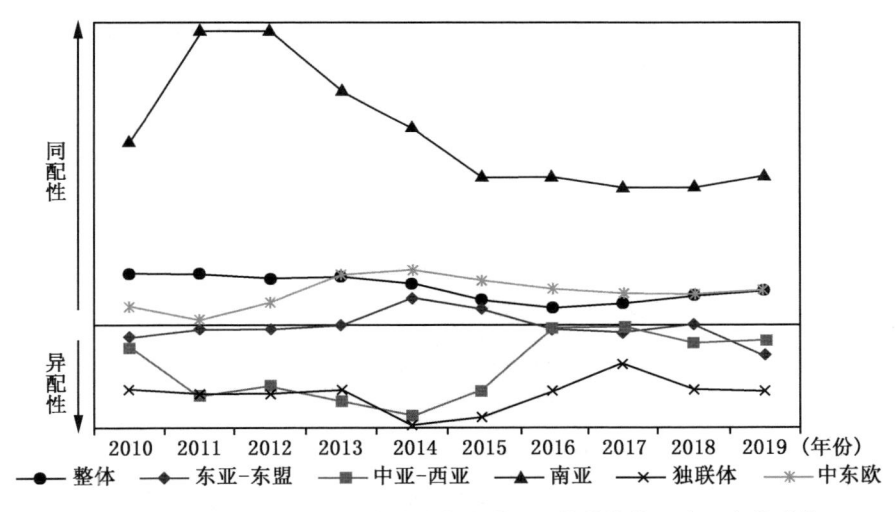

图4.8 "一带一路"沿线国家旅游合作联系网络的整体—分区度关联值

由图4.9可知,整体网络度关联 b 值为正,表明其网络为度正关联,同质抱团现象明显,此时网络核心国家寡头结构与边缘国家外围结构之间的桥接能力较弱,并且整体网络度关联 b 值呈波动递减趋势,表明整体网络同配性特征有所削弱,核心国家之间的路径依赖与偏好依附有所下降,区域核心国家风险载荷下降,有利于整体网络结构韧性的提升。

总体来看,东亚—东盟区域网络度关联 $|b|$ 值较小,接近0,网络在2014年、2015年以及2018年为同配性,其余年份为异配性。具体而言,东亚—东盟区域网络度关联系数由2010年的-0.0581上升至2014年的0.1326,表明网络异配性特征削弱,且网络由异配性转变为同配性;此后,东亚—东盟区域网络度关联系数由2014年的0.1326下降至2019年的-0.1491,网络由同配性转变为

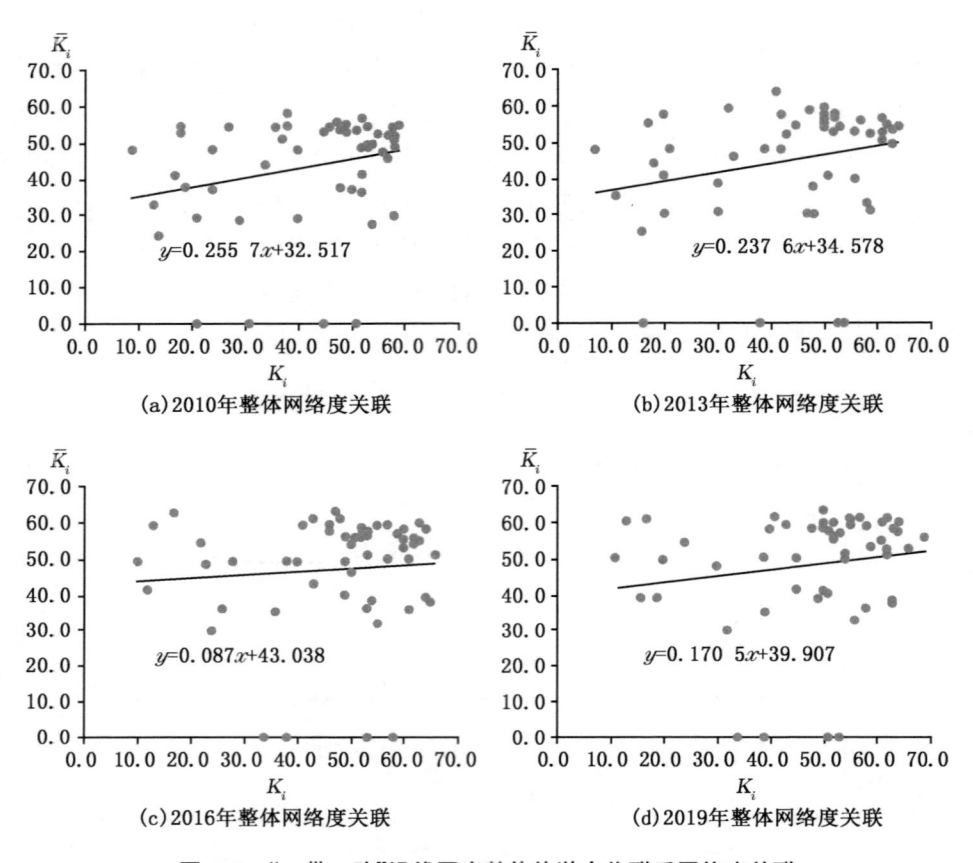

(a) 2010年整体网络度关联　　$y=0.2557x+32.517$

(b) 2013年整体网络度关联　　$y=0.2376x+34.578$

(c) 2016年整体网络度关联　　$y=0.087x+43.038$

(d) 2019年整体网络度关联　　$y=0.1705x+39.907$

图 4.9 "一带一路"沿线国家整体旅游合作联系网络度关联

异配性,且网络度关联 $|b|$ 值呈现增加趋势,表明东亚—东盟区域网络异配性特征增强,网络内路径连接形式更为多元,网络结构更为开放,有利于其网络结构韧性的提升。

不难发现,中亚—西亚网络度关联 b 值虽然为负,网络为度负相关,但网络度关联 $|b|$ 值波动较大,网络度关联 $|b|$ 值整体呈现先上升后下降的趋势,表明中亚—西亚网络异配性特征呈现先增强后削弱特征,网络结构较不稳定,不利于网络结构韧性的提升。

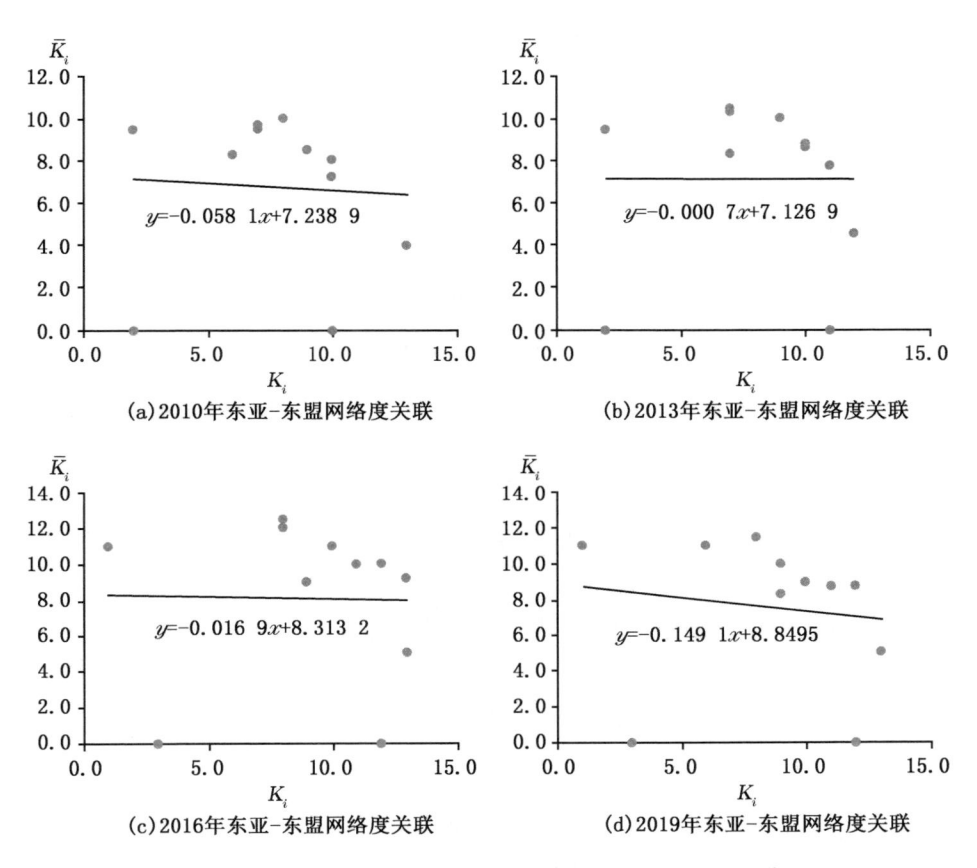

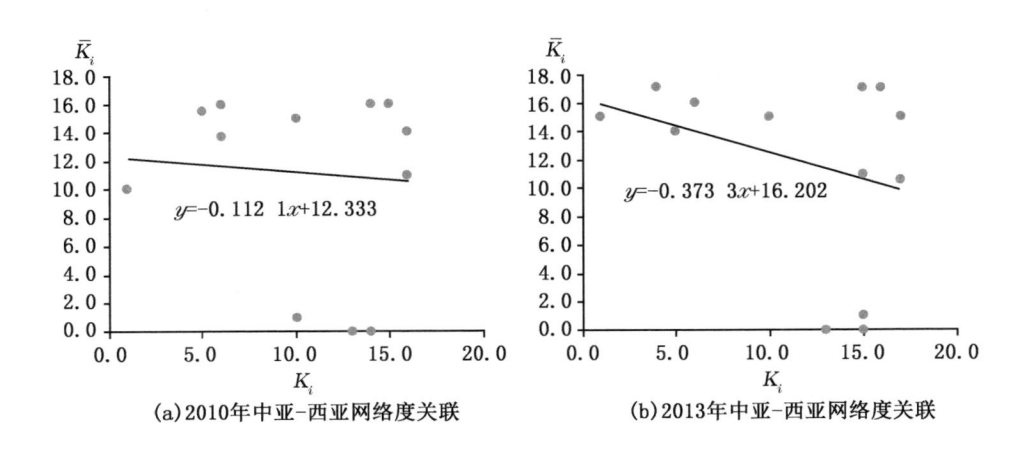

(a) 2010年东亚-东盟网络度关联　$y=-0.0581x+7.2389$

(b) 2013年东亚-东盟网络度关联　$y=-0.0007x+7.1269$

(c) 2016年东亚-东盟网络度关联　$y=-0.0169x+8.3132$

(d) 2019年东亚-东盟网络度关联　$y=-0.1491x+8.8495$

图 4.10　东亚—东盟沿线国家旅游合作联系网络度关联

(a) 2010年中亚-西亚网络度关联　$y=-0.1121x+12.333$

(b) 2013年中亚-西亚网络度关联　$y=-0.3733x+16.202$

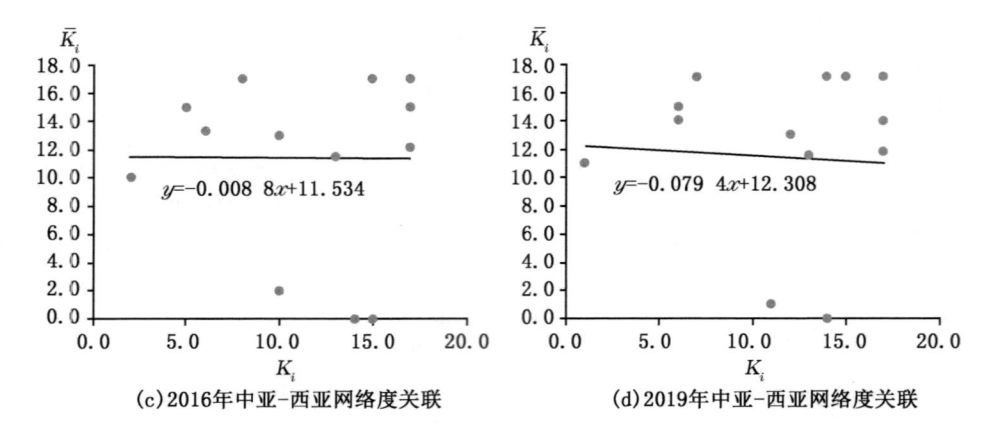

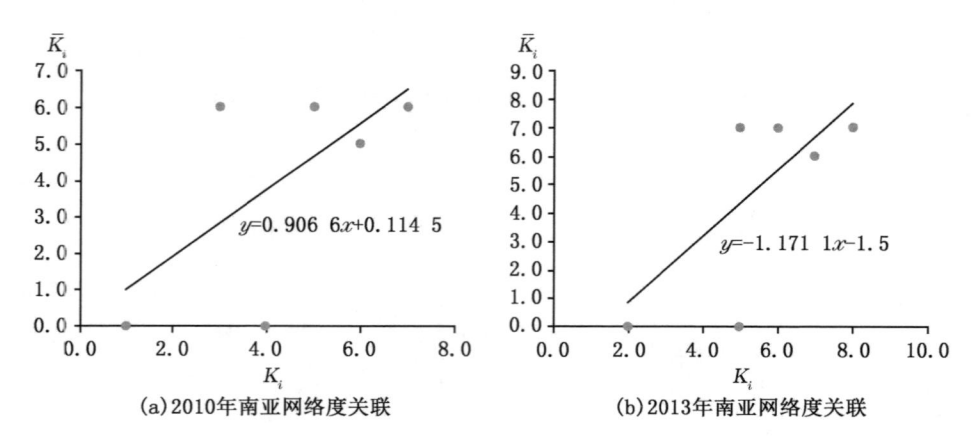

(c) 2016年中亚-西亚网络度关联 $y=-0.008\,8x+11.534$

(d) 2019年中亚-西亚网络度关联 $y=-0.079\,4x+12.308$

图4.11 中亚—西亚沿线国家旅游合作联系网络度关联

南亚区域网络度关联 b 值为正,网络为度正相关,说明南亚区域网络同质抱团现象显著,南亚区域网络结构为同配性网络,网络结构层次较为立体,区域内国家倾向于同质化联系,而核心国家与边缘国家之间的联系较为松散;同时,南亚区域网络度关联 b 值呈逐年递减趋势,说明其网络同配性特征有所削弱,南亚区域网络内不同层级的节点国家联系可能在增多,即网络结构韧性受关键节点国家的影响下降,有利于南亚区域网络结构韧性的提升。

(a) 2010年南亚网络度关联 $y=0.906\,6x+0.114\,5$

(b) 2013年南亚网络度关联 $y=-1.171\,1x-1.5$

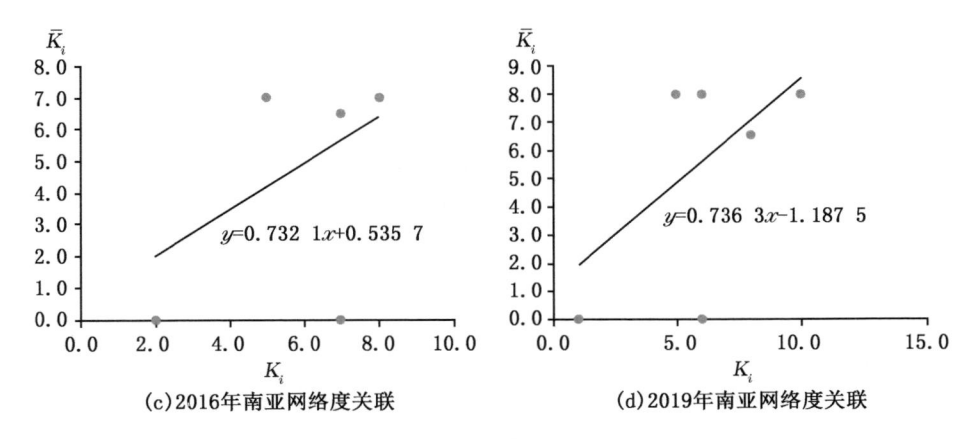

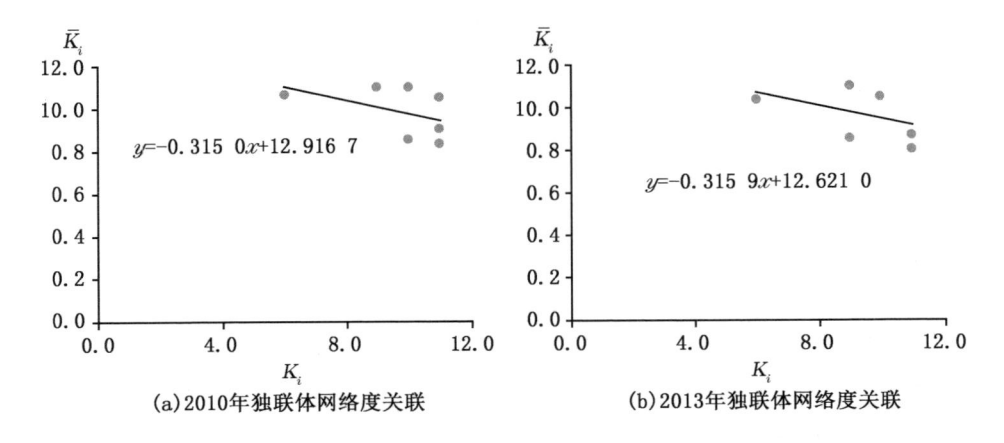

(c) 2016年南亚网络度关联   (d) 2019年南亚网络度关联

图 4.12　南亚沿线国家旅游合作联系网络度关联

独联体区域网络度关联 b 值为负，表明网络为度负相关，网络度关联 $|b|$ 值呈现为小幅度波动上升，说明网络中不同层级的节点国家之间联系加强，节点国家连接结构逐渐朝多元化、多样化发展，网络结构日趋复杂，这也说明了区域内资源整合潜力在不断提升。

(a) 2010年独联体网络度关联   (b) 2013年独联体网络度关联

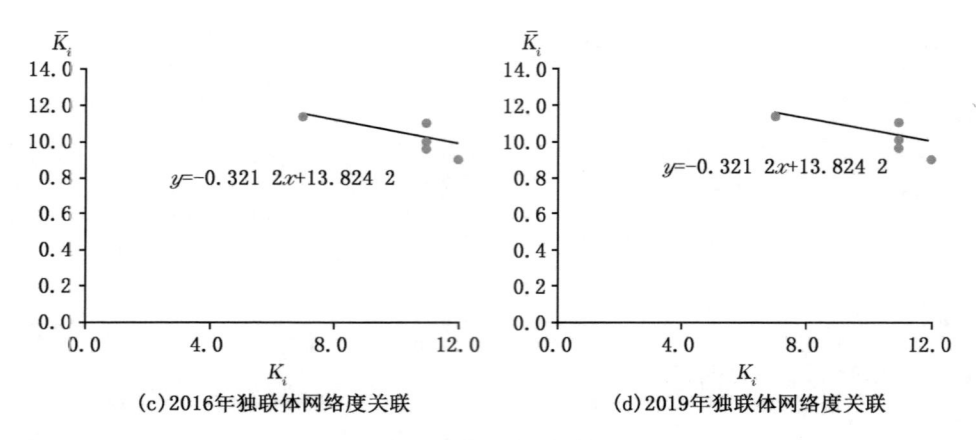

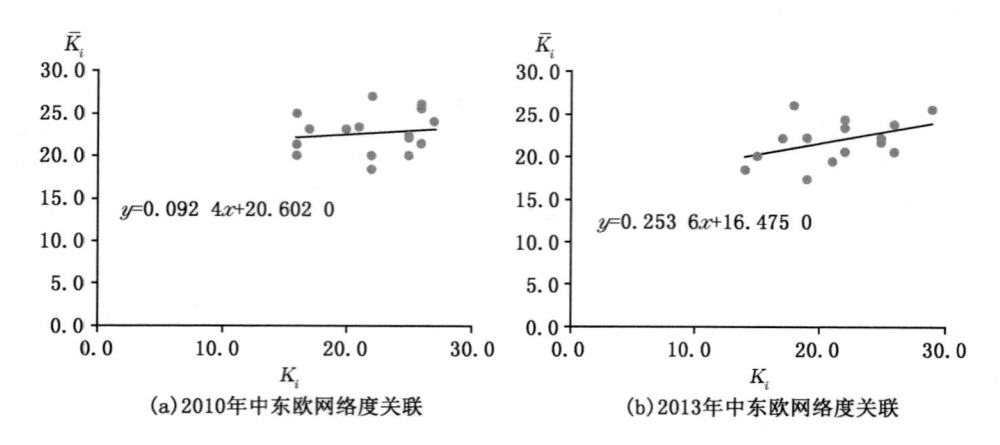

(c) 2016年独联体网络度关联 (d) 2019年独联体网络度关联

图 4.13　独联体沿线国家旅游合作联系网络度关联

中东欧区域网络度关联 b 值为正，网络为度正相关，区域内相邻节点国家之间呈现正相关关系，核心国家倾向同质化联系，网络结构表现为同配性特征；但其网络度关联 b 值呈现为递增趋势，表明其网络同配性特征增强，区域核心国家更倾向组团化发展，网络同配性特征使节点国家产生明显的偏好依附，网络结构相对固化，这意味着区域内节点国家间联系路径较为单一，核心国家风险载荷上升，网络结构韧性受关键节点影响显著，不利于网络结构韧性的提升。

(a) 2010年中东欧网络度关联　　(b) 2013年中东欧网络度关联

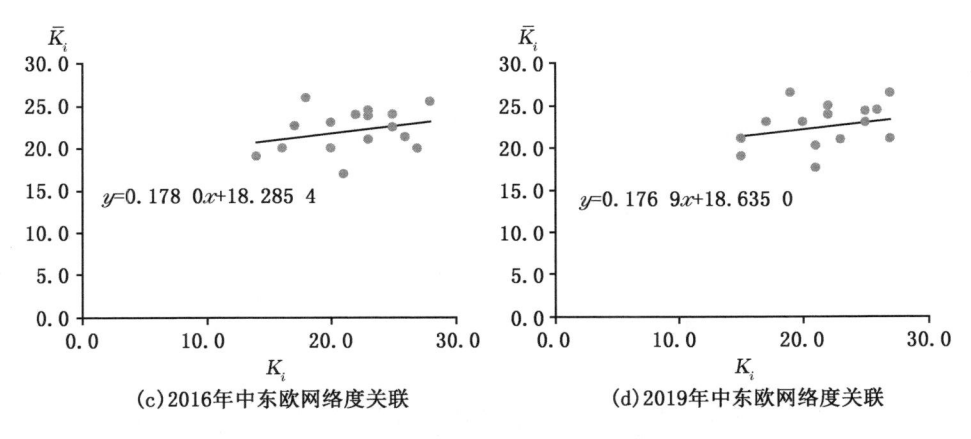

(c) 2016年中东欧网络度关联　　　　(d) 2019年中东欧网络度关联

图4.14　中东欧沿线国家旅游合作联系网络度关联

4.2.1.2　网络结构韧性综合水平

本书基于鲁棒性、传输性、聚集性与层级性4项指标,通过熵权法计算出沿线国家旅游合作联系整体—分区网络结构韧性指数,并绘制指数走势图。从图4.15可以看出,整体、中亚—西亚区域、南亚区域、独联体区域以及中东欧区域网络结构韧性指数总体呈波动上升趋势,而东亚—东盟区域呈波动下降趋势。其具体表现如下:

①整体网络韧性指数在2011—2015年上升幅度明显,2015—2019年呈缓慢递增趋势;②东亚—东盟区域网络韧性指数曲线变化幅度较大,总体呈现下降态势,2013年和2015年时出现小幅度上升趋势,其原因在于2013年中国提出了"一带一路"重大倡议、2015年进一步安排部署"一带一路"建设的重大事项与重点工作;③中亚—西亚区域网络结构韧性指数相对较高,2012—2015年急剧上升,2015年之后指数略有下降,但整体呈波动上升态势;④南亚区域网络结构韧性指数于2013年之后呈缓慢上升态势,2017年之后增长幅度有所增加,并于2019年其网络结构韧性指数上升最高值;⑤独联体区域网络结构韧性指数呈现波动"下降—上升"变化特点,变化拐点出现在2014年,2010—2014年呈缓慢下降趋势,2014—2016年急剧上升,2016—2019年呈波动上升态势;⑥中东欧区域网络结构韧性指数总体变化幅度较大,其特征表现为"正弦曲线"。

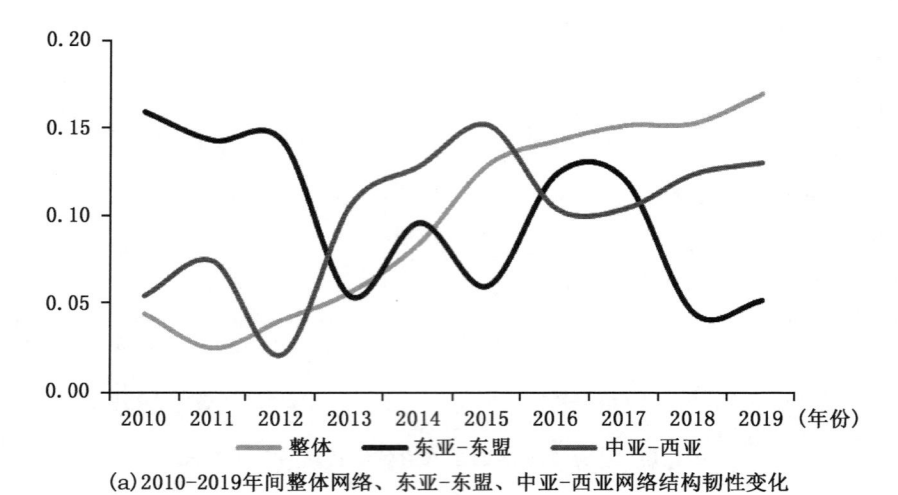

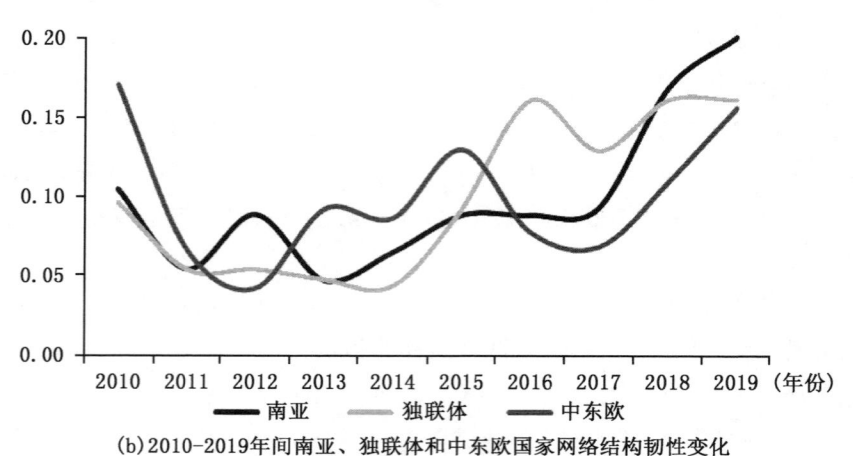

(a) 2010-2019年间整体网络、东亚-东盟、中亚-西亚网络结构韧性变化

(b) 2010-2019年间南亚、独联体和中东欧国家网络结构韧性变化

图 4.15　沿线国家旅游合作联系整体—分区网络结构韧性指数

4.2.2　网络结构韧性演化评估

4.2.2.1　网络结构韧性类型判定

根据网络结构韧性类型判别标准,对沿线国家旅游合作联系整体—分区网络类型进行划分,并绘制 2010 年、2013 年、2016 年以及 2019 年整体—分区网络结构韧性类型划分图(如图 4.16 所示),从而探究旅游合作联系整体—分区网络结构韧性综合演化特征。

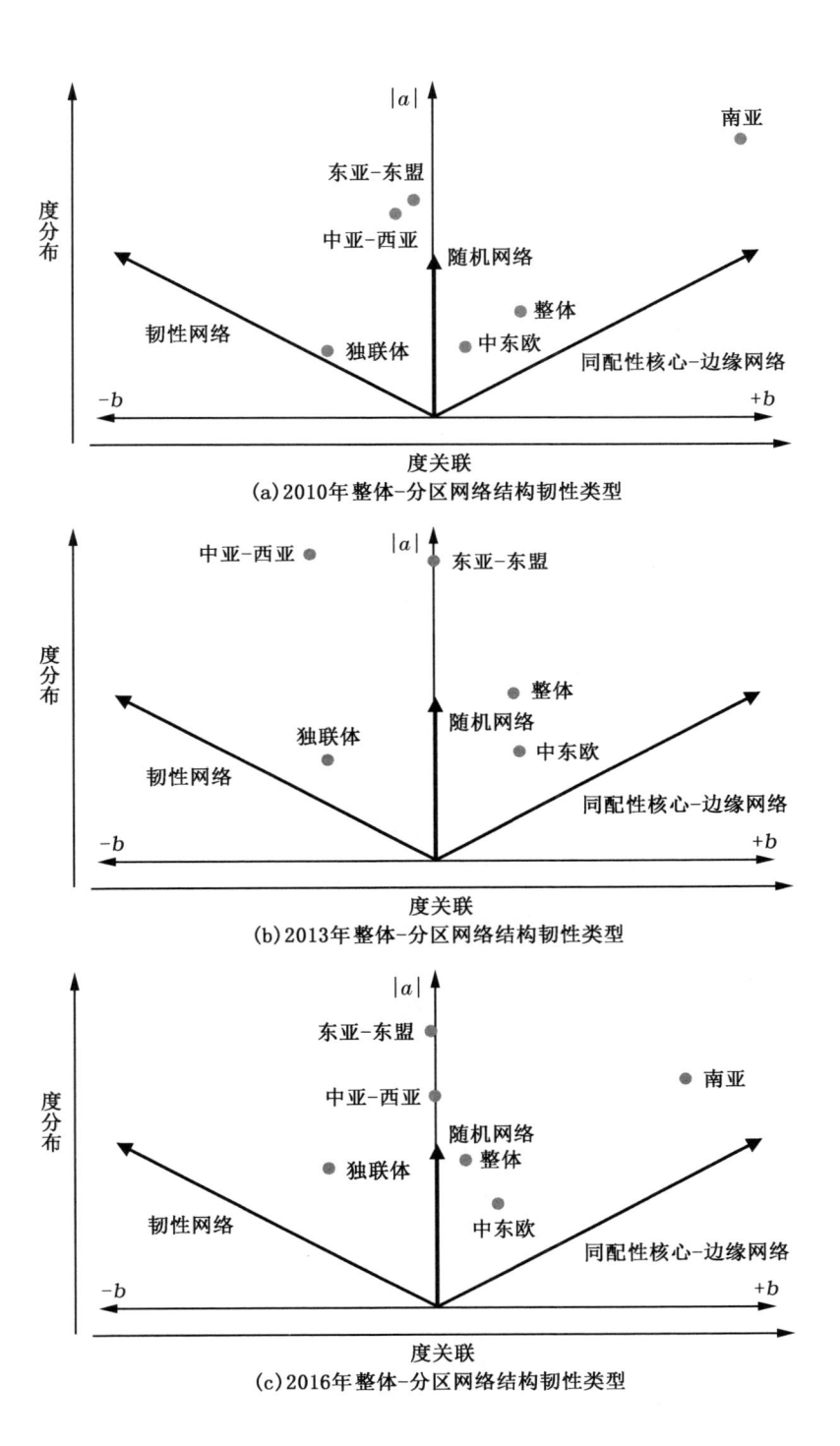

(a) 2010年整体-分区网络结构韧性类型

(b) 2013年整体-分区网络结构韧性类型

(c) 2016年整体-分区网络结构韧性类型

(d) 2019年整体-分区网络结构韧性类型

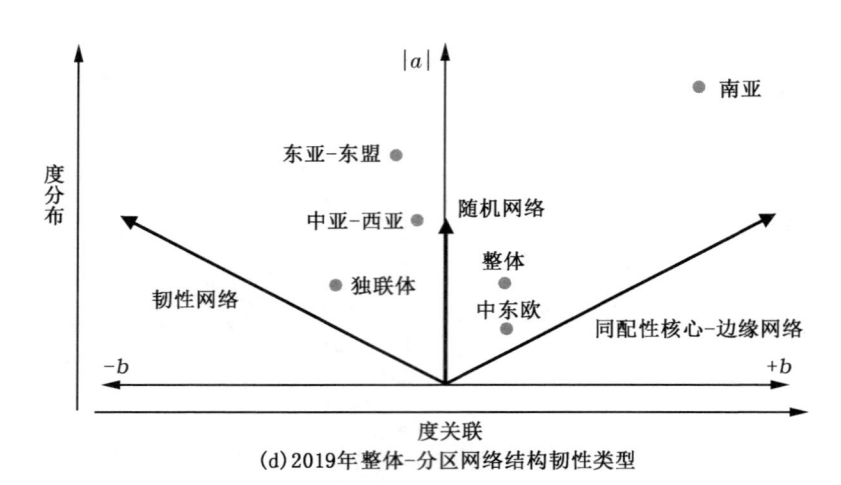

图 4.16 旅游合作联系整体—分区网络结构韧性类型划分

整体、中亚—西亚区域、南亚区域、独联体区域以及中东欧区域网络结构韧性类型具备稳定性特征,网络结构韧性类型未发生实质性变化。具体而言,整体、南亚区域以及中东欧区域网络结构韧性类型为同配性核心—边缘网络,网络结构层次较为立体且具备较强的凝聚力,但网络中核心国家与边缘国家的连接较为松散,网络中节点国家同质抱团现象明显,这种过度的网络同配性与协调性易造成网络区域的锁定,进而削弱网络结构韧性;中亚—西亚区域和独联体区域网络结构韧性类型为韧性网络,此网络结构为核心国家与边缘国家之间提供了较为紧密的联系,使得网络内各类资源、信息以及资金等要素能轻易在核心国家与边缘国家之间的多条路径循环流动,这意味着网络中核心国家的缺失对网络结构的影响较小,即网络结构韧性较强;而东亚—东盟区域网络结构韧性类型表现为韧性网络与同配性核心—边缘网络交替出现,说明东亚—东盟区域网络结构不稳定,节点国家联系路径易发生改变,核心国家的缺失极易造成区域网络的瘫痪,网络结构韧性较低。总体而言,整体、东亚—东盟区域、南亚区域以及中东欧区域网络结构韧性有待进一步提升,其中东亚—东盟区域要加强其网络结构稳定性,而中亚—西亚区域和独联体区域网络结构韧性应继续保持。

4.2.2.2 网络结构韧性演化水平

根据对层级性与匹配性的动态演化分析,本书构建了沿线国家旅游合作联系整体—分区网络结构韧性演化坐标系(如图 4.17 所示)。为进一步量化网络

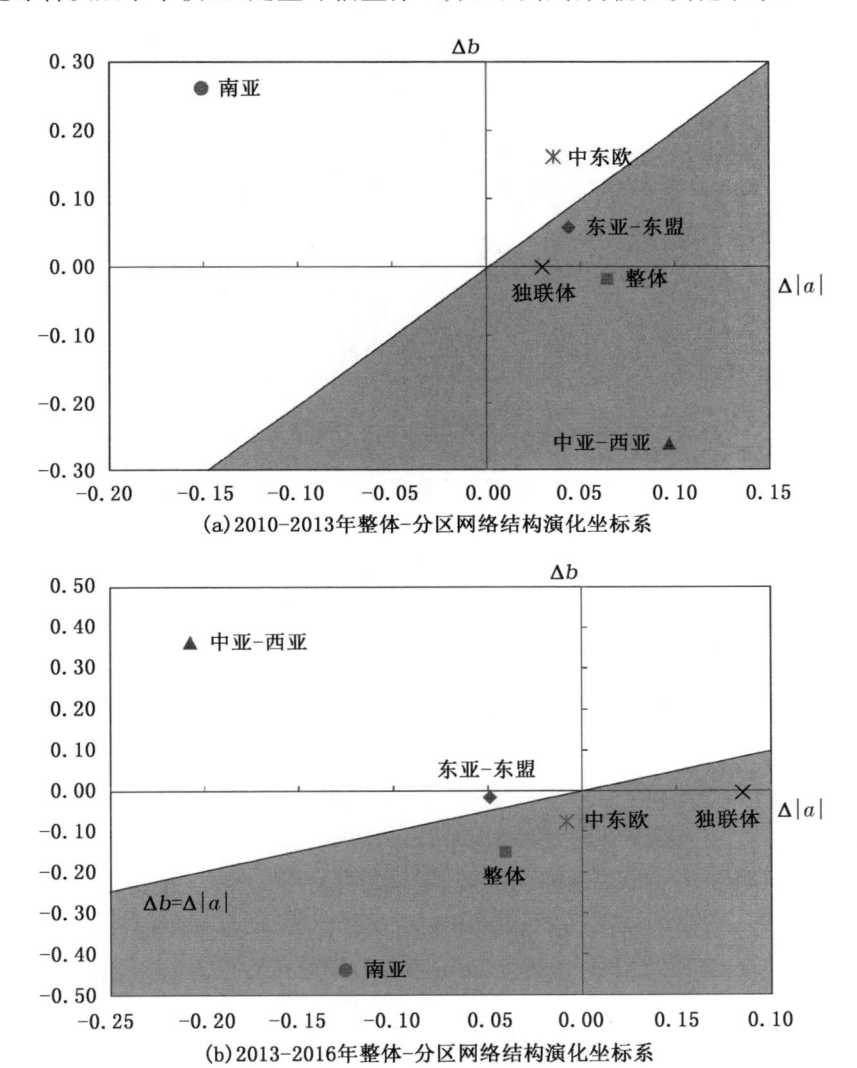

第 4 章 "一带一路"沿线国家旅游合作联系网络结构韧性评估与障碍诊断 | 159

结构韧性的提升或衰退水平及其发展质量或衰退态势,本书利用网络结构韧性演化综合发展水平模型,定量评估整体—分区网络结构韧性演化水平。

(a) 2010—2013年整体-分区网络结构演化坐标系

(b) 2013—2016年整体-分区网络结构演化坐标系

(c) 2016—2019年整体-分区网络结构演化坐标系

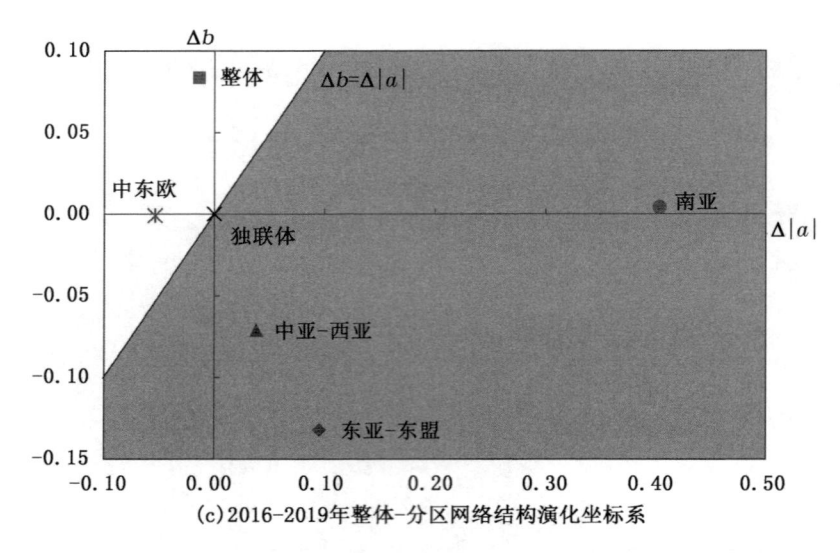

图 4.17 "一带一路"沿线国家旅游合作联系整体—分区网络结构韧性演化坐标系

从图 4.16(a)中可知,2010—2013 年,南亚区域与中东欧区域网络结构韧性向衰退方向演化,整体、东亚—东盟区域、中亚—西亚区域以及独联体区域网络结构韧性向提升方向演化。其中,南亚区域网络的 $\Delta|a|$ 为负,Δb 为正;中东欧区域与东亚—东盟区域网络的 $\Delta|a|$ 与 Δb 均为正;独联体区域网络的 $\Delta|a|$ 为正,Δb 为零;整体与中亚—西亚区域网络的 $\Delta|a|$ 为正,Δb 为负。根据计算结果可知,南亚区域网络结构韧性综合演化水平最低,E 值为 -1.129,网络结构韧性衰退最为显著;中东欧区域网络结构韧性综合演化水平较低,E 值为 -0.105,网络结构韧性衰退相对较缓;东亚—东盟区域与独联体区域网络结构韧性综合演化水平一般,E 值分别为 0.010、0.032,网络结构韧性提升作用一般;整体网络结构韧性综合演化水平较高,E 值为 0.119,网络结构韧性提升较为明显;东亚—西亚网络结构韧性综合演化水平最高,E 值为 0.607,网络结构韧性提升最为显著。此外,在韧性衰退演化水平中,南亚区域网络与中东欧区域网络相比,其 L 值与 P/Q 值均更高,说明南亚区域网络结构韧性变化幅度更大且衰退更直接;在韧性提升演化水平中,中亚—西亚区域网络的 L 值与 P/Q 值均最高,说明该网络结构韧性变化幅度最大且提升的质量也最高。

从图 4.16(b)中可知,2013—2016 年,中亚—西亚区域与东亚—东盟区域网络结构韧性向衰退方向演化,整体、南亚、中东欧区域以及独联体区域网络结

第 4 章 "一带一路"沿线国家旅游合作联系网络结构韧性评估与障碍诊断 | 161

构韧性向提升方向演化。其中,整体、东亚—东盟区域以及南亚区域网络的 $\Delta|a|$ 与 Δb 均为负;中亚—西亚区域网络的 $\Delta|a|$ 为负,Δb 为正;独联体区域网络的 $\Delta|a|$ 为正,Δb 为负。根据计算结果可知,中亚—西亚区域网络结构韧性综合演化水平最低,E 值为 -1.528,网络结构韧性衰退最为显著;东亚—东盟区域网络结构韧性综合演化水平较低,E 值为 -0.026,网络结构韧性衰退相对较缓;整体、独联体区域与中东欧区域网络结构韧性综合演化水平相当,E 值分别为 0.090、0.097、0.061,网络结构韧性提升较为明显;南亚网络结构韧性综合演化水平最高,E 值为 0.253,网络结构韧性提升最为显著。此外,在韧性衰退演化水平中,中亚—西亚区域网络比东亚—东盟区域网络相比,其 L 值与 P/Q 值均更高,说明中亚—西亚区域网络结构韧性变化幅度更大且衰退更直接;在韧性提升演化水平中,南亚区域网络的 P/Q 值较低但 L 值最高,说明该网络结构韧性变化幅度最大,而独联体区域网络的 L 值较低但 P/Q 值最高,说明该网络结构韧性且提升的质量也最高。

从图 4.16(c)中可知,2016—2019 年,整体与中东欧区域网络结构韧性向衰退方向演化,中亚—西亚区域、东亚—东盟区域以及南亚区域网络结构韧性向提升方向演化,独联体区域网络结构韧性未发生改变。其中,整体与中东欧区域网络的 $\Delta|a|$ 为负,Δb 为正;东亚—东盟区域与中亚—西亚区域网络的 $\Delta|a|$ 为正,Δb 为负;南亚区域网络的 $\Delta|a|$ 为正,Δb 为零;独联体区域网络的 $\Delta|a|$ 与 Δb 均为零。根据计算结果可知,整体网络结构韧性综合演化水平最低,E 值为 -0.119,网络结构韧性衰退最为显著;中东欧区域网络结构韧性综合演化水平较低,E 值为 -0.052,网络结构韧性衰退相对较缓;独联体区域网络结构韧性综合演化水平未发生改变;中亚—西亚区域与南亚区域网络结构韧性综合演化水平相当,E 值分别为 0.268、0.395,网络结构韧性提升较为明显;东亚—东盟区域网络结构韧性综合演化水平最高,E 值为 1.014,网络结构韧性提升最为显著。此外,在韧性衰退演化水平中,整体网络比中东欧区域网络相比,其 L 值与 P/Q 值均更高,说明整体网络结构韧性变化幅度更大且衰退更直接;在韧性提升演化水平中,东亚—东盟区域网络的 P/Q 值最高,说明该网络结构韧性提升的质量也最高,南亚区域网络的 L 值最高,说明该网络结构韧性变化幅度最大。

总体而言,沿线国家旅游合作联系整体—分区网络结构韧性综合演化水平存在显著分异。具体而言,2010—2013 年,网络结构韧性综合演化水平表现为:

中亚—西亚区域＞整体＞独联体区域＞东亚—东盟区域＞中东欧区域＞南亚区域；2013—2016 年，南亚区域＞独联体区域＞整体＞中东欧区域＞东亚—东盟区域＞中亚—西亚区域；2016—2019 年，东亚—东盟区域＞南亚区域＞中亚—西亚区域＞独联体区域＞中东欧区域＞整体。

4.3　网络结构韧性的障碍因子诊断

4.3.1　障碍因子诊断模型

在分析沿线国家旅游合作联系网络结构韧性基础上，本书引入障碍因子诊断模型分析影响沿线国家旅游合作联系网络结构韧性的因子。障碍因子诊断模型由因子贡献度、指标偏离度和障碍度 3 个指标构成[263]，具体公式如下：

$$Q_{ti} = \frac{V_{ti}W_i}{\sum_{i=1}^{m}(V_{ti}W_i)} \times 100\% \tag{4.11}$$

$$V_{ti} = 1 - P_{ti} \tag{4.12}$$

式中：Q_{ti} 为第 i 项指标在 t 年网络结构韧性的障碍度，Q_{ti} 值越大，说明该因子对沿线国家旅游合作联系网络结构韧性水平的影响越大，障碍程度越强。[264] V_{ti} 为指标偏离度，P_{ti} 为第 i 项指标在 t 年的标准化值，W_i 表示第 i 个指标的权重，表示障碍因子的贡献度。

4.3.2　障碍因子诊断分析

为了更进一步了解沿线国家旅游合作联系整体—分区网络结构韧性，提高整体—分区网络结构韧性水平，本书通过对沿线国家旅游合作联系整体—分区网络结构韧性水平的分析发现，网络鲁棒性、网络聚集性、网络传输性、网络层级性是影响网络结构韧性的关键因素。为进一步厘清制约沿线国家旅游合作联系网络结构韧性的关键障碍因子，明晰关键制约因素的影响程度，为制定科学、合理对策建议提供科学依据。本书将运用障碍因子诊断模型识别出 2010—2019 年沿线国家旅游合作联系整体—分区网络结构韧性的关键障碍因子，以探究沿线国家旅游合作联系整体—分区网络结构韧性提升的内在因素。此外，本书依据主要障碍因子的障碍度高低排序，障碍度值越高，说明对沿线国家旅游合作联系整体—分区网络结构韧性提升的阻碍作用越大。

4.3.2.1 整体网络的结构韧性障碍因子诊断

本书通过障碍度模型识别出 2010—2019 年沿线国家旅游合作联系整体网络结构韧性的障碍因子及其阻碍程度,并根据障碍度对障碍因子排序(如表 4.3 所示)。

表 4.3　　　　整体网络结构韧性障碍因子、障碍度及其排序

年份	第一障碍因子 障碍因子	障碍度（%）	第二障碍因子 障碍因子	障碍度（%）	第三障碍因子 障碍因子	障碍度（%）	第四障碍因子 障碍因子	障碍度（%）
2010	$R3$	32.59	$R1$	28.78	$R4$	22.19	$R2$	16.45
2011	$R3$	31.51	$R1$	27.86	$R4$	25.14	$R2$	15.48
2012	$R3$	31.39	$R1$	27.28	$R4$	26.78	$R2$	14.55
2013	$R3$	31.43	$R1$	27.14	$R4$	26.64	$R2$	14.80
2014	$R3$	30.89	$R1$	27.47	$R4$	26.17	$R2$	15.47
2015	$R3$	30.22	$R1$	27.21	$R4$	26.78	$R2$	15.79
2016	$R3$	30.70	$R1$	27.09	$R4$	26.40	$R2$	15.80
2017	$R3$	30.81	$R1$	27.27	$R4$	25.48	$R2$	16.45
2018	$R3$	30.91	$R1$	27.45	$R4$	25.17	$R2$	16.47
2019	$R3$	30.56	$R1$	27.17	$R4$	26.21	$R2$	16.05

注：$R1$ 为网络鲁棒性，$R2$ 为网络聚集性，$R3$ 为网络传输性，$R4$ 为网络层级性。

由表 4.3 可知,阻碍 2010—2019 年沿线国家旅游合作联系整体网络结构韧性提升的障碍因子排序基本一致,未发生变化。从障碍因子排序来看,网络传输性是制约沿线国家旅游合作联系整体网络结构韧性的首要障碍因子,其次分别是网络鲁棒性、网络层级性、网络聚集性。从因子障碍度来看,第一障碍因子、第二障碍因子的障碍度呈现逐年递减趋势,而第三障碍因子、第四障碍因子的障碍度则呈现波动递增趋势。这说明整体网络要素传输效率阻碍程度虽有所下降,但其仍是阻碍整体网络结构韧性提升的主要障碍因素,其障碍度保持在 30% 左右,因此整体网络需要重点关注网络间的传输效率。

4.3.2.2 东亚—东盟网络结构韧性的障碍因子诊断

本书通过障碍度模型识别出 2010—2019 年沿线国家旅游合作联系东亚—东盟网络结构韧性的障碍因子及其阻碍程度,并根据障碍度对障碍因子排序

(如表 4.4 所示)。

表 4.4　　东亚—东盟网络结构韧性障碍因子、障碍度及其排序

年份	第一障碍因子 障碍因子	第一障碍因子 障碍度(%)	第二障碍因子 障碍因子	第二障碍因子 障碍度(%)	第三障碍因子 障碍因子	第三障碍因子 障碍度(%)	第四障碍因子 障碍因子	第四障碍因子 障碍度(%)
2010	$R3$	39.50	$R4$	25.04	$R1$	20.89	$R2$	14.57
2011	$R3$	37.64	$R4$	29.89	$R1$	19.56	$R2$	12.90
2012	$R3$	37.64	$R4$	29.89	$R1$	19.56	$R2$	12.90
2013	$R3$	45.52	$R4$	24.31	$R1$	17.73	$R2$	12.44
2014	$R3$	44.84	$R4$	26.17	$R1$	17.22	$R2$	11.77
2015	$R3$	46.84	$R4$	25.44	$R1$	16.14	$R2$	11.58
2016	$R3$	48.01	$R4$	23.77	$R1$	16.40	$R2$	11.82
2017	$R3$	48.21	$R4$	23.68	$R1$	16.34	$R2$	11.77
2018	$R3$	45.07	$R4$	27.43	$R1$	15.88	$R2$	11.62
2019	$R3$	45.74	$R4$	26.43	$R1$	16.42	$R2$	11.41

注：$R1$ 为网络鲁棒性，$R2$ 为网络聚集性，$R3$ 为网络传输性，$R4$ 为网络层级性。

由表 4.4 可知，阻碍 2010—2019 年沿线国家旅游合作联系东亚—东盟网络结构韧性提升的障碍因子排序基本一致，未发生变化。从障碍因子排序来看，网络传输性是制约沿线国家旅游合作联系东亚—东盟网络结构韧性的首要障碍因子，其次分别是网络层级性、网络鲁棒性、网络聚集性。从因子障碍度来看，第一障碍因子的障碍度呈现先上升后下降的趋势，且其障碍度的数值较大；第二障碍因子的障碍度波动性较大，在 2011 年、2018 年呈现上升趋势；第三障碍因子、第四障碍因子的障碍度均呈现下降趋势，其中，第三障碍因子(网络鲁棒性)障碍度从 20.89% 下降至 16.42%，第四障碍因子(网络聚集性)障碍度从 14.57% 下降至 11.41%。可见，2010—2019 年，网络传输性是影响沿线国家旅游合作联系东亚—东盟网络结构韧性提升的第一位障碍因子，且其障碍度数值呈增加趋势；而网络聚集性则是其第四位障碍因子，且其障碍度数值呈降低趋势。因此，东亚—东盟区域虽然各个国家聚集程度越来越高，但其信息、资源等要素在网络中流转速度较忙，应注重提升东亚—东盟区域网络间的传输效率。

4.3.2.3 中亚—西亚网络结构韧性的障碍因子诊断

本书通过障碍度模型识别出2010—2019年沿线国家旅游合作联系中亚—西亚网络结构韧性的障碍因子及其阻碍程度,并根据障碍度对障碍因子排序(如表4.5所示)。

表4.5　　　　中亚—西亚网络结构韧性障碍因子、障碍度及其排序

年份	第一障碍因子 障碍因子	障碍度(%)	第二障碍因子 障碍因子	障碍度(%)	第三障碍因子 障碍因子	障碍度(%)	第四障碍因子 障碍因子	障碍度(%)
2010	R1	29.47	R4	28.18	R2	22.32	R3	20.03
2011	R4	30.60	R1	29.23	R3	20.38	R2	19.79
2012	R4	30.10	R1	28.46	R2	21.72	R3	19.72
2013	R4	32.58	R1	27.6	R3	20.77	R2	19.05
2014	R4	31.02	R1	27.39	R3	20.97	R2	20.62
2015	R4	33.90	R1	24.41	R2	21.00	R3	20.70
2016	R1	27.54	R4	26.55	R3	23.92	R2	21.99
2017	R1	27.54	R4	26.55	R3	23.92	R2	21.99
2018	R1	28.15	R4	26.84	R3	22.84	R2	22.17
2019	R4	28.48	R1	28.37	R2	21.88	R3	21.27

注:$R1$为网络鲁棒性,$R2$为网络聚集性,$R3$为网络传输性,$R4$为网络层级性。

由表4.5可知,阻碍2010—2019年沿线国家旅游合作联系中亚—西亚网络结构韧性提升的障碍因子排序年度变化较小。从障碍因子排序来看,网络鲁棒性与网络层级性在不同年份轮流居于第一障碍因子,即是制约沿线国家旅游合作联系中亚—西亚网络结构韧性的首要障碍因子,网络聚集性与网络传输性分别在不同年份居于第三障碍因子、第四障碍因子。从因子障碍度来看,第一障碍因子的障碍度呈现先上升后下降的趋势,其障碍度数值从2010年的29.47%波动上升至2015年的33.90%,再下降至2019年的28.48%;第二障碍因子、第三障碍因子以及第三障碍因子的数值虽然有所波动,但整体而言变化不大。从年份来看,网络鲁棒性在2010年、2016—2018年是制约沿线国家旅游合作联系中亚—西亚网络结构韧性提升的首要障碍因子,其次是网络层级性。可见,网络鲁棒性与网络层级性均曾是第一障碍因子,但网络鲁棒性、网络聚集性、网络传输性以及网络层级性的障碍度数值差异并不大。因此,提升抵御外

界破坏能力是未来中亚—西亚区域亟需重点关注的层面。

4.3.2.4 南亚网络结构韧性的障碍因子诊断

本书通过障碍度模型识别出 2010—2019 年沿线国家旅游合作联系南亚网络结构韧性的障碍因子及其阻碍程度,并根据障碍度对障碍因子排序(如表 4.6 所示)。

表 4.6　　南亚网络结构韧性障碍因子、障碍度及其排序

年份	第一障碍因子 障碍因子	障碍度(%)	第二障碍因子 障碍因子	障碍度(%)	第三障碍因子 障碍因子	障碍度(%)	第四障碍因子 障碍因子	障碍度(%)
2010	$R2$	27.91	$R3$	25.95	$R1$	25.51	$R4$	20.63
2011	$R2$	30.22	$R3$	27.62	$R1$	24.52	$R4$	17.65
2012	$R2$	30.30	$R3$	27.45	$R1$	24.69	$R4$	17.56
2013	$R3$	30.21	$R2$	28.76	$R1$	22.86	$R4$	18.17
2014	$R3$	30.50	$R2$	29.10	$R1$	22.53	$R4$	17.87
2015	$R3$	30.42	$R2$	29.30	$R1$	22.35	$R4$	17.93
2016	$R3$	30.42	$R2$	29.30	$R1$	22.35	$R4$	17.93
2017	$R3$	29.69	$R2$	27.86	$R1$	21.68	$R4$	20.77
2018	$R2$	28.11	$R3$	27.29	$R4$	22.65	$R1$	21.94
2019	$R3$	28.00	$R2$	24.27	$R4$	24.32	$R1$	23.41

注:$R1$ 为网络鲁棒性,$R2$ 为网络聚集性,$R3$ 为网络传输性,$R4$ 为网络层级性。

由表 4.6 可知,阻碍 2010—2019 年沿线国家旅游合作联系南亚网络结构韧性提升的障碍因子排序年度变化较小。从障碍因子排序来看,网络聚集性与网络传输性在不同年份轮流居于第一障碍因子,即是制约沿线国家旅游合作联系南亚网络结构韧性的首要障碍因子,网络鲁棒性与网络层级性分别在不同年份居于第三障碍因子、第四障碍因子。从因子障碍度来看,第一障碍因子的障碍度呈现先上升后下降的趋势,其障碍度数值从 2010 年的 27.91% 波动上升至 2016 年的 30.42%,再下降至 2019 年的 28.00%;第二障碍因子与第三障碍因子数值虽然有所波动,但整体而言变化不大;第四障碍因子在 2011 年递减,随后呈现上升趋势。从年份来看,网络聚集性是 2010—2012 年、2018 年的首要障碍因子,其余年份则为网络传输性。可见,南亚区域中各国家紧密联系程度在提高,但要素传输效率则在减弱。因此,南亚区域应该提升区域间各要素的传

第 4 章 "一带一路"沿线国家旅游合作联系网络结构韧性评估与障碍诊断 | 167

输效率,以此来提高区域网络结构韧性水平。

4.3.2.5 独联体网络结构韧性的障碍因子诊断

本书通过障碍度模型识别出 2010—2019 年沿线国家旅游合作联系独联体网络结构韧性的障碍因子及其阻碍程度,并根据障碍度对障碍因子排序(如表 4.7 所示)。

表 4.7　独联体网络结构韧性障碍因子、障碍度及其排序

年份	第一障碍因子 障碍因子	障碍度（%）	第二障碍因子 障碍因子	障碍度（%）	第三障碍因子 障碍因子	障碍度（%）	第四障碍因子 障碍因子	障碍度（%）
2010	$R1$	43.23	$R2$	25.19	$R4$	21.22	$R3$	10.36
2011	$R1$	43.86	$R2$	23.57	$R4$	22.46	$R3$	10.10
2012	$R1$	43.86	$R2$	23.57	$R4$	22.46	$R3$	10.10
2013	$R1$	43.57	$R2$	25.18	$R4$	21.22	$R3$	10.04
2014	$R1$	43.38	$R2$	25.07	$R4$	20.19	$R3$	11.36
2015	$R1$	43.03	$R2$	25.07	$R4$	20.31	$R3$	11.59
2016	$R1$	37.84	$R4$	27.63	$R2$	22.82	$R3$	11.71
2017	$R1$	39.23	$R4$	27.13	$R2$	23.37	$R3$	10.27
2018	$R1$	37.84	$R4$	27.63	$R2$	22.82	$R3$	11.71
2019	$R1$	37.84	$R4$	27.63	$R2$	22.82	$R3$	11.71

注:$R1$ 为网络鲁棒性,$R2$ 为网络聚集性,$R3$ 为网络传输性,$R4$ 为网络层级性。

由表 4.7 可知,阻碍 2010—2019 年沿线国家旅游合作联系独联体网络结构韧性提升的障碍因子排序基本一致,未发生变化。从障碍因子排序来看,网络鲁棒性是制约沿线国家旅游合作联系独联体网络结构韧性的首要障碍因子;网络聚集性在 2010—2015 年是第二障碍因子,在 2016—2019 年则下降为第三障碍因子;网络层级性在 2010—2015 年是制约沿线国家旅游合作联系独联体网络结构韧性的第三障碍因子,在 2016—2019 年则上升为第二障碍因子;网络传输性始终是第四障碍因子。从因子障碍度来看,第一障碍因子的障碍度呈现下降趋势,但其障碍度的数值较大;第二障碍因子、第三障碍因子以及第四障碍因子的障碍度均呈现波动上升的趋势。可见,网络鲁棒性虽然是 2010—2019 年影响沿线国家旅游合作联系东亚—东盟网络结构韧性提升的首位障碍因子,但其障碍强度在削弱。因此,独联体仍需进一步提升区域抵抗风险的能力。

4.3.2.6 中东欧网络结构韧性的障碍因子诊断

本书通过障碍度模型识别出2010—2019年沿线国家旅游合作联系中东欧网络结构韧性的障碍因子及其阻碍程度,并根据障碍度对障碍因子排序(如表4.8所示)。

表4.8　　　　中东欧网络结构韧性障碍因子、障碍度及其排序

年份	第一障碍因子 障碍因子	障碍度(%)	第二障碍因子 障碍因子	障碍度(%)	第三障碍因子 障碍因子	障碍度(%)	第四障碍因子 障碍因子	障碍度(%)
2010	$R2$	35.57	$R4$	28.90	$R3$	18.13	$R1$	17.40
2011	$R2$	39.26	$R4$	25.37	$R3$	18.07	$R1$	17.30
2012	$R2$	39.07	$R4$	24.60	$R3$	18.27	$R1$	18.05
2013	$R2$	35.99	$R4$	29.55	$R1$	17.47	$R3$	16.99
2014	$R2$	36.64	$R4$	29.33	$R1$	17.36	$R3$	16.67
2015	$R2$	32.96	$R4$	31.89	$R1$	17.89	$R3$	17.26
2016	$R2$	38.87	$R4$	28.37	$R3$	16.50	$R3$	16.26
2017	$R2$	39.33	$R4$	26.68	$R1$	17.02	$R3$	16.97
2018	$R2$	37.55	$R4$	27.27	$R3$	18.03	$R1$	17.15
2019	$R2$	38.72	$R4$	25.90	$R3$	18.28	$R1$	17.09

注:$R1$为网络鲁棒性,$R2$为网络聚集性,$R3$为网络传输性,$R4$为网络层级性。

由表4.8可知,阻碍2010—2019年沿线国家旅游合作联系中东欧网络结构韧性提升的障碍因子排序基本一致,变化较小。从障碍因子排序来看,网络聚集性是制约沿线国家旅游合作联系中东欧网络结构韧性的首要障碍因子,网络层级性是其第二障碍因子,而网络鲁棒性、网络传输性交替为第三障碍因子。从因子障碍度来看,网络聚集性(第一障碍因子)的障碍度呈现波动递增的趋势,其障碍度数值从2010年的35.57%波动上升至2019年的38.72%,在2013年、2015年、2018年出现小幅度下降。网络层级性(第二障碍因子)的障碍度呈现波动递减的趋势,其障碍度数值从2010年的28.90%波动下降至2019年的25.90%,在2013年、2018年出现回升;而网络传输性与网络鲁棒性的障碍度数值变化不大,且基本维持在18%左右。由此可知,网络聚集性与网络层级性是影响沿线国家旅游合作联系中东欧网络结构韧性提升的主要障碍因子,未来应该巩固中东欧区域核心国家的地位,充分发挥核心国家的带动效应,增加网络

中国家的紧密程度。

4.4 本章小结

本章在对相关文献梳理的基础上,选取了鲁棒性、传输性、集聚性、层级性和匹配性 5 项指标对沿线国家旅游合作联系网络结构进行韧性评估。首先,构建沿线国家旅游合作联系网络的鲁棒性、传递性、聚集性、层级性和匹配性等多个指标在内的综合评估指标体系,从而构建网络结构韧性演化评价模型,分别综合评估"一带一路"沿线国家整体旅游合作联系网络的结构韧性、东亚—东盟、中亚—西亚、南亚、独联体、中东欧等不同区域旅游合作联系网络的结构韧性;其次,依据层级性与匹配性 2 个指标的静态特征,对整体—分区网络结构韧性划分为随机网络、同配性核心—边缘网络以及韧性网络;再次,根据层级性与匹配性 2 个指标的动态变化,初步量化整体—分区网络结构韧性演化水平;最后,在测度出沿线国家旅游合作联系网络结构韧性水平的基础上,引入障碍因子诊断模型分析影响沿线国家旅游合作联系网络结构韧性提升的障碍因子,本章的研究结论主要包括以下方面:

(1)网络结构韧性指标特征显示,网络鲁棒性呈现上升趋势,但网络传输效率较低,网络层级性增加,网络立体性特征凸显。①沿线国家旅游合作联系整体网络的鲁棒性水平远高于分区网络的鲁棒性水平,且呈递增趋势,说明整体网络和分区网络中各国联系均越发紧密,抗外界干扰能力逐步增强。②沿线国家旅游合作联系整体网络与分区网络的路径传输效率均较低。③整体区域、东亚—东盟区域、中亚—西亚区域、南亚区域、独联体区域等网络的平均聚类系数均呈现递增态势。④沿线国家旅游合作联系整体—分区网络结构层级性有所差异,且整体—分区网络的度分布拟合曲线斜率绝对值$|\alpha|$总体呈现递增趋势,说明整体—分区网络层级性增强,沿线国家旅游合作联系整体—分区网络的立体化特征凸显。

(2)网络结构韧性综合水平总体呈现上升态势,部分分区网络结构韧性呈现波动下降趋势。整体、中亚—西亚区域、南亚区域、独联体区域以及中东欧区域网络结构韧性指数总体呈波动上升趋势,而东亚—东盟区域呈波动下降趋势。

（3）网络结构韧性类型判定发现，东亚—东盟区域亟需加强网络结构稳定性。整体、中亚—西亚区域、南亚区域、独联体区域以及中东欧区域网络结构韧性类型具备稳定性特征，网络结构韧性类型未发生实质性变化。但东亚—东盟区域、南亚区域以及中东欧区域网络结构韧性有待进一步提升，其中东亚—东盟区域要加强其网络结构稳定性，而中亚—西亚区域和独联体区域网络结构韧性应继续保持。

（4）沿线国家旅游合作联系整体—分区网络结构韧性综合演化水平存在较大变化。具体而言，2010—2013年，网络结构韧性综合演化水平表现为：中亚—西亚区域＞整体＞独联体区域＞东亚—东盟区域＞中东欧区域＞南亚区域；2013—2016年，南亚区域＞独联体区域＞整体＞中东欧区域＞东亚—东盟区域＞中亚—西亚区域；2016—2019年，东亚—东盟区域＞南亚区域＞中亚—西亚区域＞独联体区域＞中东欧区域＞整体。

（5）网络聚集性、网络传输性则是阻碍2010—2019年沿线国家旅游合作联系整体—分区网络结构韧性的关键障碍因子。具体而言，①网络传输性是阻碍2010—2019年沿线国家旅游合作联系整体网络结构韧性提升的关键障碍因子；②网络传输性阻碍2010—2019年沿线国家旅游合作联系东亚—东盟网络结构韧性提升的关键障碍因子；③网络鲁棒性、网络层级性是阻碍2010—2019年沿线国家旅游合作联系中亚—西亚网络结构韧性提升的关键障碍因子；④网络聚集性、网络传输性是阻碍2010—2019年沿线国家旅游合作联系南亚网络结构韧性提升的关键障碍因子；⑤网络鲁棒性是阻碍2010—2019年沿线国家旅游合作联系独联体网络结构韧性提升的关键障碍因子；⑥网络聚集性是阻碍2010—2019年沿线国家旅游合作联系中东欧网络结构韧性提升的关键障碍因子。可见，影响整体网络结构韧性、东亚—东盟区域网络结构韧性以及独联体区域网络结构韧性的主要障碍因子较为单一。其中，网络传输性是整体网络结构韧性、东亚—东盟区域网络结构韧性的主要障碍因子，网络鲁棒性是独联体区域网络结构韧性。这说明整体区域、东亚—东盟区域应关注旅游合作联系网络中资源要素流动能力，应该加强区域内部彼此之间传输效率以及联系网络通达程度；独联体区域应该增强区域内各国之间联系程度，促进区域内各国家彼此发生旅游合作关系，进而提升区域抵抗外界干扰能力。此外，影响中亚—西亚区域网络结构韧性的关键障碍因子是网络鲁棒性、网络层级性。这意味着中亚—西亚区域各国家旅游合作程度存在较大差异，而导致该区域抵御外界破坏的能力有所不足,因此,应该推进区域具有旅游发展优势的国家与其他旅游资源较差的国家协同发展,进而促进区域整体旅游合作、提高网络结构韧性。影响南亚区域网络结构韧性的关键障碍因子是网络聚集性、网络传输性,说明区域内各国家联系互动、资源传递较少,导致区域各国旅游合作联系关系较少,因此,该区域应该加强彼此之间的合作交流,提高国家间信息流通性与资源流动性。

综上所述,沿线国家旅游合作联系网络的鲁棒性、网络层级性呈现上升趋势,但网络传输效率较低。此外,"一带一路"沿线国家旅游合作联系的整体与分区网络结构韧性水平均有所提升,但网络聚集性、网络传输性是阻碍合作联系网络结构韧性发展的关键障碍因子。沿线国家旅游合作联系网络结构韧性的提升,其本质在于"一带一路"倡议在促进文化交流与旅游合作、推进国家和地区旅游交流合作中发挥的重要作用。[265]对区域旅游合作而言,政策支持与行动举措是推进区域内部开展旅游合作的重要保障。[266]如,东盟区域发起的《区域全面经济伙伴关系协定》有效地推进了中国、东盟、东亚等地区旅游合作纵深化、稠密化方向发展;六大经济走廊贯通中东欧、南亚、西亚等区域,有效推进了区域旅游合作联系进一步强化提升。网络传输线是阻碍沿线国家旅游合作联系网络结构任性发展的关键障碍因子。因此,强化政策沟通、贸易畅通、资金融通仍旧是推进旅游合作联系网络结构韧性高质量建设的重要抓手。

第 5 章

"一带一路"沿线国家旅游合作联系网络的影响因素与形成机理

本章首先拟在解构"一带一路"沿线国家旅游合作联系网络特征、评估网络结构韧性的基础上,结合前人文献与国际旅游合作实际,系统梳理出影响沿线国家旅游合作联系网络的关键因素;在此基础上,借助 QAP 回归分析技术识别影响国家旅游合作联系网络的关联网络,测度关联网络的结构韧性。其次,借助空间面板回归技术验证关联网络的结构韧性对旅游合作联系网络结构韧性的影响。最后,采用 fsQCA 方法分析厘清"一带一路"沿线国家旅游合作联系网络结构韧性形成的前因组态,以此来揭示网络结构韧性生成的条件组态与生成模式,为提升网络结构韧性、推进沿线国家旅游合作高质量发展提供要素选择与模式参考,进而提出沿线国家旅游合作联系网络结构韧性的形成机理。

5.1 影响沿线国家旅游合作联系的因素

5.1.1 影响因素选取

学界对区域旅游合作联系的影响因素已展开较为深入的探讨:Czernek(2013)提出旅游合作受内外双重因素共同作用,包括成本、旅游发展水平、地理距离、社会文化等内生因素以及经济、收入、政治变化等外生因素[267];Wong(2003)则强调中国—东盟旅游合作的前提条件是政治、社会和经济[268];Yin 等

(2020)发现政治制度、安全、人口密度、语言、治理、收入、消费水平等差异都会影响国家间旅游合作。[19]可见,区域差异可能是影响旅游合作的重要因素。此外,旅游合作被视为促进旅游可持续发展的重要途经[269-270],而资源的优势互补则是旅游合作开展的前提条件。因此,本书认为区域差异可能是旅游合作联系的基础。基于此,本书从区位力、文化力、市场力、金融力、政治力以及政策力六个维度选取九个影响因素验证其对"一带一路"沿线国家旅游合作联系网络的影响。

5.1.1.1 区位力

区位力是指国家之间的空间邻近性。空间邻近对贸易成本产生重要影响[271],相邻国家之间的贸易便利化水平越高,对两国之间的合作越起到显著促进作用。[272]由于空间邻近性更容易形成旅游产业集群,促进了更强的合作联系网络,这将有助于目的地提高其旅游生产力,刺激新的旅游产品来满足游客不断变化的旅游需求。[273]Kozaka 和 Buhalisb(2019)指出,旅游地所接待的游客往往更多是来自邻国的游客。[274]空间邻近对于国家间发展至关重要,开展合作关系的多数国家在空间上是近距离的。[275]此外,国家邻近意味着游客出行的交通成本越低且越便利,而交通成本是影响游客出游意愿的关键因素。[276]综上,本书提出如下假设:

H1:空间邻近正向促进"一带一路"沿线国家旅游合作联系。

5.1.1.2 文化力

目的地对游客的吸引力通常取决于目的地环境和社会文化特征,且目的地旅游产品与文化特征相结合更容易被游客消费。[277]文化力是指国家之间的文化差异,语言是游客出行最容易接触到的文化之一,因此,本书选取国家间语言差异来衡量文化力。语言相似性高意味着游客在异国交流能够节约大量的时间和精力。[278]Basala 等(2011)指出游客更愿意选择前往拥有共用语言的国家作为其旅游目的地。[279]此外,Ng 等(2007)发现语言差异带来的信息搜索和处理成本会抑制游客的出行意愿。[280]基于以上分析,本书认为:

H2:语言相似性负向影响"一带一路"沿线国家旅游合作联系。

5.1.1.3 市场力

旅游市场需求是旅游业得以形成、发展的基础与动力。[281]市场力是指国家之间市场需求差异,本书选取产业结构差异和人口规模差异来衡量。

(1)产业结构差异。Romão 和 Nijkamp(2019)指出产业结构是影响旅游业发展的重要因素。[282]产业结构差异会影响旅游产业集聚与融合，其一定程度上能有效反映地区旅游经济发展水平与市场发展需求。[283]若国家之间产业结构差异较大，意味着两国旅游市场需求存在差距，则越不利于两国开展旅游合作。基于以上分析，本书提出如下假设：

H3：产业结构差异负向影响"一带一路"沿线国家旅游合作联系。

(2)人口规模差异。国家的人口规模在一定程度上可以反映出该国的旅游市场需求[284]，即旅游地人口规模越大，潜在的旅游需求则越大，越愿意参与国际旅游合作。[285]人口越聚集的国家，其公共服务与人均资源利用的效率就越高，则越有利于旅游业的发展[286]，反之，人口密度较低的国家则会制约旅游业发展。此外，人口规模的不对称是地区间旅游市场发展潜力差异的关键因素。[287]基于以上分析，本书推断：

H4：人口规模差异会抑制"一带一路"沿线国家旅游合作联系。

5.1.1.4 金融力

金融力是指经济发展水平相近的国家之间更容易发生旅游合作联系。[227]本书选取双边贸易强度和双边投资关联来衡量金融力。

(1)贸易强度差异。贸易强度是一个国家参与国际旅游合作的重要经济指标，是国际旅游发展水平的重要因素，对国家旅游交往至关重要。[288]贸易强度差异越大，意味着国家间贸易便利化水平越低，则越不利于两国之间的旅游合作。因此，本书提出如下假设：

H5：贸易强度差异负向阻碍"一带一路"沿线国家旅游合作联系。

(2)投资关联差异。外商投资作为国际经济合作主要方式之一，已经成为国家经济增长的重要引擎。[289]阮文奇等(2018)指出，实际利用外资是影响国际旅游的核心驱动因素。[290]可见，外商投资反映了一个国家对外交往的能力与水平，即国家间投资关联差异越大，越不利于彼此之间旅游往来。据此，本书提出如下假设：

H6：投资关联差异负向影响"一带一路"沿线国家旅游合作联系。

5.1.1.5 政治力

政治局势、治理环境等因素是影响国家旅游业发展的关键因素，良好的政治环境是旅游业可持续发展的重要保障[291]，而不稳定的政治关系则会阻碍跨境合作。[292]因此，本书选取国家治理差异与国家安全差异来衡量国家政治力。

(1)国家治理差异。复杂多变的政治环境是影响国际游客出游需求的制约性因素。[167]稳定的政治环境是旅游业生存发展的基本保障[293]，国内治理水平越高的国家可能会提高其竞争优势，越容易与其他国家发生旅游往来。[294]因此，如果两国之间治理水平存在较大的差异，则意味着两国之间的旅游合作发生的可能性越小。因此，本书认为：

H7：国家治理差异负向影响"一带一路"沿线国家旅游合作联系。

（2）国家安全差异。旅游安全是旅游业发展的根本前提，是影响游客出游意愿的关键因素，也是促进地区间旅游合作的重要保证。[295]旅游业的发展依赖于安全的旅游环境，面对不确定的出游环境，游客更倾向于选择前往安全的旅游地出游。[296]国家间的社会治安状况若存在明显差异，游客则不愿意前往社会治安状况较低的国家。可见，旅游地安全差异是阻碍旅游决策的关键因素。基于以上分析，本书提出如下假设：

H8：国家安全差异负向阻碍"一带一路"沿线国家旅游合作联系。

5.1.1.6 政策力

国际旅游活动的开展依赖于地区间政策、价格差异[297]，因此，本书通过选取财政政策差异来衡量政策力。国家间不同的财政政策会导致其有不同的目标和预算，两国若建立联系，则有可能是竞争关系而非合作联系。[274]通常而言，国家政府通过制定财政政策有利于营造健康的产业运行环境[298]，并且居民消费水平能有效反映国家财政政策执行效果。可见，国家财政政策差异一定程度上能反应国家之间的消费水平差异，消费水平的差异通过影响游客出游成本来影响游客旅游需求。[299]不难发现，游客的消费水平是影响旅游活动开展的重要因素。[300]基于以上分析，本书推断：

H9：财政政策差异负面影响"一带一路"沿线国家旅游合作联系。

5.1.2 数据来源

本书搜集并整理了2010—2019年"一带一路"沿线55个国家的相关数据，在获取数据后，本书对所选取的数据进行筛选与处理，统一数据单位，并对数据进行对数化处理。本书数据主要来源于世界银行的世界发展指标数据库（https://data.worldbank.org.cn/）、法国CEPII数据库（http://www.cepii.fr/CEPII/en/welcome.asp）与谷歌地球（Google Earth）。为了检验各变量在不同国家之间的差异，本书将这些变量的平均值作为衡量标准，若两国指标相减小于该衡量标准，则认为两国指标不存在差异，赋值为0；若两国指标相减大于该衡量标准,则赋值为1,具体如表5.1所示。

表 5.1　　　　　　　　　　变量说明与数据来源

影响力	变量	变量说明	数据来源
区位力	空间邻近	两国国土是否有共同的国家地理边界,是取1,否则取0	世界银行的世界发展指标数据库、法国 CEPII 数据库与谷歌地球
文化力	语言相似性	两国是否使用共同官方语言,是取1,否则取0	
市场力	产业结构差异	采用两国工业增加值占 GDP 比重的绝对差值矩阵表示	
	人口规模差异	采用两国人口总数的绝对差值矩阵表示	
金融力	贸易强度差异	采用两国商品进出口总额占 GDP 比重的绝对差值矩阵表示	
	投资关联差异	采用两国外商直接投资总额占 GDP 比重的绝对差值矩阵表示	
政治力	国家治理差异	采用两国全球治理指数(WGI)的绝对差值矩阵表示,其中 WGI 由六个指标(发言权和问责制、政治稳定和暴力/恐怖主义、政府效力、监管质量、法治和腐败制度)的均值来衡量	
	国家安全差异	采用两国国际谋杀犯罪率的绝对差值矩阵表示	
政策力	财政政策差异	采用两国政府最终消费支出占 GDP 比重的差值矩阵表示	

5.1.3　影响沿线国家旅游合作联系网络的 QAP 验证

二次指派程序(Quadratic Assignment Procedure,QAP)是一种以"关系数据"为对象,通过对两个"关系矩阵"中对应元素值进行比较来确定两个"关系矩阵"关系的一种方法。[301]QAP 分析方法包括 QAP 相关分析和 QAP 回归分析,QAP 相关分析通过测算两个"关系矩阵"的皮尔逊相关系数来确定其是否具有相关性,而 QAP 回归分析侧重估计多个"关系矩阵"与一个"矩阵关系"之间的回归关系。[302]其中,QAP 回归分析属于非参数检验,能解决研究多个自变量时存在的自相关、共线性等问题,适用于多个"关系矩阵"的分析。[303]QAP 回归分析具体过程为:在对自变量与因变量进行标准回归分析的基础上,通过随机置换矩阵列和行,计算得出检验统计量,多次重复置换矩阵这个步骤,并保存每次随机置换后的回归系数与拟合优度,进而基于该分布判断实际值处于接受域还

第 5 章 "一带一路"沿线国家旅游合作联系网络的影响因素与形成机理 | 177

是拒绝域,从而得出变量的显著性结果。

因此,本书采用社会网络的矩阵(QAP)回归方法来进一步验证影响"一带一路"沿线国家旅游合作联系网络的关键因素。以上述各差异矩阵为解释变量,借助 Ucinet 6.0 软件,随机置换次数选择 1 000 次进行回归分析,回归结果如表 5.2 所示。

表 5.2　　　　　　　　　　　QAP 回归分析

年份	空间邻近	语言相似性	产业结构差异	人口规模差异	贸易强度差异	投资关联差异	国家治理差异	国家安全差异	财政政策差异
2010	0.104***	−0.013	−0.072**	0.036	−0.009	−0.044	−0.010	−0.071*	−0.150***
2011	0.109***	−0.012	−0.099**	0.043	−0.025*	−0.066*	−0.012	−0.078**	−0.127**
2012	0.119***	−0.016	−0.082**	0.047	−0.021	−0.012	−0.011	−0.053**	−0.119**
2013	0.115***	−0.006	−0.086**	0.052*	−0.025*	−0.072*	−0.011	−0.032	−0.107**
2014	0.109***	0.004	−0.074**	0.039	−0.071*	−0.085*	−0.007	−0.081*	−0.080*
2015	0.096***	0.020	−0.031	0.023	−0.040*	−0.113**	−0.021	−0.046*	−0.170***
2016	0.082***	0.012	−0.037	0.000	0.020	−0.053	−0.023	−0.044	−0.215***
2017	0.081***	0.017	−0.045*	0.006	−0.087**	−0.072*	−0.018	−0.045	−0.125**
2018	0.085***	0.026	−0.035	0.013	−0.039*	−0.076**	−0.017	−0.024	−0.181***
2019	0.076***	0.020	−0.046*	0.000	−0.058*	−0.077*	−0.013	−0.032	−0.191***

注: *** $P<0.01$, ** $P<0.05$, * $P<0.1$, P 值越小,表示显著性水平越高。

(1) 空间邻近对"一带一路"沿线国家旅游合作联系产生显著的正向影响,且基本在 1% 的显著性水平上显著,即 H1 成立。这一定程度上表明地理距离越近,其旅游交往便捷度越高,越容易发生旅游联系。此外,空间邻近这一变量对旅游经济合作联系的影响系数整体呈现波动递减的趋势,说明距离对旅游经济合作联系的限制正在减小。

(2) 语言相似性在 2010—2013 年对"一带一路"沿线国家旅游合作联系产生负向影响,在 2014—2019 年对其产生正向影响,但该变量对沿线国家旅游合作联系的影响并不显著,即 H2 不成立。这说明语言相似性对沿线国家旅游合作联系的影响由最初的负向抑制转变成为正向吸引作用。这是由于新奇体验是游客出游动机之一[304],且文化差异越大,可能越能满足游客猎奇的需求。

(3) 产业结构差异对"一带一路"沿线国家旅游合作联系产生负向影响,且基本在 5% 的显著性水平上显著,仅 2015 年、2016 年、2018 年不显著,即 H3 部分成立。从影响系数大小来看,产业结构差异这一变量的影响系数呈现递减的趋势,说明沿线国家产业结构的优化升级使得彼此之间的差异在缩小,从而对沿线国家旅游合作联系的抑制作用在削弱。

(4)人口规模差异对"一带一路"沿线国家旅游合作联系产生正向影响,且其影响力呈现波动递减的趋势,但其仅在 2013 年显著,即 H4 不成立。从影响系数大小来看,人口规模差异的影响力总体呈现下降趋势,说明人口规模差异对于沿线国家旅游合作联系的影响作用正逐渐削弱。正如苏建军等(2013)表明,人口规模差异不再是国际旅游的障碍因素。[305]

(5)贸易强度差异对"一带一路"沿线国家旅游合作联系产生负向影响,且基本在 10% 的显著性水平上显著,仅 2010 年、2012 年、2016 年不显著,即 H5 部分成立。国家间贸易水平越相近,彼此之间发生合作交流则越便利,不仅会促进商品与服务的进出口,也有利于为旅游活动开展提供经济支持。

(6)投资关联差异对"一带一路"沿线国家旅游合作联系产生负向影响,且基本在 10% 的显著性水平上显著,仅 2010 年、2012 年、2016 年不显著,即 H6 部分成立。若两国之间的外商投资水平差异太大,两国资金、信息、市场需求等水平就会越悬殊,两国之间的旅游合作就越难进行。

(7)国家治理差异对"一带一路"沿线国家旅游合作联系产生负向影响,但其对沿线国家旅游合作联系的影响并不显著,且其抑制作用比较微弱,即 H7 不成立。可见,国家治理水平是影响国家之间旅游合作的重要条件,并非决定因素。国家之间的治理环境相对较为复杂,因此,国家间旅游关系呈现何种发展趋势难以明确。

(8)国家安全差异对"一带一路"沿线国家旅游合作联系产生负向影响,且基本在 10% 的显著性水平上显著,仅 2013 年、2016 年、2018 年、2019 年不显著,即 H8 部分成立。说明国家之间安全差异越大,越难产生旅游合作联系。安全的旅游环境是开展旅游活动的必要条件[295],因此,国家安全差异在一定程度上阻碍了旅游合作。

(9)财政政策差异对"一带一路"沿线国家旅游合作联系产生显著的负向影响,且基本在 1% 的显著性水平上显著,即 H9 成立。这说明国家财政政策差异对国际游客旅游需求产生抑制作用。换言之,国家间财政政策的差异代表着两国消费水平的差异,一定程度上可能会因出游成本而限制游客旅游需求。

5.2 影响沿线国家旅游合作联系网络结构韧性的因素验证

5.2.1 影响因素遴选

影响因素辨识是构建沿线国家旅游合作联系网络结构韧性评估体系的重要基础[46],其有助于提高沿线国家旅游合作联系网络结构韧性水平与应变能力。学界对于区域韧性的影响因素已展开相关研究:石龙宇等(2022)从城市系统要素组成视角出发,认为基础设施、生态、经济、社会、组织是影响城市韧性的关键因素。[46]黄若鹏等(2022)重点探讨了政府行政力、市场力、产业结构和外资强度对黄河流域中下游经济韧性的影响。[306]Sajjad等(2021)指出城市韧性影响因素指标的构建可以从社会、经济和生态三个维度展开。[307]朱金鹤、孙红雪(2020)从市场、政府、技术、开放性、金融五个维度对影响城市韧性的要素进行梳理。[308]张鹏等(2018)基于行政力、市场力、开放力、创新力以及人口密度五个维度验证了影响城市韧性的关键因素。[309]孙久文、孙翔宇(2017)在梳理国内外对区域经济韧性的研究进展的基础上,评述了产业结构、制度环境、社会资本、文化因素对区域经济韧性的影响。[310]不难发现,关于区域网络结构韧性影响因素的探讨在研究内容上聚焦于生态、经济、社会、政治、市场、人口、产业结构、投资、文化等维度;在研究对象上集中于单一省域[309]、城市尺度[46]以及单一城市群[306],而对于国家尺度网络结构韧性影响因素的探讨与验证还有待进一步深入研究。

面对外部干扰时,区域间的紧密联系有助于其共同抵抗风险,即区域联系网络越紧密,其网络结构韧性能力越强。[97]同时,覃成林、刘丽玲(2020)也指出,联系网络是影响区域韧性的重要因素。[311]此外,旅游要素差异的大小是区域间旅游合作联系发展互补性的表征,即区域差异是影响旅游合作联系的关键因素。[312]由此,本书认为区域差异网络的结构韧性对区域合作联系网络的结构韧性会产生影响。基于已有学者对区域韧性影响因素的研究,结合上述对沿线国家旅游合作联系网络影响因素的研究,考虑到区位力(用空间邻近来衡量)与文化力(用语言相似性来衡量)在研究年限 2010—2019 年间数据都相同,无法表征区域旅游合作联系网络的差异，故不纳入考虑。因此，本书从市场力、金融力、政治力以及政策力四个维度选取产业结构差异网络结构韧性、人口规模差异网络结构韧性、贸易强度差异网络结构韧性、投资关联差异网络结构韧性、国家治理差异网络结构韧性、国家安全差异网络结构韧性以及财政政策差异网络结构韧性七个差异网络的结构韧性来验证其对沿线国家旅游合作联系网络结构韧性的影响。具体而言：

5.2.1.1 市场力

（1）产业结构差异网络结构韧性。产业结构被认为是影响区域韧性的关键因素。[313]鲁飞宇等（2021）研究发现，较高的产业集聚和专业化水平会提高产业韧性水平，而较低的产业专业化水平则会抑制产业韧性的提升[314]。这意味着当区域内产业结构存在差异时，产业韧性水平较高的节点会带动产业韧性水平较低节点共同提升产业韧性水平。此外，产业结构差异是影响区域间旅游信息、资源和技术流通的关键因素。[315]区域间产业结构越相似、联系越紧密，越可能使风险迅速传导甚至蔓延至整个网络，从而损害区域网络结构韧性。[316]换言之，产业结构差异越小，意味着越不利于网络结构韧性的提升。因此，本书认为产业结构差异网络结构韧性会促进沿线国家旅游合作联系网络结构韧性水平的提升。

（2）人口规模差异网络结构韧性。人口规模大的地区通常有更高的旅游需求，而旅游需求市场是旅游业韧性的核心要素。[317]当旅游需求市场存在差异时会促进旅游产业资源的利用能力，进而影响区域网络结构韧性水平。[318]人口规模差异越大，意味着国家间互补性越大，即越容易促进彼此间旅游资源的利用，进而促进旅游合作联系，提升区域网络结构韧性水平。因此，本书认为人口规模差异网络结构韧性会促进沿线国家旅游合作联系网络结构韧性水平的提升。

5.2.1.2 金融力

（1）贸易强度差异网络结构韧性。国家间贸易依赖程度日益加深，其影响力在国家旅游合作联系中不断扩大，成为彼此合作与竞争的焦点。[319]通过旅游合作来促进落后国家的贸易发展是国家间旅游合作开展的重要驱动力。[76]若高贸易强度国家之间的联系过多，则容易导致区域经济锁定，只有高贸易强度国家和低贸易强度国家之间保持一定的联系才有利于区域网络结构韧性水平的提升[310]。因此，本书认为贸易强度差异网络结构韧性会促进沿线国家旅游合作联系网络结构韧性水平的提升。

(2)投资关联差异网络结构韧性。坚实的投资基础有利于相关产业实现空间集聚、建立稳定关系进而发挥区域的抵御外界风险能力。[320]国家间投资关联程度越大,越不容易发生冲突,意味着某一国家对外旅游合作的依赖性增强,当投资关联差异越小时,其依赖程度就越高。对外投资依赖程度高的国家更容易遭受冲击影响[314],即国家间投资关联差异的增加有利于区域旅游合作联系网络结构韧性水平的提升。因此,本书认为投资关联差异网络结构韧性会促进沿线国家旅游合作联系网络结构韧性水平的提升。

5.2.1.3 政治力

(1)国家治理差异网络结构韧性。政府管制与治理能力对区域韧性的提升具有决定性作用。[321]国家治理能力是影响国际经济活动开展的重要制约因素[322],即良好的国家治理水平可以创造良好的经济合作环境,减少金融风险[323-324],同时也能为游客开展旅游活动提供保障。当国家间治理能力存在较大差异时,则意味着彼此之间政治立场可能存在差异,甚至彼此政治关系也是处于不友好的状态。而友好的政治关系可以增加对对方治理模式的认可度,进而会增加彼此之间深度合作与信任。[325]因此,本书认为国家治理差异网络结构韧性会抑制沿线国家旅游合作联系网络结构韧性水平的提升。

(2)国家安全差异网络结构韧性。安全是决定一个国家和地区旅游可持续发展的重要基础[295],安全指数较高国家与安全指数较低国家之间开展旅游合作不利于保障游客安全,而保障游客安全是稳定旅游业的关键。换言之,国家安全差异影响旅游者的流动,国家旅游安全差异较大时会降低游客出游意愿,从而减少国家间的旅游合作与往来,即不利于旅游合作联系网络结构韧性水平的提升。因此,本书认为国家安全差异网络结构韧性会抑制沿线国家旅游合作联系网络结构韧性水平的提升。

5.2.1.4 政策力

财政市场间存在显著的边界壁垒效应[314],因此,国家财政资本跨地区流动较为缓慢且不充分。财政资本在区域旅游合作与交流中会促进区域内其他旅游要素合理配置,若两国财政实力差距较大时,国家在建立旅游合作联系时会更加谨慎。这意味着若国家间财政政策存在差异,可能会抑制国家财政对区域内其他国家财政的溢出效应,即对网络结构韧性水平的提升会产生抑制作用。因此,本书认为财政政策差异网络结构韧性会抑制沿线国家旅游合作联系网络结构韧性水平的提升。

5.2.2 单位根检验及协整检验

5.2.2.1 单位根检验

单位根检验方法包括两类：一类是检验原假设具有相同单位根的检验方法，具体概括为 LLC 检验、Breitung 检验及 Hadri 检验；另一类是检验原假设为不同单位根的检验方法，包括 IPS 检验、Fisher-ADF 检验及 Fisher-PP 检验。为了保证研究结果的稳健性，避免单一检验方法存在偏差，本书采用 LLC、IPS、Fisher-ADF 和 Fisher-ADF 4 种检验方法，利用 Eviews 12.0 软件进行单位根检验（见表 5.3）：当对 ln$F$、lnIS、lnPS、lnTS、lnIC、lnNG、lnNS、lnFP 进行检验时，在 10% 的显著性水平下四种检验结果中只有 lnTS 在 LLC 和 Fisher-ADF 检验方法拒绝"存在单位根"的零假设，即只有 lnTS 变量是平稳的。因此，本书进一步进行原始变量的一阶差分单位根检验。由表 5.3 可知，当对 Δln$F$、ΔlnIS、ΔlnPS、ΔlnTS、ΔlnIC、ΔlnNG、ΔlnNS、ΔlnFP 进行检验时，各变量的检验结果显示均通过单位根检验，且在 10% 水平上显著，拒绝"存在单位根"的零假设。由此判定 ln$F$、lnIS、lnPS、lnIC、lnNG、lnNS、lnFP 均是一阶单整序列，且其均是平稳的。

表 5.3　　　　　　　　　　面板数据单位根检验结果

检验方法	LLC 统计值	P 值	IPS 统计值	P 值	Fisher-ADF 统计值	P 值	Fisher-PP 统计值	P 值
ln$F$	−2.260**	0.012	0.277	0.609	9.625	0.474	23.972***	0.008
lnIS	−4.353***	0.000	−0.943	0.173	18.513**	0.047	38.101***	0.000
lnPS	−1.892**	0.029	0.191	0.576	6.566	0.584	3.299	0.914
lnTS	−2.115**	0.017	−0.734	0.232	16.761*	0.080	37.789***	0.000
lnIC	−2.872***	0.002	−0.153	0.439	13.855	0.180	15.780	0.106
lnNG	−2.436***	0.007	0.251	0.599	7.238	0.703	17.081*	0.073
lnNS	−2.679***	0.004	0.230	0.591	8.239	0.606	15.050	0.130
lnFP	−4.050***	0.000	−0.422	0.336	13.863	0.179	14.171	0.165
Δln$F$	−5.301***	0.000	−0.769	0.221	18.283*	0.050	37.256***	0.000
ΔlnIS	−5.089***	0.000	−0.683	0.247	17.568*	0.063	29.423***	0.001
ΔlnPS	−4.765***	0.000	−0.698	0.243	15.206*	0.055	32.570***	0.000

续表

检验方法	LLC 统计值	P 值	IPS 统计值	P 值	Fisher-ADF 统计值	P 值	Fisher-PP 统计值	P 值
$\Delta \ln TS$	−3.814***	0.000	−0.575	0.283	16.146*	0.096	42.635***	0.000
$\Delta \ln IC$	−5.989***	0.000	−1.230	0.109	24.371***	0.007	51.883***	0.000
$\Delta \ln NG$	−3.538***	0.000	−0.219***	0.004	11.677***	0.003	15.654**	0.011
$\Delta \ln NS$	−5.572***	0.000	−1.072	0.142	22.843**	0.011	43.597***	0.000
$\Delta \ln FP$	−9.834***	0.000	−1.444*	0.074	26.239***	0.003	43.266***	0.000

注：*** $P<0.01$，** $P<0.05$，* $P<0.1$；Δ 表示变量的一阶差分序列；F 表示旅游合作联系网络结构韧性，IS 表示产业结构差异网络结构韧性，PS 表示人口规模差异网络结构韧性，TS 表示贸易强度差异网络结构韧性，IC 表示投资关联差异网络结构韧性，NG 表示国家治理差异网络结构韧性，NC 表示国家安全差异网络结构韧性，FP 表示财政政策差异网络结构韧性。

5.2.2.2 协整检验

由于 5 个区域的 $\ln F$、$\ln IS$、$\ln PS$、$\ln IC$、$\ln NG$、$\ln NS$、$\ln FP$ 均是一阶单整序列，因此，可以进一步运用面板数据协整检验，验证变量之间是否存在长期稳定的均衡关系，即是否存在协整关系。[326]对于协整检验方法，主要包括 Pedroni 检验、Kao 检验以及 Johansen 协整检验。Pedroni 检验和 Kao 检验是基于 E-G 二步法的面板数据协整检验方法，其中，Pedroni 检验通过原假设变量不存在协整关系，一方面，检验同质面板数据的协整关系，包括 Panel v-Statistic、Panel rho-Statistic、Panel PP-Statistic、Panel ADF-Statistic；另一方面，检验异质面板数据的协整关系，包括 Group rho-Statistic、Group PP-Statistic、Group ADF-Statistic。[327]此外，由于 Pedroni 检验方法不限制个体的协整系数一致性，并可从短期动态多角度、多维度进行检验，而被广泛应用。[326]

参考已有学者[328]，本书采用被广泛应用的 Pedroni 检验方法和 Kao 检验方法进行协整检验。由表 5.4 可知，除了 Panel v-Statistic、Panel rho-Statistic 和 Group rho-Statistic 没有通过显著性检验外，其余统计量均在 10% 置信水平下通过检验。实际上，Pedroni 检验中构建的 7 种统计量在不同样本时期具有各自的性能。因此，对于 Pedroni 检验方法，本书选取 Panel ADF-Statistic 和 Group ADF-Statistic 两个统计量检验结果作为主要参考依据[326]，检验结果表明 Panel ADF-Statistic 和 Group PP-Statisticp 统计量的 P 值均小于 0.1，拒绝不存在协整关系的原假设。此外，Kao 检验统计量的 P 值小于 0.05，拒绝原假设。综上所述，$\ln F$ 与 $\ln IS$、$\ln PS$、$\ln IC$、$\ln NG$、$\ln NS$、$\ln FP$ 之间存在长期均衡关系。

表 5.4　　　　　　　　　　变量协整检验结果

检验方法	统计量名	统计量	P 值	结果
Pedroni 检验	Panel v-Statistic	−1.360	0.913	接受原假设
	Panel rho-Statistic	2.796	0.997	接受原假设
	Panel PP-Statistic	−2.241**	0.013	拒绝原假设
	Panel ADF-Statistic	−1.299*	0.097	拒绝原假设
	Group rho-Statistic	3.565	1.000	接受原假设
	Group PP-Statistic	−5.577***	0.000	拒绝原假设
	Group ADF-Statistic	−2.785***	0.003	拒绝原假设
Kao 检验	ADF	−1.420**	0.078	拒绝原假设

注：*** $P<0.01$，** $P<0.05$，* $P<0.1$*。

5.2.3　模型设定

面板数据模型的基本形式包括随机效应模型、固定效应模型和混合回归模型。为了避免模型设定出现偏差，同时提高参数估计的合理性和有效性，需要根据 F 统计结果来确定面板数据模型。模型形式检验有如下两个 F 检验统计量：

$$F_2 = \frac{(S_3 - S_1)/[(N-1)(k+1)]}{S_1/[NT - N(k+1)]} \sim F[(N-1)(k+1), N(T-k-1)] \quad (5.1)$$

$$F_1 = \frac{(S_2 - S_1)/[(N-1)k]}{S_1/[NT - N(k+1)]} \sim F[(N-1)k, N(T-k-1)] \quad (5.2)$$

式(5.1)和式(5.2)中：S_1、S_2 和 S_3 分别是随机效应模型、固定效应模型和混合效应模型的残差平方和；N 为截面数；T 为时期数；k 为解释变量的数量。

原假设：

$$H1: \beta_i = \beta$$

$$H2: \alpha_i = \alpha; \beta_i = \beta$$

若接受假设 H2，则选择混合模型，检验结束。

若拒绝假设 H2，则需进一步检验假设 H1。若接受 H1，则选择固定效应模型；若拒绝 F_1，则选择随机效应模型。

本书运用 Eviews 12.0 软件对面板数据进行回归：$S_1=7.146$，$S_3=13.764$，其中 $N=5$，$T=10$，$k=7$，从而计算出：$F_2=1.592$。F_2 值小于在 5% 的显著性水平下所对应的临界值，接受原假设 H2，即选择混合效应模型进行估计。

5.2.4 估计结果分析

本书基于 2010—2019 年"一带一路"沿线国家旅游合作联系整体—分区网络结构韧性的面板数据，运用 Eviews 12.0 软件对整体—分区网络结构韧性以及影响因素进行回归（如表 5.5 所示）：产业结构差异网络结构韧性、贸易强度差异网络结构韧性、投资关联差异网络结构韧性以及国家治理差异网络结构韧性对沿线国家旅游合作联系网络结构韧性具有显著影响，其中，产业结构差异网络结构韧性、贸易强度差异网络结构韧性、投资关联差异网络结构韧性能够正向影响沿线国家旅游合作联系网络结构韧性，国家治理差异网络结构韧性则负向影响沿线国家旅游合作联系网络结构韧性；而人口规模差异网络结构韧性、国家安全差异网络结构韧性以及财政政策差异网络结构韧性对沿线国家旅游合作联系网络结构韧性的作用不显著。

表 5.5　　　　　　　　　　　模型估计结果

	变量	回归系数	标准误差	T 值	P 值
C	常数	0.077***	0.012	6.469	0.000
$\ln IS$	产业结构差异网络结构韧性	0.155**	0.066	2.341	0.024
$\ln PS$	人口规模差异网络结构韧性	0.047	0.033	1.455	0.153
$\ln TS$	贸易强度差异网络结构韧性	0.156**	0.059	2.618	0.012
$\ln IC$	投资关联差异网络结构韧性	0.155***	0.037	4.159	0.000
$\ln NG$	国家治理差异网络结构韧性	−0.189***	0.066	−2.855	0.007
$\ln NS$	国家安全差异网络结构韧性	−0.031	0.035	−0.906	0.370
$\ln FP$	财政政策差异网络结构韧性	−0.063	0.064	−0.984	0.331

注：$R^2=0.562$，Adj $R^2=0.489$；*** $P<0.01$，** $P<0.05$，* $P<0.1$；F 表示旅游合作联系网络结构韧性，IS 表示产业结构差异网络结构韧性，PS 表示人口规模差异网络结构韧性，TS 表示贸易强度差异网络结构韧性，IC 表示投资关联差异网络结构韧性，NG 表示国家治理差异网络结构韧性，NC 表示国家安全差异网络结构韧性，FP 表示财政政策差异网络结构韧性。

(1)产业结构差异网络结构韧性(lnIS)对提升沿线国家旅游合作联系网络结构韧性能力产生显著的正向影响。产业结构差异网络结构韧性的回归系数为 0.155,并通过 5% 的显著性检验,表明国家间产业结构越相似,沿线国家旅游合作联系网络结构韧性也就越稳定。

(2)人口规模差异网络结构韧性(lnPS)对提升沿线国家旅游合作联系网络结构韧性能力产生正向影响,但该变量对增强沿线国家旅游合作联系网络结构韧性能力影响并未通过显著性检验。这说明人口规模差异网络结构韧性对沿线国家旅游合作联系网络结构韧性稳定性的影响较小。

(3)贸易强度差异网络结构韧性(lnTS)对提升沿线国家旅游合作联系网络结构韧性能力产生显著的正向影响。贸易强度差异网络结构韧性的回归系数为 0.156,未通过 1% 的显著性检验,但在 5% 水平上显著,表明国家间稳定的贸易强度差异网络能够提高沿线国家旅游合作联系网络结构韧性能力。换言之,如果各国之间的贸易强度差异网络越稳定,沿线国家旅游合作联系网络就越发稳定,网络结构韧性也处于较高水平。

(4)投资关联差异网络结构韧性(lnIC)对提升沿线国家旅游合作联系网络结构韧性能力产生显著的正向影响。投资关联网络结构韧性的回归系数为 0.155,且通过 1% 的显著性检验,表明国家间稳定的投资关联差异网络能够提高沿线国家旅游合作联系网络结构韧性能力。换言之,国家间投资关联差异网络越稳定,其对沿线国家旅游合作联系网络结构韧性能力具有促进作用,即国家间形成稳固的投资关联差异网络时,沿线国家旅游合作联系网络也会越发稳固。

(5)国家治理差异网络结构韧性(lnNG)对提升沿线国家旅游合作联系网络结构韧性能力产生负向影响。国家治理差异网络结构韧性的回归系数为 −0.189,在 1% 水平上显著,表明国家之间国家治理差异网络越不稳定,越不利于增强沿线国家旅游合作联系网络结构韧性能力。此外,国家治理差异网络结构韧性回归系数值最大,说明国家治理差异网络对沿线国家旅游合作联系网络结构韧性能力影响最大。也就是说,各国之间若存在不稳定的治理水平差异网络,则会不利于沿线国家旅游合作联系网络的稳定发展。

(6)国家安全差异网络结构韧性(lnNS)对提升沿线国家旅游合作联系网络结构韧性能力产生负向影响,但该变量对增强沿线国家旅游合作联系网络结构韧性能力影响并未通过显著性检验。换句话说,各国间安全差异网络越稳定持久,越不利于构建稳定持久的旅游合作联系网络。

(7)财政政策差异网络结构韧性对提升沿线国家旅游合作联系网络结构韧性能力也产生负向影响,但该变量对增强沿线国家旅游合作联系网络结构韧性能力影响并未通过显著性检验。本书选取政府最终消费支出占 GDP 比重来衡量财政政策,其中旅游业财政支出的占比无法比较得出,因此,本书财政政策差异网络结构韧性对构建沿线旅游合作联系网络结构韧性不起作用。

5.3 网络结构韧性的形成机理

5.3.1 研究方法

定性比较分析(Qualitative Comparative Analysis,QCA)是一种以模糊数学和集合论为范式基础,旨在分析多种因素构成的组态对结果的影响,其可以解决传统计量分析方法无法处理的多重并发、非对称性和等效性等问题,并从整体视角揭示条件组态与结果之间的复杂因果关系。[329] QCA 方法综合了定性与定量研究,根据变量类型可将其细分为清晰集定性比较分析(csQCA)、多值集定性比较分析(mvQCA)和模糊集定性比较分析(fsQCA),其中,csQCA 分析方法和 mvQCA 分析方法只适合处理类别变量,而 fsQCA 分析方法可以处理定距、定比变量,更具有解释力。[330] 鉴于本书旨在探讨不同要素之间与"一带一路"沿线国家旅游合作联系网络结构韧性提升的复杂因果关系,因此采用 fsQCA 方法,以期找出沿线国家旅游合作联系网络结构韧性提升路径与形成机理。

本书选择 fsQCA 方法探讨"一带一路"沿线国家旅游合作联系网络结构韧性提升路径与形成机理,具体原因如下:首先,沿线国家旅游合作联系网络结构韧性是一个复杂的网络系统,涉及多重前因要素并发的结果,而 fsQCA 方法相较于其他方法能利用组态思维检验多重要素的联动匹配效应,以此来识别沿线国家旅游合作联系网络结构韧性提升的多条路径;其次,沿线国家旅游合作联系网络结构韧性提升过程中,不同前因要素对旅游合作联系网络结构韧性的影响存在差别,fsQCA 方法遵循因果关系非对称性假设,能解决因果路径的非对称性问题;最后,沿线国家旅游合作联系网络结构韧性提升的路径可能有很多,不同前因条件要素组合下的不同路径可能会产生相同的结果，fsQCA方法能够揭示不同路径的等效性。

综上所述，本书以"一带一路"沿线5个分区为样本，采用fsQCA方法对产业结构差异网络结构韧性、人口规模差异网络结构韧性、贸易强度差异网络结构韧性、投资关联差异网络结构韧性、国家治理差异网络结构韧性、国家安全差异网络结构韧性以及财政政策差异网络结构韧性的组态效应进行分析（如图5.1所示），以此来揭示影响沿线国家旅游合作联系网络结构韧性提升的多重并发机制。具体操作步骤如下：首先，在确定本书的结果变量和前因条件要素基础上，对样本数据进行整理校准，根据完全隶属、交叉点和完全不隶属三个校准锚点来构建真值表；其次，对单个前因条件变量是否为构成沿线国家旅游合作联系网络结构韧性提升的必要性检验；最后，对七个前因条件变量进行组态分析，进而揭示差异网络结构韧性影响沿线国家旅游合作联系网络结构韧性的复杂因果机理。

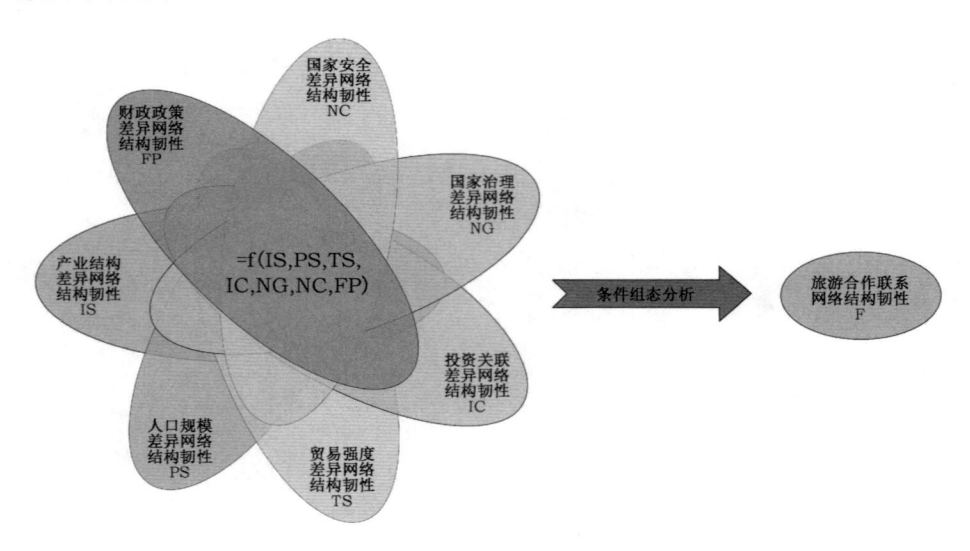

图 5.1 条件组态效应分析

5.3.2 数据校准

未校准的数据不能满足定性比较分析的布尔逻辑，因此在进行定性比较分析之前，需要对指标值进行校准，即设定3个临界值：完全隶属、中间点以及完全不隶属，转变后的集合隶属介于0～1。[331]"一带一路"沿线国家旅游合作联系网络结构韧性在不同年份下可能受到不同前因条件要素组合的影响,因此本书参考已有文献[332],选用 2010 年、2013 年、2016 年以及 2019 年的条件变量的数值作为最终运行数据,并根据样本数据的最小值、平均值和最大值,设定条件变量和结果变量的 3 个锚点,通过 fsQCA 3.0 软件进行隶属度赋值,具体校准规则如表 5.6 所示。

表 5.6　　　　　　　　　关键年份各条件变量的锚点

变量	2010 年定位点			2013 年定位点			2016 年定位点			2019 年定位点		
	完全不隶属	中间点	完全隶属	完全不隶属	中间点	完全隶属	完全不隶属	中间点	完全隶属	完全不隶属	中间点	完全隶属
F	0.055	0.117	0.171	0.047	0.070	0.106	0.078	0.111	0.161	0.052	0.140	0.201
IS	0.035	0.138	0.204	0.018	0.063	0.138	0.086	0.121	0.211	0.036	0.092	0.176
PS	0.073	0.176	0.439	0.015	0.081	0.229	0.008	0.069	0.184	0.105	0.196	0.439
TS	0.032	0.097	0.163	0.012	0.058	0.092	0.072	0.127	0.170	0.052	0.100	0.151
IC	0.064	0.108	0.186	0.012	0.074	0.154	0.071	0.159	0.330	0.001	0.089	0.283
NG	0.017	0.071	0.109	0.063	0.134	0.184	0.100	0.139	0.185	0.029	0.091	0.185
NS	0.051	0.168	0.295	0.039	0.080	0.159	0.007	0.034	0.074	0.014	0.064	0.137
FP	0.027	0.139	0.276	0.018	0.074	0.113	0.066	0.107	0.150	0.032	0.100	0.165

注:F 表示旅游合作联系网络结构韧性,IS 表示产业结构差异网络结构韧性,PS 表示人口规模差异网络结构韧性,TS 表示贸易强度差异网络结构韧性,IC 表示投资关联差异网络结构韧性,NG 表示国家治理差异网络结构韧性,NC 表示国家安全差异网络结构韧性,FP 表示财政政策差异网络结构韧性。

5.3.3　必要条件分析

在进行组态分析之前,首先要检验单个前因条件要素是否为沿线国家旅游合作联系网络结构韧性提升的必要条件。如结果发生时,某个条件总是存在,那么该条件就构成产生结果的必要条件。具体而言,如果单个条件的一致性阈值超过 0.9,则可以认为该条件是结果产生的必要条件。[333]本书将上述校准后的变量模糊值导入 fsQCA 3.0 软件进行必要性分析,以沿线国家旅游合作联系网络结构韧性提升和非沿线国家旅游合作联系网络结构韧性提升为结果,验证各个条件要素的必要性,检验结果如表 5.7 和表 5.8 所示。

表 5.7　　　　　　　　2010 年、2013 年的必要条件分析结果

条件变量	2010 年 F 一致性	2010 年 F 覆盖率	2010 年~F 一致性	2010 年~F 覆盖率	2013 年 F 一致性	2013 年 F 覆盖率	2013 年~F 一致性	2013 年~F 覆盖率
IS	0.960	0.832	0.510	0.432	0.647	0.653	0.345	0.505
~IS	0.344	0.418	0.802	0.952	0.510	0.349	0.764	0.758
PS	0.526	0.869	0.219	0.353	0.735	0.802	0.236	0.374
~PS	0.609	0.444	0.919	0.654	0.426	0.278	0.875	0.827
TS	0.526	0.528	0.672	0.659	0.755	0.550	0.537	0.568
~TS	0.660	0.673	0.518	0.516	0.407	0.377	0.574	0.773
IC	0.593	0.765	0.413	0.520	0.877	0.782	0.304	0.393
~IC	0.628	0.523	0.814	0.661	0.319	0.240	0.831	0.908
NG	0.877	0.801	0.445	0.397	0.603	0.429	0.655	0.676
~NG	0.340	0.386	0.777	0.861	0.544	0.521	0.446	0.620
NS	0.383	0.402	0.789	0.809	0.397	0.420	0.473	0.725
~NS	0.818	0.799	0.417	0.398	0.740	0.492	0.622	0.599
FP	0.549	0.582	0.611	0.632	0.559	0.392	0.686	0.698
~FP	0.652	0.632	0.595	0.563	0.569	0.555	0.402	0.569

注:"~"表示逻辑运算的"非"。IS 表示产业结构差异网络结构韧性,PS 表示人口规模差异网络结构韧性,TS 表示贸易强度差异网络结构韧性,IC 表示投资关联差异网络结构韧性,NG 表示国家治理差异网络结构韧性,NC 表示国家安全差异网络结构韧性,FP 表示财政政策差异网络结构韧性。

由表 5.7 和表 5.8 可知,在关键年份多数条件要素变量的存在与缺失一致性水平小于 0.9,仅在不同年份中个别条件变量是必要条件。

①2010 年 IS 对沿线国家旅游合作联系网络结构韧性提升的一致性为 0.960,意味着产业结构差异网络结构韧性是沿线国家旅游合作联系网络结构韧性提升的必要条件。

②2010 年~PS 对非沿线国家旅游合作联系网络结构韧性提升的一致性为 0.919,意味着非人口规模差异网络结构韧性是非沿线国家旅游合作联系网络结构韧性提升的必要条件。

③2016 年~IS 对沿线国家旅游合作联系网络结构韧性提升的一致性为 0.963,意味着非产业结构差异网络结构韧性是沿线国家旅游合作联系网络结构韧性提升的必要条件。

④2019 年～IC 对非沿线国家旅游合作联系网络结构韧性提升的一致性为 0.996,意味着非投资关联差异网络结构韧性是非沿线国家旅游合作联系网络结构韧性提升的必要条件。可见,虽然存在部分条件要素变量的一致性水平大于 0.9,但多数条件要素变量的一致性水平仍小于 0.9,表明单个条件要素变量对结果的解释能力相对较弱,即沿线国家旅游合作联系网络结构韧性提升仍是多条件因素共同作用的结果。此外,本书重点探讨沿线国家旅游合作联系网络结构韧性提升路径,而对非沿线国家旅游合作联系网络结构韧性提升路径则不展开研究。因此,本书将对七个条件要素变量进行组态分析,探究其对沿线国家旅游合作联系网络结构韧性提升的组态效应。

表 5.8　　　　　　　　2016 年、2019 年的必要条件分析结果

条件变量	2016 年 F 一致性	2016 年 F 覆盖率	2016 年～F 一致性	2016 年～F 覆盖率	2019 年 F 一致性	2019 年 F 覆盖率	2019 年～F 一致性	2019 年～F 覆盖率
IS	0.293	0.375	0.561	0.952	0.333	0.430	0.707	0.688
～IS	0.963	0.623	0.632	0.542	0.758	0.774	0.414	0.319
PS	0.577	0.636	0.368	0.538	0.267	0.458	0.540	0.699
～PS	0.581	0.410	0.751	0.702	0.825	0.704	0.581	0.374
TS	0.753	0.609	0.547	0.586	0.361	0.431	0.879	0.791
～TS	0.488	0.449	0.635	0.774	0.825	0.900	0.367	0.303
IC	0.740	0.837	0.242	0.363	0.635	0.999	0.274	0.326
～IC	0.437	0.303	0.891	0.819	0.572	0.511	0.996	0.674
NG	0.660	0.561	0.554	0.625	0.537	0.712	0.433	0.433
～NG	0.558	0.486	0.611	0.704	0.572	0.572	0.712	0.537
NS	0.619	0.627	0.396	0.533	0.460	0.615	0.530	0.535
～NS	0.540	0.403	0.723	0.715	0.653	0.648	0.619	0.463
FP	0.707	0.631	0.421	0.498	0.446	0.469	0.828	0.657
～FP	0.437	0.363	0.688	0.757	0.674	0.838	0.330	0.310

注:"～"表示逻辑运算的"非"。IS 表示产业结构差异网络结构韧性,PS 表示人口规模差异网络结构韧性,TS 表示贸易强度差异网络结构韧性,IC 表示投资关联差异网络结构韧性,NG 表示国家治理差异网络结构韧性,NC 表示国家安全差异网络结构韧性,FP 表示财政政策差异网络结构韧性。

5.3.4 条件组态分析

本部分旨在利用 fsQCA 方法探讨沿线国家旅游合作联系网络结构韧性的提升路径与形成机理。首先,本书将七个条件要素变量导入 fsQCA 3.0 软件中进行组态匹配分析,并参考学者 Fiss(2011)的建议[334],将案例频数阈值设置为 1、一致性阈值设置为 0.7,并结合不一致性的比例减少大于 0.75 的临界值,满足该阈值的条件组合标记为 1,即对结果具有解释力,否则标记为 0,从而构建真值表。其次,利用 fsQCA 3.0 软件中的标准分析对真值表进行计算,并结合单个条件要素变量必要性分析结果,得到沿线国家旅游合作联系网络结构韧性提升的条件组态(见表 5.9)。标准化分析结果输出得到简单解、中间解及复杂解,其中,中间解兼具理论与实际,会优于另外两种解[334],因此,本书将重点解析中间解的条件组态,并以简约解来了解组态中的核心条件和边缘条件。

表 5.9　　　　　　　　关键年份条件变量的组态分析结果

要素	2010 年组合路径		2013 年组合路径		2016 年组合路径		2019 年组合路径		
	A1	A2	B1	B2	C1	C2	D1	D2	D3
IS	●	●	⊗	·	⊗	⊗	⊗	⊗	⊗
PS	·	⊗	·	⊗	⊗	·	⊗	⊗	·
TS	⊗	·	·	·	⊗	⊗	●	●	●
IC	⊗	·	●	●	●	●	⊗	·	·
NG	●	●	⊗	⊗	⊗	⊗	⊗	⊗	⊗
NS	⊗	⊗	·	⊗	·	⊗	⊗	⊗	⊗
FP	⊗	·	⊗	·	·	⊗	·	⊗	⊗
一致性	1	1	1	0.731	0.988	0.953	0.856	1	1
原始覆盖度	0.375	0.403	0.382	0.426	0.395	0.377	0.312	0.274	0.263
唯一覆盖度	0.277	0.304	0.260	0.304	0.279	0.260	0.225	0.186	0.175
总体一致性	1		0.814		0.972		0.928		
总体覆盖度	0.680		0.686		0.656		0.674		

注:●表示核心条件存在;⊗表示核心条件缺失;·表示边缘条件存在;⊗表示边缘条件缺失。IS 表示产业结构差异网络结构韧性,PS 表示人口规模差异网络结构韧性,TS 表示贸易强度差异网络结构韧性,IC 表示投资关联差异网络结构韧性,NG 表示国家治理差异网络结构韧性,NC 表示国家安全差异网络结构韧性,FP 表示财政政策差异网络结构韧性。

5.3.4.1 2010 年组态路径

由表 5.9 可知,2010 年沿线国家旅游合作联系网络结构韧性提升路径及形成机理存在两条组态路径,其覆盖率分别为 0.375、0.403,数值相差不大,说明两条路径对提升沿线国家旅游合作联系网络结构韧性的影响效果差异不大。此外,七个条件变量形成的两种因果组合路径,总覆盖率为 0.680,说明这两种组合能够解释 68.0% 的案例;两种因果组合路径总体一致性达 1,说明以上分析的条件组合对结果变量具有较强的说服力。此外,根据核心条件的不同,2010 年组态路径可以总结为结构优化型路径,具体而言:

在条件组态路径 A1($IS \times PS \times \sim TS \times \sim IC \times NG \times \sim NS \times \sim PF$)中,产业结构差异网络结构韧性与国家治理差异网络结构韧性发挥核心作用,人口规模差异网络结构韧性发挥辅助作用。这表明即使沿线国家金融体系与财政政策不完备,通过合理调整旅游市场、优化产业结构,聚集人力资本,仍可以对提升沿线国家旅游合作联系网络结构韧性产生促进作用。在条件组态路径 A2 ($IS \times \sim PS \times TS \times IC \times NG \times \sim NS \times PF$)中,产业结构差异网络结构韧性与国家治理差异网络结构韧性发挥核心作用,贸易强度差异网络结构韧性、投资关联网络结构韧性与财政政策差异网络结构韧性发挥辅助作用。这说明在区域人力资本积累不足以及国家风险较高的前提条件下,加大贸易强度配合财政政策的支持,同时优化产业结构以及提高国家治理水平,将有效促进沿线国家旅游合作联系网络结构韧性的提升。总而言之,产业结构差异网络结构韧性与国家治理差异结构韧性对 2010 年沿线国家旅游合作联系网络结构韧性的提升具有重要作用。

5.3.4.2 2013 年组态路径

由表 5.9 可知,2013 年沿线国家旅游合作联系网络结构韧性提升路径及形成机理存在两条组态路径,其覆盖率分别为 0.382、0.426,数值相差不大,说明两条路径对提升沿线国家旅游合作联系网络结构韧性的影响效果差异不大。此外,七个条件变量形成的两种因果组合路径,总覆盖率为 0.686,说明这两种组合能够解释 68.6% 的案例;两种因果组合路径总体一致性达 0.814,说明以上分析的条件组合对结果变量具有较强的说服力。此外,根据核心条件的不同,2013 年组态路径可以总结为投资驱动型路径,具体而言:

在条件组态路径 B1($\sim IS \times PS \times TS \times IC \times NG \times \sim NS \times PF$)中,投资关联差异网络结构韧性发挥核心作用,人口规模差异网络结构韧性、贸易强度差异网络结构韧性以及国家安全差异网络结构韧性发挥辅助作用。这说明只要投资关联性越强,就可以克服产业结构不合理、国家治理能力差以及财政政策不完备的问题,进而对提升沿线国家旅游合作联系网络结构韧性产生促进作用。在条件组态路径 B2($IS×\sim PS×TS×IC×NG×\sim NS×PF$)中,投资关联差异网络结构韧性发挥核心作用,产业结构差异网络结构韧性、贸易强度差异网络结构韧性、国家安全差异网络结构韧性以及财政政策差异网络结构韧性发挥辅助作用。这说明只要投资关联性高并进一步优化产业结构,同时加大贸易强度和财政政策投入、提高国家治理能力,就可以减少人力资本不足与国家风险性大的问题,以此提高沿线国家旅游合作联系网络结构韧性。综上,2013年沿线国家旅游合作联系网络结构韧性的提升可以凭借投资关联差异网络结构韧性而获得长效发展。

5.3.4.3　2016 年组态路径

由表 5.9 可知,2016 年沿线国家旅游合作联系网络结构韧性提升路径及形成机理存在两条组态路径,其覆盖率分别为 0.395、0.377,数值相差不大,说明两条路径对提升沿线国家旅游合作联系网络结构韧性的影响效果差异不大。此外,七个条件变量形成的两种因果组合路径,总覆盖率为 0.656,说明这两种组合能够解释 65.6% 的案例;两种因果组合路径总体一致性达 0.972,说明以上分析的条件组合对结果变量具有较强的说服力。此外,根据核心条件的不同,2016 年组态路径可以总结为投资驱动型路径,具体而言:

在条件组态路径 C1($\sim IS×\sim PS×\sim TS×IC×\sim NG×NS×PF$)中,投资关联差异网络结构韧性发挥核心作用,国家安全差异网络结构韧性与财政政策差异网络结构韧性发挥辅助作用。当产业结构设置不合理、旅游市场环境不景气、国家治理水平较低时,可以凭借较高的投资关联程度、财政政策投入,同时关注国家安全问题,可以有效提升沿线国家旅游合作联系网络结构韧性。在条件组态路径 C2($\sim IS×PS×TS×IC×NG×\sim NS×\sim PF$)中,投资关联差异网络结构韧性发挥核心作用,人口规模差异网络结构韧性、贸易强度差异网络结构韧性以及国家治理差异网络结构韧性发挥辅助作用。即使产业结构设置不合理、国家风险性较高以及财政政策投入不足,仍可以凭借较高的投资关联程度、合理调整旅游市场以及提高国家治理能力来提高沿线国家旅游合作联系网络结构韧性。由此可见,2016 年沿线国家旅游合作联系网络结构韧性的提升可以凭借投资关联差异网络结构韧性而获得长效发展。

5.3.4.4 2019 年组态路径

由表 5.9 可知,2019 年沿线国家旅游合作联系网络结构韧性提升路径及形成机理存在三条组态路径,其覆盖率分别为 0.312、0.274、0.263,数值相差不大,说明三条路径对提升沿线国家旅游合作联系网络结构韧性的影响效果差异不大。此外,七个条件变量形成的三种因果组合路径,总覆盖率为 0.674,说明这三种组合能够解释 65.6% 的案例;三种因果组合路径总体一致性达 0.928,说明以上分析的条件组合对结果变量具有较强的说服力。此外,根据核心条件的不同,2019 年组态路径可以总结为贸易聚集型路径,具体而言:

在条件组态路径 D1($\sim IS \times \sim PS \times TS \times \sim IC \times \sim NG \times \sim NS \times PF$)中,贸易强度差异网络结构韧性发挥核心作用,财政政策差异网络结构韧性发挥辅助作用。这表明当区域贸易强度与财政政策支持力度较高时,即使不具备合理的旅游市场结构与稳定的国家政治局面,沿线国家旅游合作联系网络结构韧性仍可以得到提升。在条件组态路径 D2($\sim IS \times \sim PS \times TS \times IC \times \sim NG \times NS \times \sim PF$)中,贸易强度差异网络结构韧性发挥核心作用,投资关联差异网络结构韧性与国家安全差异网络结构韧性发挥辅助作用。只要区域具有完整的金融体系,同时拥有安全的旅游环境,沿线国家旅游合作联系网络结构韧性水平依旧可以提升。在条件组态路径 D3($\sim IS \times PS \times TS \times IC \times NG \times \sim NS \times \sim PF$)中,贸易强度差异网络结构韧性发挥核心作用,人口规模差异网络结构韧性、投资关联差异网络结构韧性以及国家治理差异网络结构韧性发挥辅助作用。这说明,区域具有完整的金融体系、国家治理水平较高且聚集一定的人才资本,对沿线国家旅游合作联系网络结构韧性的提升影响较小。综合而言,2019 年沿线国家旅游合作联系网络结构韧性的提升主要受到强劲的贸易力量驱动,即使产业结构有待优化,加强对旅游合作联系的贸易强度就能有效促进沿线国家旅游合作联系网络结构韧性的提升。

总而言之,2010 年、2013 年以及 2016 年均存在两条可以提升沿线国家旅游合作联系网络结构韧性的路径,2019 年则存在三条路径。本书依据核心条件,将其归纳为三类模式:2010 年为结构优化型路径、2013 年与 2016 年为投资驱动型路径、2019 年为贸易聚集型路径。

5.4　本章小结

本章基于"一带一路"沿线国家旅游合作联系网络特征,结合研究文献与实际情况,从区位力、文化力、市场力、金融力、政治力以及政策力6个维度系统梳理出影响沿线国家旅游合作联系网络的影响因素,即空间邻近、语言相似性、产业结构差异、人口规模差异、贸易强度差异、投资关联差异、国家治理差异、国家安全差异、财政政策差异。在此基础上,本章首先借助QAP回归分析技术识别影响国家旅游合作联系网络的关联网络,测度关联网络的结构韧性;其次,借助空间面板回归技术验证其对旅游合作联系网络结构韧性的影响;最后,采用fsQCA方法分析了沿线国家旅游合作联系网络结构韧性形成的前因状态,以此来揭示网络结构韧性生成的条件组态与生成模式,为提升网络结构韧性提供要素选择与模式参考,进而提出沿线国家旅游合作联系网络结构韧性的形成机理。本章的研究结论主要包括以下方面:

(1)"一带一路"沿线国家旅游合作联系网络受到了空间邻近、产业结构差异、贸易强度差异、投资关联差异、国家安全差异、财政政策差异等多元要素的影响。本书系统梳理了"一带一路"沿线国家旅游合作相关文献,从区位力、文化力、市场力、金融力、政治力以及政策力6个维度构建了空间邻近、语言相似性、产业结构差异、人口规模差异、贸易强度差异、投资关联差异、国家治理差异、国家安全差异、财政政策差异9个网络矩阵,并借助QAP回归方法来验证影响"一带一路"沿线国家旅游合作联系网络的关键因素。研究发现:

①"一带一路"沿线国家旅游合作联系主要受到空间邻近、产业结构差异、贸易强度差异、投资关联差异、国家安全差异、财政政策差异等因素的影响。

②空间邻近对"一带一路"沿线国家旅游合作联系产生正向影响,而产业结构差异、贸易强度差异、投资关联差异、国家安全差异、财政政策差异则对其产生负向影响。此外,语言相似性与国家治理差异对"一带一路"沿线国家旅游合作联系的影响作用不显著。

(2)产业结构差异、贸易强度差异、投资关联差异、国家治理差异等网络的结构韧性共同影响沿线国家旅游合作联系网络结构韧性。本书基于QAP回归方法验证得出的关键因素,选取并测度了产业结构差异网络结构韧性、人口规模差异网络结构韧性、贸易强度差异网络结构韧性、投资关联差异网络结构韧性、国家治理差异网络结构韧性、国家安全差异网络结构韧性、财政政策差异网络结构韧性 7 个网络的结构韧性,并利用空间面板回归技术验证了影响"一带一路"沿线国家旅游合作联系网络结构韧性的关键因子。研究发现:

①产业结构差异、贸易强度差异、投资关联差异、国家治理差异等网络的结构韧性共同影响"一带一路"沿线国家旅游合作联系网络结构韧性。

②产业结构差异、贸易强度差异、投资关联差异等网络的结构韧性能够正向影响沿线国家旅游合作联系网络结构韧性,而国家治理差异网络结构韧性则负向影响沿线国家旅游合作联系网络结构韧性。

③人口规模差异网络结构韧性、国家安全差异网络结构韧性、财政政策差异网络结构韧性对提升沿线国家旅游合作联系网络结构韧性能力未通过显著性检验。

(3) 结构优化型路径、投资驱动型路径和贸易聚集型路径是 2010—2019 年间沿线国家旅游合作联系网络结构韧性形成的主要路径。本书借助 fsQCA 方法探讨影响沿线国家旅游合作联系网络结构韧性提升的多重并发性特征要素。研究发现:

①2010 年存在两条可以提升沿线国家旅游合作联系网络结构韧性的路径,其中产业结构差异网络结构韧性与国家治理差异网络结构韧性是影响沿线国家旅游合作联系网络结构韧性提升的核心要素,故将其概括为结构优化型路径。

②2013 年、2016 年均存在两条可以提升沿线国家旅游合作联系网络结构韧性的路径,其中投资关联差异网络结构韧性是影响沿线国家旅游合作联系网络结构韧性提升的核心要素,故将其概括为投资驱动型路径。

③2019 年存在三条可以提升沿线国家旅游合作联系网络结构韧性的路径,其中贸易强度差异网络结构韧性是影响沿线国家旅游合作联系网络结构韧性提升的核心要素,故将其概括为贸易聚集型路径。

综上所述,本章系统揭示了"一带一路"沿线国家旅游合作联系网络及其网络结构韧性水平均受到多元要素的共同影响,一定程度上揭示了不同区域政策与行动导向对沿线区域旅游合作联系的影响效应,而行政区划、国家开放政策等限制性因素阻碍了沿线国家整体旅游合作联系。[174,335]此外,沿线国家旅游合作联系网络结构韧性水平可以通过结构优化型路径、投资驱动型路径和贸易聚集型路径三条路径来提升。

第 6 章

"一带一路"沿线国家旅游合作联系网络高质量发展的推进机制

本章主要依托前文揭示的"一带一路"沿线国家旅游合作联系网络特征、沿线国家旅游合作联系网络结构韧性特征与障碍因子以及沿线国家旅游合作联系网络结构韧性的影响因素与形成机理,针对性提出了高质量推进"一带一路"沿线国家旅游合作的多元机制与实施路径。旅游高质量发展是助推沿线国家旅游合作联系的关键举措,也是新发展理论的重要体现,即旅游创新发展是推进沿线国家旅游合作联系的首要动力、旅游协调发展是推进沿线国家旅游合作联系的重要前提、旅游开放发展是沿线国家旅游合作联系的必由之路、旅游共享发展是沿线国家旅游合作联系的根本目的。本书结合了创新、协调、开放、共享、绿色等高质量发展理念以及产业(产业壮大、结构优化、转型升级、效益提升)与区域高质量发展的特性(发展稳定、均衡、持续与公平)来提出沿线国家旅游合作联系高质量发展的推进机制,主要包括旅游合作联系网络优化机制、旅游合作联系网络结构韧性提升机制以及旅游合作联系网络结构韧性长效保持机制,进而提出高质量推进沿线国家旅游合作联系网络发展的有效路径。

6.1 沿线国家旅游合作联系网络优化机制

开放是国家繁荣发展的必经之路,旅游开放发展则是提升旅游业国际竞争力的重要前提,也是推进"一带一路"沿线国家旅游合作联系网络高质量发展的必由之路。此外,"一带一路"倡议旨在推进沿线国家共同发展、共享成果,旅游共享式发展注重沿线各国在沿线国家旅游合作联系网络高质量发展环境中获得公平的发展机会与合作联系。因此,本书基于"一带一路"沿线国家旅游合作联系网络的发展特征,结合旅游开放发展、旅游共享发展等发展理念,从提升旅游合作联系网络紧密度、提高双向溢出板块网络化程度、巩固旅游合作联系网络中心性、增强区域核心国家辐射带动力四个方面提出沿线国家旅游合作联系网络的优化策略(如图 6.1 所示)。

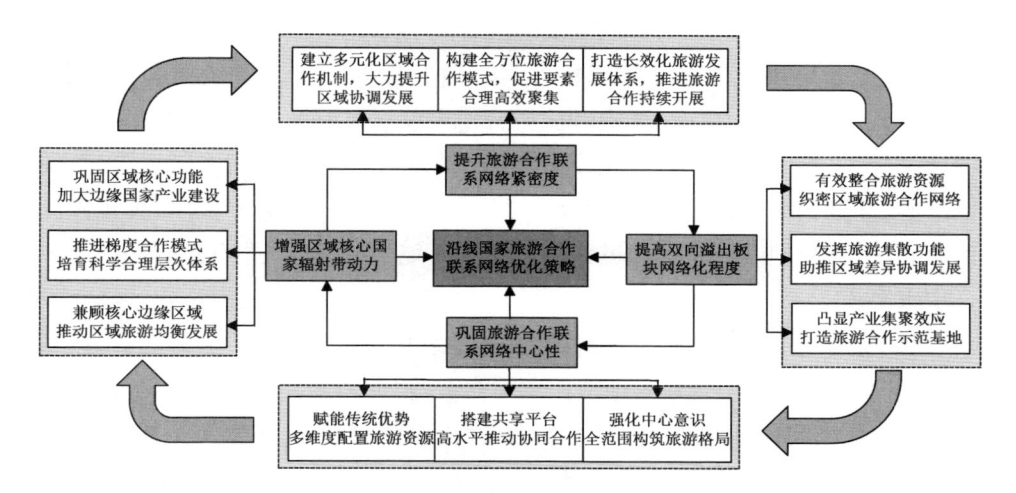

图 6.1 "一带一路"沿线国家旅游合作联系网络的优化机制

6.1.1 提升旅游合作联系网络紧密度

本书在全面分析"一带一路"沿线国家旅游合作联系网络及其结构特征的基础上,增强国家旅游吸引力,通过增加沿线国家旅游联系来提高沿线国家整体网络联系作用强度,强化节点国家与整体网络中其他国家的旅游合作关联,进而提升沿线国家旅游合作联系网络的紧密度。

首先,建立多元化区域合作机制,大力提升区域协调发展。一是建立区域旅游合作试点,全面强化旅游合作联系。以东亚—东盟、中亚—西亚、南亚、独联体、中东欧五个区域为旅游合作试点区域,搭建旅游合作平台与常态化沟通机制,强化区域内与区域间的沿线各国旅游合作联系与合作强度,增加旅游合作联系网络的结构联系,进而增强沿线国家整体的旅游合作联系紧密度。如充分发挥多双边经贸机制平台作用,推动建立更多国际旅游合作工作组、文旅投资合作工作组;借助积极推动中国—东盟自贸区3.0版的契机,推动建立中国—东盟旅游合作试点区域,以贸易合作带动旅游联系。二是构建合作沟通联系机制,全面推进旅游协同共建。以构建区域旅游合作一体化为理念,通过推动各国政府间多元对话,搭建沿线国家旅游部门、旅游行业、旅游企业对话平台等多层次、立体化的沟通与合作形式,以对话、沟通和信息交流等方式来完善和强化区域旅游合作联系与国家间旅游合作。此外,深化与文化旅游领域的外资企业和外国商协会常态化交流机制。拓展交流范围、丰富交流形式,坚持"走出去"与"请进来"相结合,及时有效听取和回应外资企业关切问题。三是丰富旅游合作内容,全面提升旅游合作可能。丰富旅游合作领域,结合各国旅游优势,持续推动各国开展康养旅游、医疗旅游、体育旅游、研学旅游、民俗旅游、奖励旅游、低空旅游等多类型、多内容、多领域的旅游合作,真正做到优势共享与差异互补,从而提升旅游合作的可能性和黏性,进而提升区域旅游合作水平。

其次,构建全方位旅游合作模式,促进要素合理高效聚集。一方面,探索共建合作模式,推动各类合作落地。探索建立覆盖"一带一路"沿线各区域的全域化旅游合作模式,持续探索优化"多区域协作、多国家交流、多资源互补"的旅游协作模式。以推进沿线国家旅游高质量发展为理念,以推动各国旅游持续合作为目标,树立高质量、一体化的发展模式,以协同发展为合作路径,持续探索不同合作区域、不同合作对象、不同合作领域的差异化合作策略,全面推进沿线国家旅游合作,如区域间应编制长远的旅游发展规划和提出中长期国际旅游合作设想,国家间可探索建立政策互认、出行互通、产业互融、企业互动、客源互送、资源互享的全方面旅游合作平台。另一方面,推动旅游要素聚集,持续深化旅游合作。以"食、住、行、游、购、娱"六要素为基础,以要素流动与要素合作为契机,撬动要素开发与挖掘所需的旅游政策共商、基础设施共建、旅游客流共享、旅游信息共用等方面的全面合作,从而加快要素开发、要素流动与要素互补,进而推进旅游合作联系网络中国家间的交流与合作,进一步强化和提升沿线国家区域旅游合作空间关联关系。

最后,打造长效化旅游发展体系,推进旅游合作持续开展。一方面,消除合作阻力,推进优质合作。全面梳理各国旅游合作的障碍,借助沟通机制与合作平台,群策群力,系统探讨和扫除旅游市场壁垒,消除沿线国家参与旅游合作的障碍,形成资源与要素共享的优质合作环境,为区域内各国家沟通交流提供平台和创造契机,探索建立区域间共建、共商、共享、共治的旅游合作联系圈。另一方面,深化合作内容,推进持续合作。尝试探索跨区域产业融合,扩大产业融合面、融合点与合作共建体,延伸区域旅游产业链、整合资源要素、加强政策导向等机制,推进区域旅游深度交流与广度合作。沿线国家可持续对接共建国家发展需要,积极商签绿色旅游、数字文旅、蓝色旅游等领域的双边合作协议。要推动绿色产业、数字产业等全方位的合作,积极培育数字文旅领域合作新业态、新模式,深入发展文旅领域"丝路电商",创建文旅板块"丝路电商"合作先行区。在推进深度合作过程中,应结合各国旅游合作联系的利益诉求,持续完善区域旅游合作利益分配,针对性构建符合各国需求的共享机制。

6.1.2 提高双向溢出板块网络化程度

针对沿线各个国家在旅游合作联系网络中的不同地位,在考量区域旅游合作联系中板块差异的基础上分别开展合作,充分发挥各个国家在区域之间的关联效应,以多层次、多元化的合作方式驱动各国合作,夯实合作点,构建合作带,打造合作体,织密各国间的旅游合作网。

首先,有效整合旅游资源,织密区域旅游合作网络。一方面,构建资源传输通道,推进各国旅游紧密合作。探索建立区域旅游高质量发展的合作圈,畅通资源整合通道、资源输送通道与合作便利通道,凝聚各国力量,做到平台共享、发展共谋、政策共用、环境共建、人才共育。各国通过区域内设施建设与网络互联互通来扩大网络中资源的传递,进而促进沿线国家整体与区域间网络的互动交流,形成网络化、多元化、规模化发展,织密区域旅游合作联系网络。另一方面,拓宽旅游合作格局,扩大区域旅游合作。以板块型网络合作为基础,推进板块间的各节点国家旅游合作,持续推进广泛的、多层次的板块内外部旅游合作网络结构优化、联系紧密化,逐步形成"内部资源更加整合,外部联系更加紧密的"空间网络格局。

其次,发挥旅游集散功能,助推区域差异协调发展。针对沿线国家在各区域旅游合作联系网络中扮演的不同角色,有针对性地采取差异化推进措施,充分发挥旅游流扩散效应及板块功能,全面形成发展合力,推进区域差异化携手发展。例如,对于经纪人板块国家而言,应拓宽旅游合作领域,对其提供相应支持，进一步发挥其对提升沿线国家旅游合作联系的桥梁功能，进一步强化和拓展沿线国家旅游合作联系网络；对于孤立板块国家而言，应加强对其引导和示范带动，充分发挥自身优势，加强自身旅游资源的开发，加强与其他国家合作的广度和深度，快速融合旅游经济合作联系网络，实现整体区域旅游协同发展；对于处于谄媚板块和首要位置板块的国家，应加强与其合作联系，进一步发挥其职能，促进整个网络的一体化、紧密化发展。

最后，凸显产业集聚效应，打造旅游合作示范基地。一是以点串线，抓好合作示范点。以旅游合作示范基地建设为抓手，打造一批旅游合作示范国家、示范城市与示范企业，以示点发展带动沿线各国之间旅游业高质量协同发展，拉动区域旅游产业国际循环。如借助中国—东盟自贸区 3.0 版本建设契机，在同东盟国家共建经贸创新发展示范园区的基础上，探索建立文旅发展示范城市。二是以线带面，建好产业合作带。发挥旅游业产业链长、关联性强的特点，推进产业融合，各国共推"一带一路"沿线国家旅游产业合作带，以点串线、以线构面，撬动国家间旅游合作。三是研判需求，打造合作共同体。依据旅游资源配置最大化、区域经济发展特色化、服务功能体系落地化的原则，立足区域优势，加强研判旅游需求，深化旅游合作机制，打造区域旅游均衡化、一体化、网络化发展的旅游合作共同体。如打造"一对一旅游供需共同体"，以供需匹配打造旅游合作共同体示范国，开展深度供需匹配合作，形成供需匹配旅游线路、旅游市场、旅游产品，示范带动其他各国开展深度旅游合作。此外，应致力于持续深化现有旅游产业发展优势，以优势整合推进区域旅游合作，强化区域旅游合作网络竞争力。

6.1.3　巩固旅游合作联系网络中心性

充分利用沿线国家旅游合作联系网络的结构特征，加强合作结构内的梯度层次建设，提升国家在旅游合作联系网络中对核心资源的配置能力。建设全面的合作伙伴关系，坚持以旅游市场为中心的多元化旅游合作方式，深化区域旅游合作联系。

首先，赋能传统优势，多维度配置旅游资源。以聚集区域内优势资源要素，形成沿线国家"旅游市场＋优势资源"为主的合作格局，助推区域旅游合作向多中心化发展为理念，利用中心国家的影响效应，优化旅游合作资源的配置与共享，挖掘整合区域内自然、经济、资本、技术、人才等优势资源，赋能旅游发展与撬动旅游合作,拓展区域旅游发展新空间,加强区域旅游整体布局与联动协作,不断巩固提升核心国家在区域旅游合作联系网络中的枢纽地位。

其次,搭建共享平台,高水平推动协同合作。推进沿线国家合作网络中心化进程需打破区域资源配置格局,实现旅游资源融合共享。沿线国家通过衔接区域内旅游资源、旅游信息、基础设施等建设,打造便捷高效的旅游共享通道,联通并整合区域信息网络,建立一体化的旅游信息共享平台,实现区域旅游协调发展。区域在搭建旅游合作交流的共享平台外,还需要为区域发展提供高水平的公共服务和行业治理,以公共服务和行业治理来促进和吸引区域旅游合作,进而促进区域治理的一体化发展,打造良好的区域旅游市场环境。

最后,强化中心意识,全范围构筑旅游格局。联动沿线国家联合出台旅游业高质量发展的协同共建规划,合力推动区域旅游合作可持续、稳定化发展。积极优化并构建科学、高效、便捷的旅游合作联系网络体系,充分发挥旅游市场对区域旅游协同合作的带动作用,促进旅游产业的聚集,促进旅游资源要素在旅游合作联系网络内自由有序流动,建立旅游市场中心网络,构建双边乃至多边协作关系,助推区域旅游高质量发展,从而提高整体网络旅游合作效率。

6.1.4 增强区域核心国家辐射带动力

重点塑造"一带一路"沿线国家旅游合作联系网络的核心国家,充分发挥沿线国家中核心国家的带动和中介桥梁作用,将核心国家的溢出效应辐射到沿线其他节点国家,整合核心国家资源优势并促进区域周围国家协同发展,发挥其核心的带动作用。

首先,巩固区域核心功能,加快边缘国家产业建设。针对沿线国家旅游合作联系网络中核心区域与边缘区域的旅游发展存在的不平衡、不协调的现状,既需要核心区域强化示范引领协同效应,充分发挥旅游辐射带动作用,带动优化旅游产业布局、完善基础设施服务、主动加强与其他国家的旅游合作联系,带动整个区域旅游合作发展;也需要调整边缘区域旅游发展战略,探索建立旅游合作战略联盟。在与核心区域协同发展、共享资源时,要合理发挥优势资源,突出旅游特色,通过差异化、特色化发展与区域合作强化合作地位,不断向核心区域靠近,缩小与核心区域的差距。

其次，推进梯度合作模式，培育科学合理层次体系。一方面，明确分工，推进整体合作。明确沿线各个国家在沿线国家旅游合作联系网络中的地位和角色，优化并赋予沿线国家在旅游合作网络中的分工与职能，提升各国旅游合作的参与性与积极性，搭建功能多样、层次分明的多维发展体系，实现沿线国家乃至区域间的联合开发与合作发展。另一方面，培育示范，夯实辐射带动。利用沿线国家旅游合作联系网络中的核心国家（如中国等）的区位优势与旅游资源禀赋，构建有机有序的邻国、区域合作国以及整体合作国的旅游梯度层级合作体系，实现旅游资源共享、产业协作、市场共拓、客源互送、产品互推等深度合作，共同推动区域旅游多边合作与紧密合作的互利共赢发展局面。

最后，兼顾核心边缘区域，推动区域旅游均衡发展。由于沿线国家旅游合作联系整体—区域网络结构中存在明显的核心区与边缘区，因此，推进沿线国家旅游合作应兼顾核心区与边缘区的协同发展。沿线国家旅游合作联系网络中的核心国家应带动其相应凝聚子群共同发展，协同推进半边缘国家建设成旅游合作联系网络的新核心与辐射效应源，逐渐消除边缘国家孤岛效应，从而推动沿线国家旅游合作联系网络从多核心引领协同逐渐走向网络化结构发展，有效推动沿线国家旅游合作联系网络向一体化、均衡性方向发展。

6.2　旅游合作联系网络结构韧性分区提升机制

旅游协调发展是推进"一带一路"沿线国家旅游合作联系网络高质量发展的重要前提，而高质量、可持续、多元化的旅游合作联系网络高质量发展则需要各国间旅游合作韧性发展的强力支撑。旅游业是沿线各国对外开放的重要窗口，网络结构的开放性表明网络中各个国家开展旅游高质量发展具有一定的主动性与目的性。因此，在揭示沿线国家旅游合作联系网络结构韧性特征及其演化规律基础上，本书基于旅游协调发展理念、旅游开放发展理念，从整体结构（核心协同与扁平发展）、区域差异（分区优化与协调推进）、要素流动（互联互通与协同联动）三个层面构建旅游合作联系网络结构韧性提升路径（如图 6.2 所示）。

```
┌─────────────────────┬─────────────────────┬─────────────────────┐
│  优化整体结构       │  重视区域差异       │  刺激要素流动       │
│  核心引领与扁平发展 │  分区优化与协调推进 │  互联互通与协同联动 │
└──────────┬──────────┴──────────┬──────────┴──────────┬──────────┘
           ▼                     ▼                     ▼
┌─────────────────────┬─────────────────────┬─────────────────────┐
│ 发挥核心协同作用    │ 立足区域差异化发展  │ 把握结构韧性演化规律│
│ 推进区域旅游均衡化发展│ 因地制宜精准施策  │ 合理布局旅游要素    │
├─────────────────────┼─────────────────────┼─────────────────────┤
│ 创新旅游发展战略    │ 探索多元化合作模式  │ 畅通资源要素流通渠道│
│ 探索推进旅游合作扁平化│ 缩小分区韧性差距  │ 提高旅游合作黏性    │
├─────────────────────┼─────────────────────┼─────────────────────┤
│ 推动旅游纵深发展    │ 扩大国家功能异质性  │ 破除合作要素流动壁垒│
│ 推进沿线旅游业态新型化│ 强化网络节点韧性  │ 打造特色产业集群    │
└─────────────────────┴─────────────────────┴─────────────────────┘
                              │
                              ▼
        ┌─────────────────────────────────────────────┐
        │     旅游合作联系网络结构韧性提升路径        │
        └─────────────────────────────────────────────┘
```

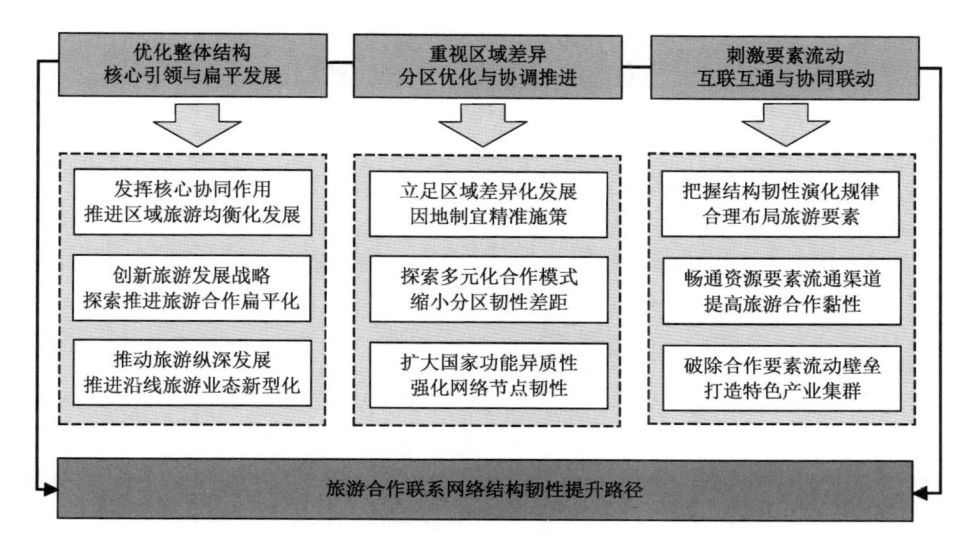

图 6.2　旅游合作联系网络结构韧性分区提升机制

6.2.1　优化整体结构:核心协同与扁平发展

借助"核心协同"和"扁平发展"两种发展模式助推沿线国家旅游合作联系网络结构韧性水平提升。

首先,发挥核心协同作用,推进区域旅游发展均衡化。一是功能互补,协调发展促合作。充分发挥核心国家的区域协同作用,增强其辐射带动能力。依据沿线各国在旅游合作联系网络中的不同地位和作用,发挥差异化功能,形成优势互补、功能互补的良性旅游合作环境。以协调发展为理念,结合各国在网络中的地位和角色,协调区域内各国间的层级关系,形成更加紧密的区域旅游合作联系网络、更高水平的网络结构韧性水平。二是辐射带动,联动发展提韧性。沿线国家旅游合作联系网络表现出明显的层级性,应强化核心国家对沿线国家旅游合作联系网络资源要素的辐射作用,扩大对周边区域的辐射影响范围,多方位辐射区域内邻近国家,建立国家间旅游合作与游客往来的友好关系,促进整体网络沿线各国联动发展,强化网络层级性,进而提升整体网络结构韧性水平。

其次,创新旅游发展战略,探索推进旅游合作扁平化。扁平化发展有利于减少沿线国家旅游合作联系网络中边缘国家对核心国家的旅游合作依赖。因此,建议沿线国家旅游合作强化合作扁平化,激发合作积极性,推进各国间合作深度与合作广度。一是强化"核心—核心"国家间联系，共享资源要素，推进核心国家间协同发展，以此提高沿线国家旅游合作的聚集性；二是强化"核心—边缘"国家间联系，边缘国家应主动利用区域核心国家建构整体网络的联系纽带，紧密联系核心国家，推进差异互补、优势互补，实现核心国家与边缘国家间的协同发展。

最后，推动旅游纵深发展，推进沿线旅游业态新型化。沿线国家通过核心协同、扁平发展的结构调整和优化旅游合作联系网络格局。一方面，立足现有合作基础，推动旅游合作纵深发展。充分发挥核心国家的比较优势，增强其辐射带动能力，依据沿线国家在旅游合作联系网络中的不同地位与作用，结合自身区位优势与资源禀赋，强化核心国家与边缘国家的旅游合作与交流，形成更加紧密的区域旅游合作联系网络，以此提升整体网络结构韧性能力，提高整体网络应对外界冲击的抵抗力。另一方面，创新现有合作业态，促进旅游业态创新发展。结合各国旅游发展趋势和国际旅游发展动向，推进各国开展康养健身游、深度体验游、智慧虚拟游、研学教育游、夜间文旅游等各领域的旅游合作创新，强化沿线国家旅游深度合作。

6.2.2　重视区域差异：分区优化与协调推进

各区域应尊重沿线国家旅游合作联系网络内国家的层次结构关系，兼顾沿线国家分区网络、整体网络内各个国家间的差异化协调均衡发展，根据网络特征与网络结构韧性特征制定差异化的韧性提升策略。

首先，立足区域差异化发展，因地制宜地精准施策。一是重点夯实关键节点国家的韧性水平。沿线国家旅游合作联系网络结构韧性的提升应重点关注因地制宜地分类推进策略，即通过协同共建区域风险抵抗体系来强化核心节点国家的旅游业韧性水平建设。各国应加快探索建设韧性国家的实施路径，尤其是加强核心节点国家的旅游业韧性建设，并通过核心节点国家的引领协同作用与示范效应，稳步带动合作联系网络内的其他国家旅游业韧性水平建设，以旅游合作促进旅游合作韧性提升，进而实现提升网络结构韧性水平有效抵抗外部冲击。二是持续发挥关键节点的示范效应。沿线国家旅游合作联系网络内的核心国家过度权力集中结构不利于区域一体化发展，因此要培育多中心的网络韧性发展格局。利用网络中的核心节点国家的示范带动作用来培育半边缘国家，促进区域网络均衡化、一体化、网络化发展。此外，加快提升区域内边缘国家的韧性水平,促进区域旅游合作联系网络国家由层级向全面均衡发展。

其次,探索多元化合作模式,缩小分区韧性差距。拥有多元化合作模式的网络在面对外界冲击时更能抵御风险,甚至经历冲击后,区域旅游合作更有机会获得新的旅游合作契机,从而强化旅游合作联系网络结构韧性。因此,要根据区域内各地优势,协调统筹区域内旅游合作关系,深化区域内国家间的联系,提高区域旅游合作联系网络合作主体的多样性,以此来增强沿线国家旅游合作联系网络的结构韧性能力。由国家间旅游合作带动区域旅游合作,由节点国家旅游业韧性辐射带动各国旅游业韧性水平提升,进而推动沿线国家整体网络的旅游合作,形成多层次、多形式、多元化国际旅游合作模式。

最后,扩大国家功能异质性,强化网络节点韧性。完善沿线国家旅游合作联系网络中的核心节点国家在航运、金融、贸易、投资等领域的建设与发展,进而提升核心节点国家的综合实力与竞争力,从而持续强化节点国家旅游业韧性建设;在旅游合作联系网络中有较强溢出效应的国家,应加强国家间旅游高质量发展的交流合作,充分发挥其对周边城市的辐射带动作用。此外,核心节点国家应立足自身人力资本、经济特色、文化魅力等资源优势,提升旅游服务质量,构建具有影响力和竞争力的旅游业发展体系,吸引各国间加强旅游合作,紧密合作关系,进而推动"一带一路"旅游合作向纵深化方向发展,以强化旅游合作紧密度来强化旅游合作联系网络结构韧性。

6.2.3 刺激要素流动:互联互通与协同联动

第一,把握结构韧性演化规律,合理布局旅游要素。具体而言:(1)人员要素是沿线国家旅游合作开展的重要前提,培养技能型、知识型的旅游人才队伍,为提升旅游合作联系网络结构韧性水平提供旅游人力资本供给。(2)交通要素是保障沿线国家旅游合作的重要依托,以交通基础设施为要素中介,强化"海陆空"层次化立体交通体系,提升目的地可进入性和交通通达性,影响推进旅游合作联系网络核心国家与边缘国家的互联互通,从而推动实现交通要素网络结构韧性水平的提升。(3)资金要素是推动沿线国家旅游合作联系网络结构韧性水平提升的动力源泉,打破区域经济壁垒,营造整体网络资金要素自由流动、投资渠道健全完善的金融环境,从而提升整体网络结构韧性水平。(4)物质要素是沿线国家旅游可持续发展的物质保障,完善沿线国家旅游物资供应渠道,促进旅游物资要素的灵活配置，以此提升网络结构韧性水平。(5)市场要素是推进沿线国家旅游合作联系网络结构韧性能力的重要引擎，通过沿线国家联手构建旅游产业集群，促进旅游市场消费需求的提升，实现旅游产业集聚合作，进而提升网络结构韧性能力。(6)信息要素是赋能沿线国家旅游资源开发与转化的关键纽带，基于旅游信息联系结构，强化旅游信息化、智慧化、数字化建设，打造沿线国家旅游合作平台，提升网络结构韧性水平。

第二，畅通资源要素流通渠道，提高旅游合作黏性。提升沿线国家旅游合作联系网络结构韧性依赖于畅通的要素流动配置。沿线国家通过打造资源要素流通枢纽，推进资源要素的高效配置，进而推动区域一体化发展。优化沿线国家在旅游合作联系网络中的空间分工与角色细化，各司其职，促进要素集散与流动，加强沿线国家之间文化、交通、贸易、信息等领域的要素自由流通与高效配置，优化旅游产品供应链、旅游产业链、空间链，畅通物质流、资金流、信息流、游客流、知识流、产品流，进而推进要素在行业内、区域内、区域间的循环与流动，以提升区域网络结构韧性。

第三，推动合作要素资源互补，打造特色产业集群。沿线国家应重视旅游高新技术产业的发展，通过网络中核心节点国家的信息外溢和资源要素流动对周边国家起到辐射带动作用，从而强化沿线国家旅游合作联系，进而提高区域旅游合作联系网络的结构韧性；坚持沿线国家间旅游市场优势资源互补，发展特色优势产业，完善国家间旅游资源要素共建共享的政策，不断提高区域旅游合作水平，实现资源共享与互联互通。此外，沿线国家应提升旅游创新能力，加快传统旅游产业的结构调整与转型升级，借助国家旅游特色与资源优势发展旅游特色产业，构建多样化的产业结构，从而促进网络结构韧性水平的提升。

6.3 旅游合作联系网络结构韧性长效机制

旅游创新发展不仅为沿线国家旅游合作开展提供了技术支持，而且有助于沿线国家形成旅游合作新模式，推动沿线国家旅游合作实现高质量发展。旅游协调发展注重沿线各国旅游发展水平的平衡，沿线各国开展旅游合作可以缩小旅游发展差距。此外，沿线国家开展旅游合作要全面贯彻共享发展理念，要充分关注处于合作网络边缘位置的节点国家的旅游权益。尤其是中国作为"一带一路"倡议的提出者,要充分发挥出共享理念的示范作用。在此背景下,基于沿线国家旅游合作联系网络结构韧性发展的关键障碍因子及其形成机理,并结合中国在"一带一路"沿线国家旅游合作发挥的引导作用,从探索障碍因子破解路径、制定区域韧性提升策略以及提出中国行动实施方案三方面提出沿线国家旅游合作联系网络结构韧性长效保持的运行机制(如图6.3所示)。

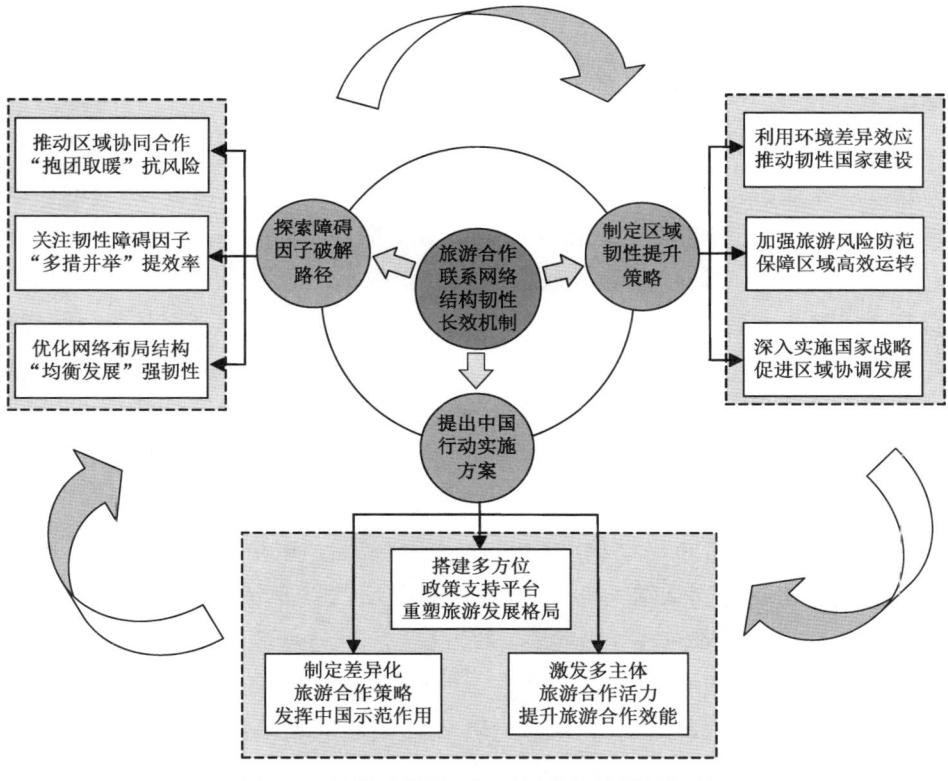

图 6.3 旅游合作联系网络结构韧性长效机制

6.3.1 探索障碍因子破解路径

"一带一路"沿线整体网络以及各区域(东亚—东盟、中亚—西亚、南亚、独联体、中东欧)应重点关注网络结构韧性提升的主要障碍因子,通过提升区域抗外界干扰能力、提高网络传输效率、增强核心国家辐射和集散能力等举措来削弱影响网络结构韧性的主要障碍因子。

首先,推动区域协同合作,"抱团取暖"抗风险。加强核心区与边缘区协同发展,保障区域密切联系、高效分工合作,促使整体网络结构形成高效协同发展模式是提升网络鲁棒性的关键。因此,沿线国家应提升区域功能,明确各节点在沿线国家旅游合作联系网络中的分工、角色,促进区域旅游合作,打破邻里壁垒,加快资源要素自由流动和合理配置,建立具有高度韧性的区域旅游合作联系结构。

其次,关注韧性障碍因子,"多措并举"提效率。各区域应结合自身优势,减缓区域要素流动限制,合理配置资源要素,保障资源利用效率和要素流通效率。

具体而言:(1)就网络鲁棒性而言,通过建立多层耦合网络韧性从整体上提升沿线国家旅游合作联系网络结构韧性水平。(2)对于网络聚集性,适应区域旅游发展模式,促进旅游要素创新与传播,寻求更加开放的旅游合作与交流,通过增强区域核心国家的联系与互动、增强核心国家对边缘国家帮扶力度,保障区域旅游要素高效流通。(3)从网络传输性考虑,增强区域内部联系,强化邻近国家联系,丰富区域连通渠道,形成"就近联系、多通道联系"网络格局。(4)针对网络层级性,核心国家对旅游要素的过度集中与分散都不利于网络结构韧性的提升,因此要建立完善的区域协作机制,促进旅游合作网络路径的多元化,引导区域旅游"层级化"向"网络化"发展,形成扁平化网络发展机制。

最后,优化网络布局结构,"均衡发展"强韧性。区域过度的权力集中或分散均不利于提升网络结构韧性,要正确处理沿线国家旅游合作联系网络中各节点的集中与分散关系,因此,本书建议,基于适度集中与适度分散的原则,优化沿线国家旅游合作联系网络空间格局。此外,各国通过建立跨区域内、区域间协作的扁平化网络发展结构,发挥核心国家辐射带动作用,重视边缘国家差异化发展,引导整体网络结构趋于均衡,实现网络结构韧性的有效提升。

6.3.2 制定区域韧性提升策略

首先,利用环境差异效应,推动韧性国家建设。充分利用驱动因子对沿线国家旅游合作联系网络的驱动作用,发挥其驱动效应,加强沿线国家区域合作和联动发展,进而提升沿线国家旅游合作联系网络结构韧性水平。

具体而言:(1)重视旅游产业结构差异网络结构韧性对沿线国家旅游合作

联系网络结构韧性提升的促进作用,加快沿线国家旅游产业结构合理化、高效化调整,以此增加国家间产业结构差异,增加旅游产业结构完善国家对产业结构发展不均衡国家的吸引力,进而推动和形成稳定的旅游合作联系。(2)通过开展国际旅游贸易活动、打造优质旅游产品体系等措施强化沿线国家间的贸易差异发展,以此实现沿线国家旅游合作联系网络结构韧性水平的提升。(3)投资关联差异网络结构韧性对沿线国家旅游合作联系网络结构韧性水平的提升有促进作用,因此可以通过拓展旅游投资渠道、搭建旅游投资平台来加强国家间对旅游投资的良性竞争和深入合作,从而提升沿线国家风险应对能力和受损恢复能力。(4)强化沿线国家的治理能力来减小国家治理差异,从而推动提升沿线国家旅游合作联系的紧密程度,从而提升对沿线国家旅游合作联系网络结构的韧性水平。

其次,加强旅游风险防范,保障区域高效运转。充分发挥区域内有效配置资源的功能,加强基础设施建设和制度改革创新。完善区域内其他网络体系,促进区域内部高效合作,如加强区域间交通网络以及互联网的建设,为客流、物流、信息流等提供载体;促进旅游市场在资源配置领域发挥的作用,不断完善区域旅游合作结构,打破行政壁垒,提高有效资源配置效率和承载能力,防止全域联动的旅游活动低效化。

最后,深入实施国家战略,促进区域协调发展。根据网络结构韧性演化特征促进旅游活动与市场环境的动态协同优化,合理布置多中心、聚集型、网络化的韧性空间结构,从根本上提升区域资源利用效率,进一步扩大和充实核心国家的数量和能级。此外,对沿线国家坚持有序开发,提升区域内的协同互补,降低区域内国家的梯度等级,优化区域内国家间的双向互动关系。在促进区域国家旅游协作发展的同时,着重建设核心国家,以此带动边缘国家发展,提升整体应对能力和旅游合作韧性,形成独特的区域旅游合作联系协同发展网络体系。

6.3.3 提出中国行动实施方案

作为中国更高水平对外开放与构建人类命运共同体的鲜活纽带,"一带一路"倡议也是中国国家形象建构的重要平台。因此,应充分发挥中国作为"一带一路"重要枢纽的作用,建立多维度、多尺度、多主体、全空间的韧性体系,推动多要素全方位宽领域高质量旅游合作。

首先,制定差异化旅游合作策略,发挥中国示范作用。强化"一带一路"倡议对沿线发展水平较低国家的促进作用,深度调研与发布对外文旅投资合作国别(地区)指南,根据沿线国家不同发展水平、旅游资源优势制定差异化的旅游合作布局策略,精准定位沿线各国旅游合作的契合点,挖掘共同旅游利益合作发展潜力,形成协同发展的旅游合作交流发展格局。此外,要充分发挥中国在沿线国家旅游合作中的示范作用,营造适宜的旅游合作宏观环境,坚持"互利共赢"和"共同发展"原则,增强沿线各国旅游合作信任,推动中国政策红利惠及沿线各国,促进沿线各国旅游经济提升与旅游协同发展。例如,加大国家发展专项基金、旅游产业发展基金和"一带一路"建设专项基金对沿线国家旅游合作联系的资金支持。沿线国家旅游合作联系短期内难以实现全面发展。因此,中国作为倡导国要分重点、分层次、分步骤推动区域旅游合作联系,优先发展距离客源市场近、旅游资源丰富、发展条件成熟的国家,给予政策倾斜支持。同时,还要积累区域旅游合作联系的经验和做法,以点带面推动沿线其他国家旅游合作联系。

其次,搭建多方位政策支持平台,重塑旅游发展格局。一方面,中国政府应加强宣传"一带一路"倡议在推动沿线各国旅游合作联系方面的积极作用,加强旅游交通线路和基础设施的建设,提升沿线国家旅游合作韧性,以"一地区一政策"方式为区域旅游合作联系营造良好的政策环境。沿线国家在政治、经济、文化等方面均存在差异,旅游合作发展诉求各异,中国应该通过落实"一地区一政策"方式对不同区域国家旅游合作给予针对性的政策支持,以便更好地推动沿线国家旅游合作联系。另一方面,应不断优化助力沿线国家旅游发展的政策举措,提升"一带一路"倡议及相关政策的协调性与适用性,充分利用"一带一路"倡议的政策优势,推动沿线国家旅游合作纵深化发展,实现沿线国家抵抗风险能力的提升。借鉴中国首个跨境旅游合作区预约组团、组团限量、限时跨境、团进团出、游览线路限定的管理模式,持续探索建立、扩大跨境旅游合作区规模,探索"一卡通"制度,推行签证、通关、游览一体化,制定跨境旅游合作区便利化政策。此外,还要探索和完善问题收集、协调解决、监测预警和突发事件快速响应机制,拓展旅游合作问题反映渠道,加大突出共性问题解决力度,加强全球文旅前瞻性分析研判,全面提升服务保障能力水平。

最后,激发多主体旅游合作活力,提升旅游合作效能。构建覆盖政府部门、行业协会、企业组织等多元主体共同参与协作的韧性体系来提升中国应对风险的能力。其中，政府部门要在基于实地调研沿线国家旅游发展现状的基础上，编制区域整体旅游高质量发展规划，制定旅游合作标准以指导区域旅游合作联系，同时搭建多部门协同发展的韧性纽带，形成高效发展的网络结构；建立常态化交流、针对性服务、精准式招商联动协调机制。积极参与"投资中国年"系列招商活动，对接外资企业投资意愿和各地招商需求，促进文旅项目撮合，实现精准招商，推动引入更多利用外资建设的标志性文旅项目。此外，进一步提高市场准入开放水平，积极参与数字经济、数字文旅、绿色文旅等新兴领域的规则制定；旅游行业应增强政府、企业、媒体、游客等不同主体间的沟通交流，在完善沿线国家旅游合作信息交流的基础上，构建旅游信息共享平台，提供开放、高效、对称的区域旅游合作交流服务，营造旅游韧性市场环境。旅游企业应借助"一带一路"发展机遇，突破国家区域限制，实现集团化和连锁化，强化组织韧性能力，提升旅游市场竞争力。文旅企业应积极参与中国—中东欧国家博览会、中阿博览会、中非经贸博览会等展会，积极寻找合作机会与拓展商机。

6.4 本章小结

本章结合高质量发展的核心理念、产业与区域层面的发展要求，依托"一带一路"沿线国家旅游合作联系网络特征、沿线国家旅游合作联系网络的结构韧性演化水平以及沿线国家旅游合作联系网络结构韧性形成机理，提出了沿线国家旅游合作联系网络优化策略、旅游合作联系网络结构韧性提升路径以及旅游合作联系网络结构韧性长效机制，并据此绘制沿线国家旅游合作联系网络发展的高质量推进机制图（如图 6.4 所示）。本章的研究结论主要包括以下几个方面：

（1）从提升旅游合作联系网络紧密度、提高双向溢出板块网络化程度、巩固旅游合作联系网络中心性、增强区域核心国家辐射带动力四个方面提出沿线国家旅游合作联系网络优化策略，推进旅游合作联系网络优化升级。

①提升旅游合作联系网络紧密度。首先，建立多元化区域合作机制，大力提升区域协调发展；其次，构建全方位旅游合作模式，促进要素合理高效聚集；最后，打造长效化旅游发展体系，推进旅游合作持续开展。

②提高双向溢出板块网络化程度。首先，有效整合旅游资源，织密区域旅

游合作网络；其次，发挥旅游集散功能，助推区域差异协调发展；最后，凸显产业集聚效应，打造旅游合作示范基地。

③巩固旅游合作联系网络中心性。首先，赋能传统优势，多维度配置旅游资源；其次，搭建共享平台，高水平推动协同合作；最后，强化中心意识，全范围构筑旅游格局。

④增强区域核心国家辐射带动力。首先，巩固区域核心功能，加大边缘国家产业建设；其次，推进梯度合作模式，培育科学合理层次体系；最后，兼顾核心边缘区域，推动区域旅游均衡发展。

（2）从优化整体结构、核心协同与扁平发展，重视区域差异、分区优化与协调推进，刺激要素流动、互联互通与协同联动三个层面构建"一带一路"沿线国家旅游合作联系网络结构韧性提升路径，强化产业壮大发展效应。

①优化整体结构，核心协同与扁平发展。首先，发挥核心协同作用，推进区域旅游均衡化发展；其次，创新旅游发展战略，探索推进旅游合作扁平化；最后，推动旅游纵深发展，推进沿线旅游业态新型化。

②重视区域差异，分区优化与协调推进。首先，立足区域差异化发展，因地制宜精准施策；其次，探索多元化合作模式，缩小分区韧性差距；最后，扩大国家功能异质性，强化网络节点韧性。

③刺激要素流动，互联互通与协同联动。首先，把握结构韧性演化规律，合理布局旅游要素；其次，畅通资源要素流通渠道，提高旅游合作黏性；最后，推动合作要素资源互补，打造特色产业集群。

（3）从探索障碍因子破解路径、制定区域韧性提升策略及提出中国行动实施方案三个方面来构建网络结构韧性长效机制，以期推进合作持续开展。

①探索障碍因子破解路径。首先，推动区域协同合作，"抱团取暖"抗风险；其次，关注韧性障碍因子，"多措并举"提效率；最后，优化网络布局结构，"均衡发展"强韧性。

②制定区域韧性提升策略。首先，利用环境差异效应，推动韧性国家建设；其次，加强旅游风险防范，保障区域高效运转；最后，深入实施国家战略，促进区域协调发展。

③提出中国行动实施方案。首先，制定差异化旅游合作策略，发挥中国示范作用；其次，搭建多方位政策支持平台，重塑旅游发展格局；最后，激发多主体旅游合作活力，提升旅游合作效能。

第 6 章 "一带一路"沿线国家旅游合作联系网络高质量发展的推进机制 | 215

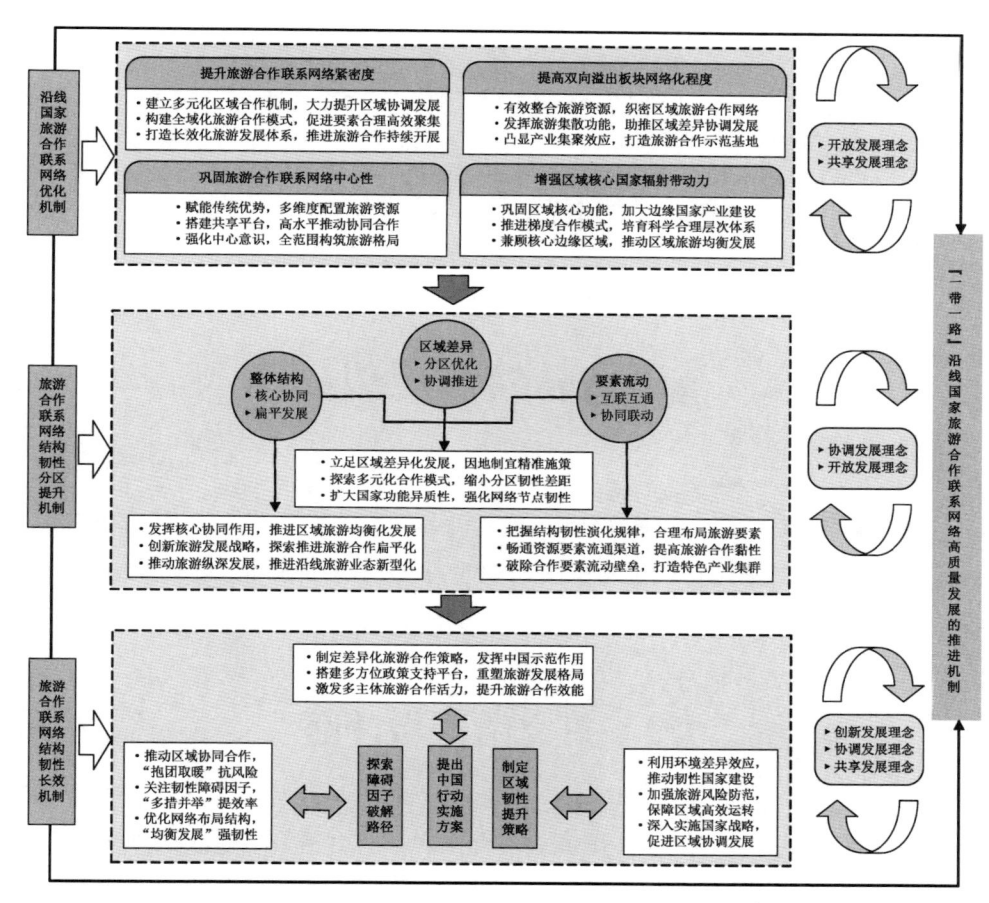

图 6.4 "一带一路"沿线国家旅游合作联系网络高质量推进机制

第 7 章

研究总结与展望

本章将全面回顾整个研究过程、研究内容,梳理全文,总结本书的研究发现,并针对研究结论进行延展与探讨。同时,提出本书的贡献与创新之处。最后,分析本书的局限与不足,提出未来可继续探索的主要研究方向。

7.1 研究结论与讨论

本书聚焦"一带一路"沿线国家旅游合作联系网络相关问题,采用修正后的万有引力模型、社会网络分析方法、QAP 回归技术、空间面板回归技术等多种方法,重点探讨了"解构:明晰网络特征——沿线国家旅游合作联系网络呈现何种特征""结构:评析结构韧性——沿线国家旅游合作联系网络如何形成""基构:探析形成机理——沿线国家旅游合作联系网络如何形成"以及"优构:研析长效机制——构建高质量推进沿线国家旅游合作联系的工作机制"四个主要问题。构建"一带一路"沿线国家旅游合作联系网络、揭示旅游合作联系网络结构特征、评估网络结构韧性、甄别和验证影响网络高质量发展的关键因素,并针对性地提出网络高质量推进机制对于推动"一带一路"沿线国家区域协调发展与旅游高质量发展具有重要意义,也为复杂国际环境下深化中国与"一带一路"沿线国家旅游合作、提升中国国际旅游影响力提供理论依据和政策支持。

因此,本书以流空间理论、社会网络理论、复杂网络理论、空间相互作用理论等为基础,以"一带一路"沿线 55 个国家为研究对象,引入旅游能级、经济距离等变量对万有引力模型进行修正后,并以 2010—2019 年"一带一路"沿线国家相关数据构建旅游合作联系网络。在此基础上,从社会网络分析视角出发,借助 Ucinet 6.0 和 Gephi 软件从"整体网络态势解析""网络小群体特征探析"以及"个体网络结构分析"测度并解析沿线国家旅游合作整体—分区网络结构与特征。其次,选取了鲁棒性、传输性、集聚性、层级性和匹配性 5 项指标对沿线国家旅游合作联系网络中的整体—分区网络结构进行韧性评估。最后,从关联演化视角出发,运用 QAP 多元回归分析法从区位力、文化力、市场力、金融力、政治力以及政策力 6 个维度来验证空间邻近、语言相似性、产业结构差异、人口规模差异、贸易强度差异、投资关联差异、国家治理差异、国家安全差异、财政政策差异 9 个差异网络对沿线国家旅游合作联系网络的影响;并进一步测度各差异网络的网络结构韧性,利用空间面板回归技术验证影响沿线国家旅游合作联系网络结构韧性的关键因子,并提出沿线国家旅游合作联系网络结构韧性的形成机理,为科学响应和构建网络结构韧性长效机制奠定基础。本书的主要结论与讨论如下:

7.1.1　旅游合作联系网络呈现多样化特征

本书选取"一带一路"沿线国家 2010—2019 年间的相关数据,借助修正后的万有引力模型构建"一带一路"沿线国家旅游合作联系网络的基础上,利用社会网络分析方法从"整体网络态势解析""网络小群体特征探析"以及"个体网络结构分析"三个层面全面剖析沿线国家旅游合作联系整体—分区网络特征。研究发现:

7.1.1.1　沿线国家旅游合作联系整体网络表征

(1)对旅游合作联系整体网络态势解析发现,2010—2019 年沿线国家旅游合作联系网络的整体网络密度总体呈现上升趋势,但网络密度相对较低,且整体网络逐渐呈现均衡性、整体性、便利性、自由性发展。

(2)对旅游合作联系网络小群体特征探析发现,阿尔巴尼亚、阿塞拜疆、蒙古国、乌克兰、白俄罗斯、北马其顿、塞尔维亚、约旦、摩尔多瓦、泰国、印度尼西亚、亚美尼亚等国一直处于同一个最大的凝聚子群,说明这些国家旅游合作联系比较紧密,且具有较强的凝聚力;据板块矩阵可知:四个板块内部旅游合作联系密切,板块较为稳定,板块 4 在沿线国家旅游合作联系网络中起着重要的"桥梁"作用,板块 2 需要多加强与其他板块成员之间的旅游交流合作;沿线核心国家与边缘国家的数量呈现递增的趋势,半边缘国家数量则呈现下降趋势,且核心度整体水平有所增加。

(3)对旅游合作联系个体结构特征分析发现,沿线国家之间的旅游合作、相互联系的程度逐渐增强,且中国是"一带一路"沿线区域内重要且中心的国家;各国的接近中心度在逐年提高,说明各国之间资源流动速度加快,旅游合作联系更为紧密;各国中间中心度呈现波动下降的趋势,说明旅游合作联系网络中心国家的核心地位有下降的趋势,沿线国家旅游合作联系网络更密切,其网络结构逐渐趋向均衡和稳定;中国是旅游合作联系网络的核心行动者,对其他国家的影响力大;有效规模较大、行动效率和等级度较高且限制度较低的国家在旅游合作联系网络中非冗余因素较多,对网络中其他国家具有更强的控制能力,能够快速有效获取旅游发展所需的资源,其竞争优势明显;有效规模较小、行动效率和等级度较低且限制度较高的国家容易受其他国家的影响与控制,难以单独发挥其核心作用,亟须进一步提升自身旅游发展水平,加强与其他国家的旅游合作联系。

7.1.1.2 沿线国家旅游合作联系分区网络表征

东亚—东盟网络、中亚—西亚网络、南亚网络、独联体网络、中东欧网络等分区网络在"整体网络态势解析""网络小群体特征探析"以及"个体网络结构分析"三个层面上呈现的特征与整体网络特征相契合。

区域旅游合作网络的空间特征、结构属性的探讨有助于促进区域整体的发展。[256]通过对沿线国家旅游合作联系整体—分区网络特征分析发现,旅游合作联系网络逐渐向密集化、多向化、深入化方向发展,已从区域内小范围合作逐步发展为跨区域多国家合作,且逐渐形成较为稳定的网状结构,旅游合作联系网络表征为区域内部合作意愿增强、规模逐渐扩大,区域之间网络合作联通性有待加强。旅游合作作为"一带一路"倡议的主旋律[20,336],对中国以及沿线国家旅游可持续发展至关重要,完善的旅游合作联系网络是沿线国家旅游合作联系网络高质量发展的重要基石。[220]因此,如何在强化已有旅游合作联系网络基础上,充分利用沿线各国优势资源,完善旅游合作联系网络成为未来研究重要的议题。

7.1.2 网络结构韧性水平具有异质性特征

本书在构建沿线国家旅游合作联系网络的鲁棒性、传递性、聚集性、层级性和匹配性等多个指标在内的综合评估指标体系的基础上,重点探究沿线国家旅游合作联系网络结构韧性高质量推进与发展,即综合评估沿线国家旅游合作联系整体—分区网络结构韧性水平,进而借助层级性与匹配性的静态特征、动态变化对整体—分区网络结构韧性进行分区与演化水平量化,最后,运用障碍因子诊断模型识别影响沿线国家旅游合作联系网络结构韧性的主要障碍因子,研究发现:

7.1.2.1 网络结构韧性指标特征

(1)沿线国家旅游合作联系整体网络鲁棒性水平远高于分区网络鲁棒性水平,且呈递增趋势,说明整体网络和分区网络中各国联系均越发紧密,抗外界干扰能力逐步增强。

(2)沿线国家旅游合作联系整体网络与分区网络的路径传输效率均较低。

(3)整体、东亚—东盟区域、中亚—西亚区域、南亚区域、独联体区域等网络的平均聚类系数均呈现递增态势。

(4)沿线国家旅游合作联系整体—分区网络结构层级性有所差异,且整体—分区网络的度分布拟合曲线斜率绝对值$|\alpha|$总体呈现递增趋势,说明整体—分区网络层级性增强,沿线国家旅游合作联系整体—分区网络的立体化特征凸显。

7.1.2.2 网络结构韧性综合水平

整体、中亚—西亚区域、南亚区域、独联体区域以及中东欧区域网络结构韧性指数总体呈波动上升趋势,而东亚—东盟区域呈波动下降趋势。

7.1.2.3 网络结构韧性类型判定

整体、中亚—西亚区域、南亚区域、独联体区域以及中东欧区域网络结构韧性类型具备稳定性特征,网络结构韧性类型未发生实质性变化。但整体、东亚—东盟区域、南亚区域以及中东欧区域网络结构韧性有待进一步提升,其中东亚—东盟区域要加强其网络结构稳定性,而中亚—西亚区域和独联体区域网络结构韧性应继续保持。

7.1.2.4 网络结构韧性演化水平

沿线国家旅游合作联系整体—分区网络结构韧性综合演化水平存在显著分异。具体而言:2010—2013年,网络结构韧性综合演化水平表现为:中亚—西亚区域＞整体＞独联体区域＞东亚—东盟区域＞中东欧区域＞南亚区域;2013—2016年,南亚区域＞独联体区域＞整体＞中东欧区域＞东亚—东盟区域

＞中亚—西亚区域;2016—2019 年,东亚—东盟区域＞南亚区域＞中亚—西亚区域＞独联体区域＞中东欧区域＞整体。

7.1.2.5　网络结构韧性障碍诊断

网络鲁棒性、网络聚集性、网络传输性以及网络层级性是阻碍 2010—2019 年沿线国家旅游合作联系整体—分区网络结构韧性的关键障碍因子。具体而言:

(1)网络传输性是阻碍 2010—2019 年沿线国家旅游合作联系整体网络结构韧性提升的关键障碍因子;(2)网络传输性阻碍 2010—2019 年沿线国家旅游合作联系东亚—东盟网络结构韧性提升的关键障碍因子;(3)网络鲁棒性、网络层级性是阻碍 2010—2019 年沿线国家旅游合作联系中亚—西亚网络结构韧性提升的关键障碍因子;(4)网络聚集性、网络传输性是阻碍 2010—2019 年沿线国家旅游合作联系南亚网络结构韧性提升的关键障碍因子;(5)网络鲁棒性是阻碍 2010—2019 年沿线国家旅游合作联系独联体网络结构韧性提升的关键障碍因子;(6)网络聚集性是阻碍 2010—2019 年沿线国家旅游合作联系中东欧网络结构韧性提升的关键障碍因子。

可见,沿线国家旅游合作联系整体网络结构愈发稳定,表现出明显的网络结构韧性能力。本书重点探讨了沿线国家旅游合作联系网络结构韧性水平、演化特征及其障碍因子,为提升网络结构韧性水平奠定了基础。由于韧性概念强调接受外界环境挑战,提高抗风险能力,受新冠疫情影响,韧性理念为区域合作提供了新的研究视角[337-338]。因此,基于韧性理论评估沿线国家旅游合作联系网络结构,有助于明确沿线国家旅游合作联系网络结构中脆弱环境,对沿线国家科学制定旅游政策、优化旅游资源空间布局、促进沿线国家旅游高质量发展具有重要意义。

7.1.3　差异网络结构韧性显著影响旅游合作联系网络结构韧性

本书重点探讨旅游合作旅游联系网络高质量推进机制如何构建,在结合沿线国家旅游合作联系网络特征的基础上,从区位力、文化力、市场力、金融力、政治力以及政策力 6 个维度系统梳理出影响沿线国家旅游合作联系网络的影响因素,先借助 QAP 回归分析技术识别影响国家旅游合作联系网络的关联网络,进而借助空间面板回归技术验证其对旅游合作联系网络结构韧性的影响,最后,通过 fsQCA 方法分析沿线国家旅游合作联系网络结构韧性生成条件的前

因组态,研究发现:

7.1.3.1 识别旅游合作联系网络影响因素

研究系统梳理沿线国家旅游合作相关文献,从区位力、文化力、市场力、金融力、政治力以及政策力六个维度构建了空间邻近、语言相似性、产业结构差异、人口规模差异、贸易强度差异、投资关联差异、国家治理差异、国家安全差异、财政政策差异九个网络矩阵。

7.1.3.2 验证旅游合作联系网络影响因素

沿线国家旅游合作联系主要受到空间邻近、产业结构差异、贸易强度差异、投资关联差异、国家安全差异、财政政策差异等因素的影响。其中,空间邻近对沿线国家旅游合作联系产生正向影响,而产业结构差异、贸易强度差异、投资关联差异、国家安全差异、财政政策差异则对其产生负向影响。此外,语言相似性与国家治理差异对沿线国家旅游合作联系的影响作用不显著。

7.1.3.3 验证旅游合作联系网络结构韧性的关键因子

产业结构差异网络结构韧性、贸易强度差异网络结构韧性、投资关联差异网络结构韧性、国家治理差异网络结构韧性等网络的结构韧性共同影响沿线国家旅游合作联系网络结构韧性。具体而言,产业结构差异网络结构韧性、贸易强度差异网络结构韧性、投资关联差异网络结构韧性等网络的结构韧性能够正向影响沿线国家旅游合作联系网络结构韧性,而国家治理差异网络结构韧性则负向影响沿线国家旅游合作联系网络结构韧性。此外,人口规模差异网络结构韧性、国家安全差异网络结构韧性、财政政策差异网络结构韧性对提升沿线国家旅游合作联系网络结构韧性能力未通过显著性检验。

7.1.3.4 剖析旅游合作联系网络结构韧性的形成机理

2010年存在两条可以提升沿线国家旅游合作联系网络结构韧性的路径,其中产业结构差异网络结构韧性与国家治理差异网络结构韧性是影响沿线国家旅游合作联系网络结构韧性提升的核心要素,故将其概括为结构优化型路径;2013年、2016年均存在两条可以提升沿线国家旅游合作联系网络结构韧性的路径,其中投资关联差异网络结构韧性是影响沿线国家旅游合作联系网络结构韧性提升的核心要素,故将其概括为投资驱动型路径;2019年存在三条可以提升沿线国家旅游合作联系网络结构韧性的路径,其中贸易强度差异网络结构韧性是影响沿线国家旅游合作联系网络结构韧性提升的核心要素,故将其概括为贸易聚集型路径。

综上所述,沿线国家旅游合作联系网络受到区位力、文化力、市场力、金融力、政治力以及政策力等多元化、差异化因素的影响,网络结构韧性发展受到多元条件组合、多路径(结构优化型路径、投资驱动型路径、贸易聚集型路径)的差异化驱动。面对外界冲击和干扰,沿线国家如何保持其原有特征、功能结构以及提升应对风险能力成为区域韧性研究的关键。[339]因此,本书重点对沿线国家旅游合作联系网络结构韧性的影响因素进行了分析,厘清了网络结构韧性的形成机理,为提高沿线国家应对外界风险的能力提供依据。

7.1.4 高质量推进旅游合作联系网络建设需要多方位全面保障

为构建旅游合作联系网络结构韧性的长效机制,本书基于高质量发展的五大核心理念以及产业与区域高质量发展的核心要求,结合沿线国家旅游合作联系网络特征、沿线国家旅游合作联系网络结构韧性演化水平以及沿线国家旅游合作联系网络结构韧性形成机理等研究发现,提出了沿线国家旅游合作联系网络优化机制、旅游合作联系网络结构韧性分区提升机制以及旅游合作联系网络结构韧性长效机制,主要包括:

7.1.4.1 沿线国家旅游合作联系网络优化机制

研究从提升旅游合作联系网络紧密度、提高双向溢出板块网络化程度、巩固旅游合作联系网络中心性、增强区域核心国家辐射带动力四个方面提出"一带一路"沿线国家旅游合作联系网络优化机制。具体而言:

(1)提升旅游合作联系网络紧密度。首先,建立多元化区域合作机制,大力提升区域协调发展;其次,构建全方位旅游合作模式,促进要素合理高效聚集;最后,打造长效化旅游发展体系,推进旅游合作持续开展。(2)提高双向溢出板块网络化程度。首先,有效整合旅游资源,织密区域旅游合作网络;其次,发挥旅游集散功能,助推区域差异协调发展;最后,凸显产业集聚效应,打造旅游合作示范基地。(3)巩固旅游合作联系网络中心性。首先,赋能传统优势,多维度配置旅游资源;其次,搭建共享平台,高水平推动协同合作;最后,强化中心意识,全范围构筑旅游格局。(4)增强区域核心国家辐射带动力。首先,巩固区域核心功能,加快边缘国家产业建设;其次,推进梯度合作模式,培育科学合理层次体系;最后,兼顾核心边缘区域,推动区域旅游均衡发展。

7.1.4.2 旅游合作联系网络结构韧性分区提升机制

本书提出"优化整体结构:核心协同与扁平发展""重视区域差异:分区优化

与协调推进""刺激要素流动:互联互通与协同联动"三个层面构建旅游合作联系网络结构韧性分区提升机制。具体而言：

(1)优化整体结构,核心协同与扁平发展。首先,发挥核心协同作用,推进区域旅游发展均衡化；其次,创新旅游发展战略,探索推进旅游合作扁平化；最后,推动旅游纵深发展,推进沿线旅游业态新型化。(2)重视区域差异,分区优化与协调推进。首先,立足区域差异化发展,因地制宜精准施策；其次,探索多元化合作模式,缩小分区韧性差距；最后,扩大国家功能异质性,强化网络节点韧性。(3)刺激要素流动,互联互通与协同联动。首先,把握结构韧性演化规律,合理布局旅游要素；其次,畅通资源要素流通渠道,提高旅游合作黏性；最后,推动合作要素资源互补,打造特色产业集群。

7.1.4.3 旅游合作联系网络结构韧性长效机制

本书从探索障碍因子破解路径、制定区域韧性提升策略以及提出中国行动实施方案三方面来健全旅游合作联系网络结构韧性长效机制。具体而言：

(1)探索障碍因子破解路径。首先,推动区域协同合作,"抱团取暖"抗风险；其次,关注韧性障碍因子,"多措并举"提效率；最后,优化网络布局结构,"均衡发展"强韧性。(2)制定区域韧性提升策略。首先,利用环境差异效应,推动韧性国家建设；其次,加强旅游风险防范,保障区域高效运转；最后,深入实施国家战略,促进区域协调发展。(3)提出中国行动实施方案。首先,制定差异化旅游合作策略,发挥中国示范作用；其次,搭建多方位政策支持平台,重塑旅游发展格局；最后,激发多主体旅游合作活力,提升旅游合作效能。

建构旅游合作联系网络结构韧性体系是旅游业实现韧性提升和高质量发展的基础。[340]因此,本书基于上述研究结论,围绕旅游合作联系网络优化机制、网络结构韧性分区提升机制、网络结构韧性长效机制来构建沿线国家应对冲击的韧性合作体系,进而推进沿线国家旅游合作联系网络高质量发展。

7.2 研究贡献与创新

本书以沿线国家旅游合作联系网络结构韧性为研究目标,将韧性理论与旅游合作联系网络相融合,构建了网络结构韧性评估体系,在此基础上,从组态视角对沿线国家旅游合作联系网络韧性的形成机理展开探讨。本书的理论贡献主要为：

一是将旅游能级、经济距离纳入旅游合作联系网络以及韧性网络的指标体系中，有效拓展了现有韧性理论指标体系与理论框架；二是将韧性理论与旅游合作联系网络结合，为沿线国家旅游高质量发展的推进机制提供借鉴；三是从组态视角探讨了影响旅游合作联系网络结构韧性提升的多重因素，厘清网络结构韧性的形成机理，为优化沿线国家旅游合作联系网络结构与提升网络结构韧性水平提供参考。具体而言，本书聚焦于"一带一路"沿线国家旅游合作联系网络结构韧性提升的相关问题，重点探讨了"解构：明晰网络特征""结构：评析结构韧性""基构：探析形成机理"以及"优构：研析长效机制"四个主要问题，构建了"一带一路"沿线国家旅游合作联系网络的系统分析框架，在"一带一路"沿线国家旅游合作联系网络与沿线国家旅游合作等方面具有一定的创新与突破。

其一，在明晰网络特征层面，本书提出"一带一路"沿线国家旅游合作联系网络测度方法及其构建方式，为构建旅游合作联系网络提供科学依据。以往多数研究仍采用传统引力模型测度旅游联系，其并未真实反映旅游吸引力等关键要素的作用。"流空间"理论强调网络中节点联系的非地理邻近性并很好地解释了全球化浪潮下某些城市为何能够超越绝对空间，产生跨区域甚至世界范围的影响力。而旅游能级（从综合角度衡量城市旅游经济、旅游潜力和旅游环境）则反映了旅游功能对其以外地区的辐射影响程度，是一个区域旅游综合吸引力和辐射力的重要表征。因此，本书尝试将旅游能级系数、经济距离等因素引入传统引力模型之中予以修正，进一步优化旅游合作联系测度，这一定程度上属于研究方法层面的推进。

其二，在评析结构韧性层面，韧性是可持续科学研究领域的七大研究主题之一。网络结构韧性是区域未来可持续发展的重要指向，是区域韧性研究领域正在兴起的重要研究命题。但关于网络结构韧性评估的指标选取、测度方法乃至评价模式均颇具分异，尚未形成被广泛运用的固定范式。因此，本书在系统认识沿线国家旅游合作联系网络结构的基础上，从鲁棒性、传递性、聚集性、层级性和匹配性等多个指标出发综合评估旅游合作联系网络结构韧性，并结合层级性和匹配性研判网络结构韧性的类型与动态演化水平，为科学测评整体—区域网络结构韧性提供指标依据与模型基础。

其三，在探析形成机理层面，本书从演进韧性视角出发，提出影响"一带一路"沿线国家旅游合作联系网络结构及其韧性的关键因子与形成机理，能够拓展地理学与可持续科研领域区域韧性研究，有助于深化和完善韧性理论。重视影响沿线国家旅游合作联系网络结构韧性关键因子的关联性和动态性，在验证影响沿线国家旅游合作联系网络的关联网络基础上，测度关联网络的结构韧性，借助空间面板回归技术验证并提出影响沿线国家旅游合作联系网络结构韧性的关键因素，进而提出网络结构韧性的形成机理。因此，与以往研究多聚焦韧性评估不同，本书从关联演化视角出发，厘清了网络结构韧性的形成机理，进一步丰富了地理学与可持续科学领域的区域韧性研究，深化和完善了韧性理论。

其四，在研析推进机制层面，本书在系统探析沿线国家旅游合作联系整体—分区网络特征、旅游合作联系整体—分区网络结构韧性演化特征、关键动因以及形成机理的基础上，提出包含"一带一路"沿线国家旅游合作联系网络优化机制、旅游合作联系网络结构韧性提升机制以及旅游合作联系网络结构韧性长效机制在内的沿线国家旅游合作联系高质量推进机制，为助推沿线国家旅游合作高质量发展提供路径选择。

7.3 研究局限与展望

7.3.1 研究局限

本书对"一带一路"沿线国家旅游合作联系网络进行了特征剖析、网络结构韧性水平评估、网络结构韧性形成机理等系列化探讨，提出了沿线国家旅游合作联系网络的高质量推进机制，对沿线国家旅游合作联系网络进行了较为全面系统的分析，对理论拓展与实践应用均有一定借鉴与参考。但由于研究时间、研究水平、数据不可获得性等方面的限制，本书还存在一定不足之处：

7.3.1.1 研究跨度较短

本书仅选取 2010—2019 年"一带一路"沿线 55 个国家的相关数据，仅收集了 10 年的数据，较难分阶段来探究沿线国家旅游合作联系网络及其网络结构韧性特征。因此，在今后研究中应加强数据的收集力度以及搜集长时间尺度的相关数据，以期进行更长时间尺度、更细阶段划分的旅游合作联系网络及其网络结构韧性演化特征研究。

7.3.1.2 多重对比较少

由于 2010—2019 年"一带一路"沿线国家相关数据量较大，本书仅选取了

2010年、2013年、2016年以及2019年的旅游合作联系网络结构韧性进行测度，以此为旅游合作提供借鉴与参考。但是，本书未对不同时期旅游合作联系网络结构韧性演化水平进行对比，尤其尚未探讨2013年习近平总书记提出"一带一路"重大倡议、2020年爆发新冠疫情、2022年爆发俄乌冲突等特殊事件对旅游合作联系网络的影响。由此可见，沿线国家旅游合作网络结构韧性水平在不同时期的对比研究值得进一步探究。此外，未来研究可通过不同渠道收集历时数据，扩大数据时间跨度，增加研究结论的可靠性。

7.3.2 研究展望

"一带一路"沿线国家旅游合作联系网络结构韧性的研究对后疫情时代下沿线国家共同抵抗外界风险具有重要意义，尤其沿线国家旅游合作联系整体—分区网络结构韧性能力的提升是推进沿线国家抵抗外界冲击并从中恢复的重要保障。因此，在今后关于沿线国家网络结构韧性的研究中可以从以下几方面拓展与考虑。

7.3.2.1 未来的拓展方向一

本书虽然已针对"一带一路"沿线国家旅游合作联系网络结构韧性的整体特征、区域特征两个维度开展研究，但未针对单个节点国家遭受风险冲击后网络结构韧性的变化展开探讨。今后研究可以聚焦网络中个体遭受风险的情况下，如探讨中国遭遇风险冲击后，整体以及分区网络结构韧性水平的变化情况，以此提出提升网络结构韧性的精准行动方案。具体而言，借助中断模拟来模拟沿线国家旅游合作联系网络遭受攻击时，可以进一步识别出影响沿线国家旅游合作联系网络结构韧性的关键要素与关键节点国家。因此，在今后研究中可以运用中断模拟方法来识别沿线国家主导性节点与脆弱性节点，以此针对性地提出网络结构韧性提升策略。此外，还可进一步考虑连接中断后的关键节点对整体网络的影响。

7.3.2.2 未来的拓展方向二

沿线国家旅游合作联系网络结构韧性综合评价指标体系有待进一步完善。本书仅选取了从鲁棒性、传递性、聚集性、层级性和匹配性五个指标构建旅游合作联系网络结构韧性，未来可以从鲁棒性、冗余性、多样性、快速性、层级性、匹配性、传递性、聚集性等多个指标出发综合构建并评估旅游合作联系网络结构韧性，从而使沿线国家旅游合作联系网络结构韧性指标体系更加充实与完善。

7.3.2.3　未来的拓展方向三

本书的主要研究视角是聚焦于沿线国际旅游合作联系，却较少考虑沿线国家旅游合作联系作为国际合作的重要领域，影响国际合作的因素可能也会对沿线国家旅游合作联系产生影响。因此，未来可以从多视角、多维度来综合考虑影响国际合作的重要因素在沿线国家旅游合作联系中是否也同样发挥作用。

7.3.2.4　未来的拓展方向四

网络测度模型构建合理性有待提高。本书在构建模型时虽然考虑了国家旅游合作联系的不对等性，通过旅游能级来修正万有引力系数以表征国家旅游合作联系吸引力的差异性与方向性，但却忽略了国家旅游合作联系强度与国家空间引力并不是完全替代关系，还需基于空间引力，纳入更多维度国家旅游合作联系影响因素来构建科学合理的国家旅游合作联系强度测度模型。此外，沿线国家旅游合作联系更多存在"多对多"的合作关系，本书从国家两两合作视角测度在一定程度上忽略了此类情景。未来可进一步考虑此类旅游合作模型，进一步完善用于测度国家旅游合作联系强度的引力模型，使得沿线国家旅游合作联系网络影响因素分析更为科学和严谨。

7.3.2.5　未来的拓展方向五

本书对"一带一路"沿线国家分区标准是基于学界认可的地理位置、以及研究数据可获得性，即将其划分为东亚—东盟区域，中亚—西亚区域、南亚区域、独联体区域、中东欧区域五个区域。虽然地理距离的远近能反映出区域旅游合作联系存在差异，但由习近平总书记提出的"丝绸之路经济带"和"21世纪海上丝绸之路"在旅游资源开发潜力、空间分布等方面均存在差异。因此，"丝绸之路经济带"和"21世纪海上丝绸之路"作为相对独立的两大区域，未来研究可继续分区域探讨沿线国家旅游合作联系及其网络结构韧性的差异化特征与差异化高质量发展路径。

7.3.2.6　未来的拓展方向六

"一带一路"沿线国家旅游合作联系网络高质量发展的推进机制针对性还应强化。受实践经验的制约，本书提出沿线国家旅游合作联系网络高质量发展的推进机制还需加强针对性。未来可以通过对多维利益相关者进行访谈，在服务"旅游高质量发展""'一带一路'倡议"等国家战略方面，深度了解沿线国家旅游合作联系现状，提出更加有针对性的沿线国家旅游合作联系网络高质量发展的推进机制与实施路径，落实理论成果的实践应用，产生实际效益。

参考文献

[1]林毅夫. 一带一路与自贸区:中国新的对外开放倡议与举措[J]. 北京大学学报:哲学社会科学版,2017,54(1):11-13.

[2]刘卫东,姚秋蕙. "一带一路"建设模式研究——基于制度与文化视角[J]. 地理学报,2020,75(6):1134-1146.

[3]HERRERO A G, XU J. China's Belt and Road Initiative: Can Europe Expect Trade Gains? [J]. China & World Economy, 2017, 25(6): 84-99.

[4]ZHANG L, XU Z. How Do Cultural and Institutional Distance Affect China's Ofdi Towards the Obor Countries? [J]. Baltic Journal of European Studies, 2017, 7(1): 24-42.

[5]VANGELI A. China's Engagement with the Sixteen Countries of Central, East and Southeast Europe Under the Belt and Road Initiative[J]. China & World Economy, 2017, 25(5): 101-124.

[6]CHENG L K. Three Questions On China's "Belt and Road Initiative"[J]. China Economic Review, 2016(40): 309-313.

[7]韩静,徐虹. 旅游开发与合作助力"一带一路"倡议发展[J]. 旅游学刊,2017,35(5):6-7.

[8]覃建雄. 新冠疫情对全球旅游格局的影响及其对策研究[J]. 中国软科学,2020(S1):72-82.

[9]安宁,梁邦兴,朱竑. "走出去"的地理学——从人文地理学视角看中非合作研究[J]. 地理科学进展,2018,37(11):1521-1532.

[10]陈艺文,李二玲. "一带一路"国家粮食贸易网络空间格局及其演化机制[J]. 地理科学进展,2019,38(10):1643-1654.

[11]孙涛,吴琳,王飞,等. 大规模航运数据下"一带一路"国家和地区贸易网络分析[J]. 地球信息科学学报,2018,20(5):593-601.

[12]杨文龙,杜德斌,马亚华,等. "一带一路"沿线国家贸易网络空间结构与邻近性

[J]. 地理研究，2018，37(11)：2218－2235.

[13]邹嘉龄，刘卫东. 2001—2013 年中国与"一带一路"沿线国家贸易网络分析[J]. 地理科学，2016，36(11)：1629－1636.

[14]杨文龙，杜德斌."一带一路"沿线国家投资网络结构及其影响因素：基于 ERGM 模型的研究[J]. 世界经济研究，2018(5)：80－94.

[15]陈欣."一带一路"沿线国家科技合作网络比较研究[J]. 科研管理，2019，40(7)：22－32.

[16]董千里. 基于"一带一路"跨境物流网络构建的产业联动发展——集成场理论的顶层设计思路[J]. 中国流通经济，2015，29(10)：34－41.

[17]JESUS C, FRANCO M. Cooperation Networks in Tourism：A Study of Hotels and Rural Tourism Establishments in an Inland Region of Portugal[J]. Journal of hospitality and tourism management，2016(29)：165－175.

[18]MORRISON A, LYNCH P, JOHNS N. International Tourism Network[J]. International Journal of Contemporary Hospitality Management，2004，16(3)：197－202.

[19]YIN J, BI Y, JI Y. Structure and Formation Mechanism of China-Asean Tourism Cooperation[J]. Sustainability，2020，12(13)：5440.

[20]殷杰，郑向敏，李实. 合作态势与权力角色："一带一路"沿线国家旅游合作网络解构[J]. 经济地理，2019，39(7)：216－224.

[21]GÖSSLING S, SCOTT D, HALL C M. Pandemics, Tourism and Global Change：A Rapid Assessment of Covid-19[J]. Journal of Sustainable Tourism，2020，29(1)：1－20.

[22]KOCK F, NORFELT A, JOSIASSEN A, et al. Understanding the Covid-19 Tourist Psyche：The Evolutionary Tourism Paradigm[J]. Annals of Tourism Research，2020(85)：103053.

[23]HOLLING C S. Resilience and Stability of Ecological Systems.[J]. Annual Review of Ecology and Systematics，1973，4(4)：1－23.

[24]彭翀，林樱子，顾朝林. 长江中游城市网络结构韧性评估及其优化策略[J]. 地理研究，2018，37(6)：1193－1207.

[25]谢永顺，王成金，韩增林，等. 哈大城市带网络结构韧性演化研究[J]. 地理科学进展，2020，39(10)：1619－1631.

[26]彭翀，陈思宇，王宝强. 中断模拟下城市群网络结构韧性研究——以长江中游城市群客运网络为例[J]. 经济地理，2019，39(8)：68－76.

[27]葛全胜，刘卫东，孙鸿烈，等. 地理科学与资源科学的国家智库建设[J]. 地理学报，2020，75(12)：2655－2668.

[28]孙志刚. 城市功能论[M]. 北京：经济管理出版社，1998.

[29]韩玉刚,焦化富,李俊峰. 基于城市能级提升的安徽江淮城市群空间结构优化研究[J]. 经济地理,2010,30(7):1101—1106.

[30]孙雷. 皖江城市带城市能级与生态环境耦合协调发展评价及空间差异分析[J]. 国土与自然资源研究,2014(3):45—49.

[31]陆相林,马凌波,孙中伟,等. 基于能级提升的京津冀城市群旅游空间结构优化[J]. 地域研究与开发,2018,37(4):98—103.

[32]史甜甜,翁时秀. 后结构主义视角下的旅游系统及新议题展望[J]. 旅游学刊,2020,35(11):68—77.

[33]CORNELISSEN S. The Global Tourism System:Governance,Development and Lessons From South Africa[M]. Ashgate:Aldersnot,2005.

[34]方大春,孙明月. 长江经济带核心城市影响力研究[J]. 经济地理,2015,35(1):76—81.

[35]冯翔,高峻. 从全新视角看国外区域旅游合作研究[J]. 旅游学刊,2013,28(4):57—65.

[36]GHIMIRE K B. Regional Tourism and South-South Economic Cooperation[J]. The Geographical Journal,2001,167(2):99—110.

[37]陈传康. 区域旅游发展战略的理论和案例研究[J]. 旅游论坛,1986,(1):14—20.

[38]徐晓林,宋颖洁,林一民,等. 基于琼北旅游圈的区域旅游合作策略的实证研究[J]. 管理学报,2014,11(12):1858—1863.

[39]SAXENA G. Relationships,Networks and the Learning Regions:Case Evidence From the Peak District National Park[J]. Tourism Management,2005,26(2):277—289.

[40]王兆峰,李丹. 基于交通网络的区域旅游空间合作效率评价与差异变化分析——以湘西地区为例[J]. 地理科学,2016,36(11):1697—1705.

[41]钟业喜,冯兴华,文玉钊. 长江经济带经济网络结构演变及其驱动机制研究[J]. 地理科学,2016,36(1):10—19.

[42]刘强,杨东. 高铁网络对西北城市旅游经济联系的空间影响[J]. 地域研究与开发,2019,38(1):95—99.

[43]薛莹. 旅游流在区域内聚:从自组织到组织——区域旅游研究的一个理论框架[J]. 旅游学刊,2006,(4):47—54.

[44]CIMELLARO G P,REINHORN A M,BRUNEAU M. Framework for Analytical Quantification of Disaster Resilience[J]. Engineering Structures,2010,32(11):3639—3649.

[45]邵亦文,徐江. 城市韧性:基于国际文献综述的概念解析[J]. 国际城市规划,2015,30(2):48—54.

[46] 石龙宇, 郑巧雅, 杨萌, 等. 城市韧性概念、影响因素及其评估研究进展[J]. 生态学报, 2022, 42(14): 6016-6029.

[47] ALEXANDER D E. Resilience and Disaster Risk Reduction: An Etymological Journey[J]. Natural Hazards and Earth System Science, 2013, 13(11): 2707-2716.

[48] 闫海明, 战金艳, 张韬. 生态系统恢复力研究进展综述[J]. 地理科学进展, 2012, 31(3): 303-314.

[49] 汪辉, 徐蕴雪, 卢思琪, 等. 恢复力、弹性或韧性？——社会—生态系统及其相关研究领域中"Resilience"一词翻译之辨析[J]. 国际城市规划, 2017, 32(4): 29-39.

[50] 郭小东, 费智涛, 王志涛. 城市灾害应对的刚性、弹性与韧性[J]. 城乡规划, 2021(3): 35-42.

[51] 陈安, 师钰. 韧性城市的概念演化及评价方法研究综述[J]. 生态城市与绿色建筑, 2018(1): 14-19.

[52] BERKES F, FOLKE C, COLDING J. Linking Social and Ecological Systems: Management Practices and Social Mechanisms for Building Resilience[M]. New York: Cambridge University Press, 2000.

[53] WALKER B, HOLLING C S, CARPENTER S R, et al. Resilience, Adaptability and Transformability in Social-Ecological Systems[J]. Ecology and Society, 2004, 9(2): 5.

[54] LUTHANS F, VOGELGESANG G R, LESTER P B. Developing the Psychological Capital of Resiliency[J]. Human Resource Development Review, 2006, 5(1): 25-44.

[55] REDMAN C L, KINZIG A P. Resilience of Past Landscapes: Resilience Theory, Society, and the Longue Durée[J]. Conservation Ecology, 2003, 7(1): 1-12.

[56] REGGIANI A, De GRAAFF T, NIJKAMP P. Resilience: An Evolutionary Approach to Spatial Economic Systems[J]. Networks and Spatial Economics, 2002, 2(2): 211-229.

[57] GODWIN I, AMAH E. Knowledge Management and Organizational Resilience in Nigerian Manufacturing Organizations[J]. Developing Country Studies, 2013, 3(9): 104-120.

[58] FOLKE C. Resilience: The Emergence of a Perspective for Social-Ecological Systems Analyses[J]. Global Environmental Change, 2006, 16(3): 253-267.

[59] MANYENA S B. The Concept of Resilience Revisited[J]. Disasters, 2006, 30(4): 434-450.

[60] SIMMIE J, MARTIN R. The Economic Resilience of Regions: Towards an Evolutionary Approach[J]. Cambridge Journal of Regions, Economy and Society, 2010, 3(1): 27-43.

[61] HASSINK R. Regional Resilience: A Promising Concept to Explain Differences in Regional Economic Adaptability? [J]. Cambridge Journal of Regions, Economy and Society, 2010, 3(1): 45—58.

[62] PIKE A, DAWLEY S, TOMANEY J. Resilience, Adaptation and Adaptability [J]. Cambridge Journal of Regions, Economy and Society, 2010, 3(1): 59—70.

[63] HUDSON R. Resilient Regions in an Uncertain World: Wishful Thinking Or a Practical Reality? [J]. Cambridge Journal of Regions, Economy and Society, 2010, 3(1): 11—25.

[64] LUTHAR S S, CICCHETTI D, BECKER B. The Construct of Resilience: A Critical Evaluation and Guidelines for Future Work[J]. Child Development, 2000, 71(3): 543—562.

[65] PERRINGS C. Resilience and Sustainable Development[J]. Environment and Development Economics, 2006, 11(4): 417—427.

[66] MARTIN R, SUNLEY P. On the Notion of Regional Economic Resilience: Conceptualization and Explanation[J]. Journal of Economic Geography, 2015, 15(1): 1—42.

[67] TARHAN C, AYDIN C, TECIM V. How Can be Disaster Resilience Built with Using Sustainable Development? [J]. Procedia-Social and Behavioral Sciences, 2016(216): 452—459.

[68] CHRISTOPHERSON S, MICHIE J, TYLER P. Regional Resilience: Theoretical and Empirical Perspectives[J]. Cambridge Journal of Regions, Economy and Society, 2010, 3(1): 3—10.

[69] 李艳, 陈雯, 孙阳. 关联演化视角下地理学区域韧性分析的新思考[J]. 地理研究, 2019, 38(7): 1694—1704.

[70] RIZZI P, GRAZIANO P, DALLARA A. A Capacity Approach to Territorial Resilience: The Case of European Regions[J]. The Annals of Regional Science, 2018, 60(2): 285—328.

[71] II B L T. Vulnerability and Resilience: Coalescing Or Paralleling Approaches for Sustainability Science? [J]. Global Environmental Change, 2010, 20(4): 570—576.

[72] RIZZI P, GRAZIANO P, DALLARA A. A Capacity Approach to Territorial Resilience: The Case of European Regions[J]. The Annals of Regional Science, 2018, 60(2): 285—328.

[73] BRISTOW G, HEALY A. Building Resilient Regions: Complex Adaptive Systems and the Role of Policy Intervention[J]. Raumforschung und Raumordnung, 2014, 72(2): 93—102.

[74]MARTIN R. Regional Economic Resilience，Hysteresis and Recessionary Shocks[J]. Journal of Economic Geography，2012，12(1)：1－32.

[75]李博，曹盖. 基于涉海A股上市公司的中国沿海地区海洋经济网络结构韧性演化研究[J]. 地理科学进展，2022，41(6)：945－955.

[76]田里，吴信值，王桀. 国外跨境旅游合作研究进展与启示[J]. 旅游学刊，2018，33(7)：52－62.

[77]STOFFELEN A，VANNESTE D. Tourism and Cross-Border Regional Development：Insights in European Contexts[J]. European Planning Studies，2017，25(6)：1013－1033.

[78]耿松涛，张鸿霞. 中国旅游业高质量发展：战略使命、动力要素和推进路径[J]. 宏观经济研究，2022(1)：91－101.

[79]张建伟，李国栋，杨琴. 西藏旅游经济高质量发展：理论内涵与水平测度[J]. 西藏大学学报：社会科学版，2022，37(4)：186－196.

[80]许光清，张文丹，陈晓玉. 能源优化配置促进高发展与减污降碳协同研究[J]. 中国环境科学，2023，43(6)：3220－3230.

[81]李勇，蒋蕊，张敏，等. 中国数字经济高质量发展水平测度及时空演化分析[J]. 统计与决策，2023(4)：90－94.

[82]邓洲，史丹，赵剑波. 从三个层面理解高质量发展的内涵[N]. 经济日报，2019－09－09.

[83]CASTELLS M. Network Society[M]. Oxford：Blackwell，1996.

[84]TAYLOR P J. Specification of the World City Network[J]. Geographical Analysis，2001，33(2)：181－194.

[85]ZHAO M，LIU X，DERUDDER B，et al. Mapping Producer Services Networks in Mainland Chinese Cities[J]. Urban Studies，2015，52(16)：3018－3034.

[86]刘江会，贾高清. 上海离全球城市有多远？——基于城市网络联系能级的比较分析[J]. 城市发展研究，2014，21(11)：30－38.

[87]倪鹏飞，刘凯，彼得·泰勒. 中国城市联系度：基于联锁网络模型的测度[J]. 经济社会体制比较，2011(6)：96－103.

[88]王聪，曹有挥，陈国伟. 基于生产性服务业的长江三角洲城市网络[J]. 地理研究，2014，33(2)：323－335.

[89]姚永玲，董月，王韫涵. 北京和首尔全球城市网络联系能级及其动力因素比较[J]. 经济地理，2012，32(8)：36－42.

[90]赵渺希，刘铮. 基于生产性服务业的中国城市网络研究[J]. 城市规划，2012，36(9)：23－28.

[91]HENNEMANN S, DERUDDER B. An Alternative Approach to the Calculation and Analysis of Connectivity in the World City Network[J]. Environment and Planning B: Planning and Design, 2014, 41(3): 392—412.

[92]苏海洋. 基于联系能级的粤港澳大湾区城市旅游网络结构及其效应研究[J]. 暨南学报:哲学社会科学版, 2021, 43(11): 62—76.

[93]李江龙. 现代服务业发展与城市能级提升[J]. 理论探索, 2007(2): 90—92.

[94]周振华. 论城市能级水平与现代服务业[J]. 社会科学, 2005(9): 11—18.

[95]郭先登. 遵循规律提升城市发展旅游经济能级研究[J]. 经济与管理评论, 2015, 31(3): 131—138.

[96]苏海洋, 陈朝隆. 联系与竞合:粤港澳大湾区城市群旅游共生空间若干问题研究[J]. 人文地理, 2022, 37(4): 122—131.

[97]魏冶, 修春亮. 城市网络韧性的概念与分析框架探析[J]. 地理科学进展, 2020, 39(3): 488—502.

[98]陈为公, 王丽占, 张永亮, 等. 突发公共卫生事件政府协同治理网络韧性评价:以新冠疫情防治为例[J]. 中国安全科学学报, 2023, 33(4): 140—147.

[99]CRESPO J, SUIRE R, VICENTE J. Lock-in Or Lock-Out? How Structural Properties of Knowledge Networks Affect Regional Resilience[J]. Journal of Economic Geography, 2013, 14(1): 199—219.

[100]REGGIANI A. Network Resilience for Transport Security: Some Methodological Considerations[J]. Transport Policy, 2013(28): 63—68.

[101]O'KELLY M E. Network Hub Structure and Resilience[J]. Networks and Spatial Economics, 2015, 15(2): 235—251.

[102]吕彪, 高自强, 管心怡, 等. 基于日变交通配流的城市道路网络韧性评估[J]. 西南交通大学学报, 2020, 55(6): 1181—1190.

[103]李艳, 孙阳, 陈雯. 反身性视角下信息流空间建构与网络韧性分析:以长三角百度用户热点搜索为例[J]. 中国科学院大学学报, 2021, 38(1): 62—72.

[104]许欣华. 航空网络鲁棒性及延误传播相关性研究[D]. 南京航空航天大学, 2018: 75.

[105]魏石梅, 潘竟虎. 中国地级及以上城市网络结构韧性测度[J]. 地理学报, 2021, 76(6): 1394—1407.

[106]IP W H, WANG D. Resilience and Friability of Transportation Networks:Evaluation, Analysis and Optimization[J]. IEEE Systems Journal, 2011, 5(2): 189—198.

[107]费智涛, 郭小东, 刘朝峰, 等. 基于系统视角的城市医疗系统地震韧性评估方法研究[J]. 地震研究, 2020, 43(3): 431—440.

[108]邵瑞瑞,方志耕,刘思峰,等.基于韧性度的低轨卫星通信网络抗毁性度量及优化[J].运筹与管理,2020,29(7):9—17.

[109]路兰,周宏伟,许清清.多维关联网络视角下城市韧性的综合评价应用研究[J].城市问题,2020(8):42—55.

[110]谢会强,杨丹,张宽.中国城市经济韧性的时空演化及网络结构研究[J].华东经济管理,2022,36(11):64—74.

[111]LI X,XIAO R. Analyzing Network Topological Characteristics of Eco-Industrial Parks From the Perspective of Resilience: A Case Study[J]. Ecological Indicators,2017(74):403—413.

[112]RAK J. K-Penalty: A Novel Approach to Find K-Disjoint Paths with Differentiated Path Costs[J]. Communications Letters,2010,14(4):354—356.

[113]RUIZ-MARTIN C,LOPEZ-PAREDES A,WAINER G A. Applying Complex Network Theory to the Assessment of Organizational Resilience[J]. Ifac Papersonline,2015,48(3):1224—1229.

[114]LI Y,SHI Y,QURESHI S,et al. Applying the Concept of Spatial Resilience to Socio-Ecological Systems in the Urban Wetland Interface[J]. Ecological Indicators,2014(42):135—146.

[115]王群,陆林,杨兴柱.千岛湖社会—生态系统恢复力测度与影响机理[J].地理学报,2015,70(05):779—795.

[116]RESCIA A J,WILLAARTS B A,SCHMITZ M F,et al. Changes in Land Uses and Management in Two Nature Reserves in Spain: Evaluating the Social-Ecological Resilience of Cultural Landscapes[J]. Landscape and Urban Planning,2010,98(1):26—35.

[117]AHERN J. From Fail-Safe to Safe-to-Fail: Sustainability and Resilience in the New Urban World[J]. Landscape and Urban Planning,2011,100(4):341—343.

[118]LHOMME S,SERRE D,DIAB Y,et al. Analyzing Resilience of Urban Networks: A Preliminary Step Towards More Flood Resilient Cities[J]. Natural hazards and earth system sciences,2013,13(2):221—230.

[119]ORENCIO P M,FUJII M. A Localized Disaster-Resilience Index to Assess Coastal Communities Based On an Analytic Hierarchy Process (Ahp)[J]. International Journal of Disaster Risk Reduction,2013(3):62—75.

[120]QASIM S,QASIM M,SHRESTHA R P,et al. Community Resilience to Flood Hazards in Khyber Pukhthunkhwa Province of Pakistan[J]. International Journal of Disaster Risk Reduction,2016(18):100—106.

[121]陈长坤,陈以琴,施波,等.雨洪灾害情境下城市韧性评估模型[J].中国安全科

学学报,2018,28(4):1—6.

[122]李云燕,王子轶,石灵,等. 韧性视角下日本历史街区防灾实践及其对我国的启示[J]. 国际城市规划,2023,38(6):1—22.

[123]薄景山,王玉婷,薄涛,等. 城市和建筑抗震韧性研究的进展与展望[J]. 地震工程与工程振动,2022,42(2):13—21.

[124]王明振,高霖. 道路网络抗震韧性评价模型及其应用研究[J]. 自然灾害学报,2021,30(4):110—116.

[125]李亚,翟国方,顾福妹. 城市基础设施韧性的定量评估方法研究综述[J]. 城市发展研究,2016,23(6):113—122.

[126]刘洁,张丽佳,石振武,等. 交通运输系统韧性研究综述[J]. 科技和产业,2020,20(2):47—52.

[127]王世福,张晓阳,邓昭华. 突发公共卫生事件下城市公共空间的韧性应对[J]. 科技导报,2021,39(5):36—46.

[128]师满江,曹琦. 城乡规划视角下韧性理论研究进展及提升措施[J]. 西部人居环境学刊,2019,34(6):32—41.

[129]史玉芳,牛玉. 关中平原城市群韧性空间关联网络及其影响因素研究[J]. 干旱区地理,2024,47(2):1—14.

[130]BHAVATHRATHAN B K,PATIL G R. Capacity Uncertainty On Urban Road Networks:A Critical State and its Applicability in Resilience Quantification[J]. Computers,Environment and Urban Systems,2015(54):108—118.

[131]Jenelins E,Mattsson L. Road Network Vulnerability Analysis:Conceptualization,Implementation and Application[J]. Computers,Environment and Urban Systems,2015(49):136—147.

[132]王章郡,周小曼,方忠权. 基于新冠疫情冲击的城市旅游流网络结构韧性评估——以重庆市中心城区为例[J]. 干旱区资源与环境,2022,36(11):148—157.

[133]SONG Z,CHE S,YANG Y. The Trade Network of the Belt and Road Initiative and its Topological Relationship to the Global Trade Network[J]. Journal of Geographical Sciences,2018,28(9):1249—1262.

[134]ZHANG C,FU J,PU Z. A Study of the Petroleum Trade Network of Countries Along "the Belt and Road Initiative"[J]. Journal of Cleaner Production,2019,222(1):593—605.

[135]刘兵. 中国与"一带一路"沿线国家产能合作效率的影响因素分析[J]. 统计与决策,2021,37(24):67—70.

[136]YU K. Energy Cooperation in the Belt and Road Initiative:Eu Experience of the

Trans-European Networks for Energy[J]. Asia Europe Journal, 2018, 16(3): 251-265.

[137]HU B. Oil and Gas Cooperation Between China and Central Asia in an Environment of Political and Resource Competition[J]. Petroleum Science, 2014, 11(4): 596-605.

[138]DORIAN J P, ABBASOVICH U T, TONKOPY M S, et al. Energy in Central Asia and Northwest China: Major Trends and Opportunities for Regional Cooperation[J]. ENERGY POLICY, 1999, 27(5): 281-297.

[139]ZHAN S, ZHANG H, HE D. China's Flexible Overseas Food Strategy: Food Trade and Agricultural Investment Between Southeast Asia and China in 1990-2015[J]. Globalizations, 2018, 15(5): 702-721.

[140]BARAI M K. Investment Flows From Japan and China to South Asia: Are they Matching with the Economic Prospects of the Region? [J]. Global Business Review, 2017, 18(6): 1520-1535.

[141]RABENA A J. The Complex Interdependence of China's Belt and Road Initiative in the Philippines[J]. Asia & the Pacific Policy Studies, 2018, 5(3): 683-697.

[142]SHRESTHA M B. Cooperation On Finance Between China and Nepal: Belt and Road Initiatives and Investment Opportunities in Nepal[J]. The Journal of Finance and Data Science, 2017, 3(1-4): 31-37.

[143]SHARIATINIA M, AZIZI H. Iran-China Cooperation in the Silk Road Economic Belt: From Strategic Understanding to Operational Understanding[J]. China & World Economy, 2017, 25(5): 46-61.

[144]LOVINA H R, JIAJIA G, CHEN H. Review of "the Chinese Belt and Road Initiative": Indonesia-China Cooperation and Future Opportunities for Indonesia's Port Cities Development[J]. Journal of Regional and City Planning, 2017, 28(3): 161-177.

[145]TIMOFEEV I, LISSOVOLIK Y, FILIPPOVA L. Russia's Vision of the Belt and Road Initiative: From the Rivalry of the Great Powers to Forging a New Cooperation Model in Eurasia[J]. China & World Economy, 2017, 25(5): 62-77.

[146]HENG K, PO S. Cambodia and China's Belt and Road Initiative: Opportunities, Challenges and Future Directions[J]. UC Occasional Paper Series, 2017, 1(2): 1-18.

[147]KEORITE M, MOUBARAK M. The Impacts of China's Fdi On Employment in Thailand's Industrial Sector a Dynamic Var (Vector Auto Regression) Approach[J]. Journal of Chinese Economic and Foreign Trade Studies, 2106, 9(1): 60-84.

[148]QIAN Y, DING W, WU W, et al. A Path to Cooperation Between China and Mongolia Towards the Control of Echinococcosis Under the Belt and Road Initiative[J]. 2019 (195): 62-67.

[149]ZHANG X，ZHENG X，QIN P，et al. Oil Import Tariff Game for Energy Security：The Case of China and India[J]. Energy Economics，2018(72)：255－262.

[150]刘志高，王涛，陈伟. 中国崛起与世界贸易网络演化：1980—2018 年[J]. 地理科学进展，2019，38(10)：1596－1606.

[151]侯纯光，杜德斌，段德忠，等. "一带一路"沿线国家或地区人才流动网络结构演化[J]. 地理科学，2019，39(11)：1711－1718.

[152]马远，雷会妨. 丝绸之路经济带沿线国家能源贸易网络演化及互联互通效应模拟[J]. 统计与信息论坛，2019，34(9)：92－102.

[153]TEYE V B. Prospects for Regional Tourism Cooperation in Africa[J]. Tourism Management，1988，9(3)：221－234.

[154]A J. Tourism Cooperation in the Asia-Pacific Region[J]. Tourism Management，1993，14(5)：390－392.

[155]杨海龙，孙业红，崔莉. "一带一路"区域旅游协同发展：生态文明视角[J]. 旅游学刊，2023，38(5)：10－12.

[156]李耀华，姚慧琴，王会战，等. 新时代丝绸之路经济带跨国文化遗产旅游合作机制研究——基于中亚五国居民调研视角[J]. 西北大学学报：哲学社会科学版，2018，48(2)：14－22.

[157]邹统钎. "一带一路"旅游合作愿景、难题与机制[J]. 旅游学刊，2017，32(6)：9－11.

[158]宋昌耀，厉新建. "一带一路"倡议与中国对外旅游投资[J]. 旅游学刊，2017，32(5)：3－6.

[159]胡抚生. "一带一路"倡议背景下跨境旅游合作区建设的思考[J]. 旅游学刊，2017，32(5)：1－3.

[160]赫玉玮，张辉. "一带一路"沿线城市国际旅游合作的现实基础与路径选择[J]. 青海社会科学，2019(2)：58－65.

[161]HONGGANG X，JIGANG B，CHANGCHUN Z. Effectiveness of Regional Tourism Integration[J]. Chinese Geographical Science，2006，16(2)：141－147.

[162]BADULESCU A，BADULESCU D，BORMA A. Enhancing Cross-Border Cooperation through Local Actors' Involvement. The Case of Tourism Cooperation in Bihor (Romania)-Hajdú-Bihar (Hungary) Euroregion[J]. Lex Localis，2014，12(3)：349－371.

[163]POLKOVNYCHENKO. The Current State of Cooperation in Tourism Between Ukraine and the European Union[J]. Scientific Bulletin of Polissia，2015(3)：78－84.

[164]曹笑笑. "一带一路"视角下中阿旅游合作研究[J]. 阿拉伯世界研究，2016(2)：44－57.

[165]马超,张青磊. "一带一路"与中国—东盟旅游安全合作——基于亚洲新安全观的视角[J]. 云南社会科学, 2016(4): 19-24.

[166]STUDZIENIECKI T, SOARES J R R. International Tourism Cooperation: a Europe Case Study[J]. Holos, 2017, 33(4): 135-158.

[167]刘雅君. 基于"一带一路"倡议的东北亚区域旅游政治合作研究[J]. 人文杂志, 2018(12): 36-43.

[168]王逊,张小林,周石其. 消费升级驱动体育旅游产业高质量发展机理及实现路径[J]. 体育文化导刊, 2022(10): 15-20.

[169]李书昊,魏敏. 中国旅游业高质量发展:核心要求、实现路径与保障机制[J]. 云南民族大学学报:哲学社会科学版, 2023, 40(1): 152-160.

[170]吴彦辉. 乡村旅游高质量发展:内涵、动力与路径[J]. 广西大学学报:哲学社会科学版, 2021, 43(5): 102-107.

[171]孙晓,刘力钢,演克武,等. 旅游产业高质量发展水平测度和区域差异分析[J]. 统计与决策, 2022, 38(19): 92-97.

[172]张广海,邢澜. 我国绿色金融对旅游业高质量发展的影响研究——基于省级面板数据的空间计量分析[J]. 经济问题探索, 2022(12): 52-68.

[173]许艺芳,王松茂. 中国旅游经济高质量发展时空特征及影响因素研究[J]. 统计与决策, 2023, 39(2): 88-92.

[174]焦爱丽,黄彩虹,朱圣卉. "一带一路"背景下跨境旅游合作区高质量发展研究[J]. 经济纵横, 2022(12): 81-87.

[175]刘卫东. "一带一路"战略的科学内涵与科学问题[J]. 地理科学进展, 2015, 34(5): 538-544.

[176]CASTELLS M. The Informational City: Information Technology, Economic Restructuring, and the Urban-Regional Process[M]. Blackwell Oxford, 1989.

[177]王淑芳,葛岳静,胡志丁,等. "流空间"视角下地缘经济自循环生态圈构建的理论探讨[J]. 世界地理研究, 2019, 28(2): 88-95.

[178]郭建科,秦娅风,董梦如. 基于流动要素的沿海港—城网络体系空间重构[J]. 经济地理, 2021, 41(9): 59-68.

[179]DERUDDER B, CAO Z, LIU X, et al. Changing Connectivities of Chinese Cities in the World City Network, 2010-2016[J]. Chinese Geographical Science, 2018(28): 183-201.

[180]林南. 社会资本:关于社会结构与行动的理论[M]. 上海:上海人民出版社, 2005.

[181]GRANOVETTER M S. The Strength of Weak Ties[J]. American Journal of So-

ciology，1973，78(6)：1360－1380.

［182］BURT R S. Structural Holes：The Social Structure of Competition[M]. Cambridge：Harvard University Press，1992.

［183］SCOTT N，COOPER C，BAGGIO R. Destination Cases-Four Australian Cases[J]. Annals of Tourism Research，2008，35(1)：169－188.

［184］田晓霞，肖婷婷，张金凤，等．喀什旅游产业集群社会网络结构分析[J]．干旱区资源与环境，2013，27(7)：197－202.

［185］刘佳，李莹莹．国内外基于社会网络理论的旅游研究综述与启示[J]．资源开发与市场，2016，32(09)：1134－1138.

［186］ERDÖS P，RÉNYI A. On the Evolution of Random Graphs[J]. Publications of the Mathematical Institute of the Hungarian Academy of Sciences，1960，5(1)：17－60.

［187］WATTS D J，STROGATZ S H. Collective Dynamics of "Small-World" Networks[J]. Nature，1998，393(6684)：440－442.

［188］BARABÁSI A，ALBERT R. Emergence of Scaling in Random Networks[J]. Science，1999，286(5439)：509－512.

［189］杨琦，张雅妮，周雨晴，等．复杂网络理论及其在公共交通韧性领域的应用综述[J]．中国公路学报，2022，35(4)：215－229.

［190］陈欣，李心茹，盛寅．基于复杂网络的长三角航线网络结构特征分析[J]．交通信息与安全，2020，38(4)：139－146.

［191］张兰霞，秦勇，王莉．高速铁路加权复杂网络特性分析[J]．铁道科学与工程学报，2016，13(2)：201－209.

［192］赵瑞琳，牟海波，肖丁，等．基于复杂网络理论的城轨线网抗毁性对比分析[J]．交通信息与安全，2021，39(03)：41－49.

［193］刘涤尘，冀星沛，王波，等．基于复杂网络理论的电力通信网拓扑脆弱性分析及对策[J]．电网技术，2015，39(12)：3615－3621.

［194］BOSS M，ELSINGER H，SUMMER M，et al. Network Topology of the Interbank Market[J]. Quantitative Finance，2004，4(6)：677－684.

［195］金艳，刘勇，袁兴伟，等．复杂网络理论在食物网中的应用和研究进展[J]．海洋渔业，2018，40(2)：249－256.

［196］SAAVEDRA S，STOUFFER D B，UZZI B，et al. Strong Contributors to Network Persistence are the Most Vulnerable to Extinction[J]. Nature，2011，478(7368)：233－235.

［197］张伟，郭磊，冉鹏飞，等．基于突触可塑性的小世界神经网络的动态特性研究[J]．生物医学工程学杂志，2018，35(4)：509－517.

[198]范如国. 基于复杂网络理论的中小企业集群协同创新研究[J]. 商业经济与管理, 2014(3): 61—69.

[199]WATTS D J, DODDS P S, NEWMAN M E J. Identity and Search in Social Networks[J]. Science, 2002, 296(5571): 1302—1305.

[200]刘芳, 唐宇凌. 中国入境旅游合作与竞争网络建模及结构特征研究[J]. 经济地理, 2014, 34(10): 164—170.

[201]WATTS D J. The "New" Science of Networks[J]. Annual Review of Sociology, 2004: 243—270.

[202]刘同林, 杨芷柔, 张虎, 等. 基于复杂网络的军事通信网络建模与性能分析[J]. 系统工程与电子技术, 2020, 42(12): 2892—2898.

[203]ULLMAN E L. American Commodity Flow[M]. Settle: University of Washington, 1957.

[204]王丹, 林姚宇, 金美含, 等. 空间交互理论与城市规划应用研究[J]. 现代城市研究, 2020(9): 47—54.

[205]王海江, 苗长虹, 茹乐峰, 等. 我国省域经济联系的空间格局及其变化[J]. 经济地理, 2012, 32(7): 18—23.

[206]田成诗, 陈雨. 人口虹吸、集聚与城市能源效率——以沪苏浙皖地区为例[J]. 统计研究, 2022, 39(5): 93—106.

[207]张旭, 刘刚, 李政, 等. 面向引力网络模型的成渝城市群空间相互作用分析[J]. 测绘地理信息, 2021, 48(3): 96—99.

[208]戴学珍, 吕春阳, 郑伊硕, 等. 交通方式对京津冀空间相互作用贡献率分析[J]. 经济地理, 2019, 39(8): 36—43.

[209]李华, 王丽娜, 俞路. 中国区域旅游经济联系强度和网络特征分析[J]. 统计与决策, 2022, 38(13): 102—107.

[210]孙瑞红, 周淑怡, 叶欣梁. 双循环格局下我国邮轮客源市场空间格局与分级开发: 基于引力模型的修正与应用[J]. 世界地理研究, 2023, 32(7): 1—20.

[211]徐长乐, 吴梦. 基于修正引力模型的成渝城市群空间联系分析[J]. 管理现代化, 2018, 38(3): 85—87.

[212]孟德友, 陆玉麒. 基于引力模型的江苏区域经济联系强度与方向[J]. 地理科学进展, 2009, 28(5): 697—704.

[213]牛慧恩, 孟庆民, 胡其昌, 等. 甘肃与毗邻省区区域经济联系研究[J]. 经济地理, 1998(3): 51—56.

[214]马梦燕, 闵师, 张晓恒. 贸易便利化对加工农产品出口质量的影响——以中国和"一带一路"沿线国家(地区)出口为例[J]. 世界农业, 2023(1): 30—43.

[215]PÖYHÖNEN P. A Tentative Model for the Volume of Trade Between Countries[J]. Weltwirtschaftliches Archiv,1963(1):93—100.

[216]TINBERGEN J. Shaping the World Economy:Suggestions for an International Economic Policy[M]. New York:Twentieth Century Fund,1962.

[217]顾朝林,庞海峰. 基于重力模型的中国城市体系空间联系与层域划分[J]. 地理研究,2008(1):1—12.

[218]戴斌. 旅游服务贸易统计规则厘清与算法修正[J]. 旅游学刊,2016,31(03):13—15.

[219]DOAN T N,XING Y. Trade Efficiency,Free Trade Agreements and Rules of Origin[J]. Journal of Asian Economics,2018(55):33—41.

[220]林志慧,陈瑛,刘宪锋,等. 中国入境旅游城市合作网络时空格局及驱动因素[J]. 地理学报,2022,77(8):2034—2049.

[221]吉生保,李书慧,马淑娟. 中国对"一带一路"国家OFDI的多维距离影响研究[J]. 世界经济研究,2018(1):98—111.

[222]李文宇,刘洪铎. 多维距离视角下的"一带一路"构建——空间、经济、文化与制度[J]. 国际经贸探索,2016,32(6):99—112.

[223]刘晓凤,葛岳静,赵亚博. 国家距离与中国企业在"一带一路"投资区位选择[J]. 经济地理,2017,37(11):99—108.

[224]TAYLOR P J,CATALANO G,WALKER D R F. Exploratory Analysis of the World City Network[J]. Urban Studies,2002,39(13):266—279.

[225]霍忻,包国军. "一带一路"倡议下中国对外贸易的国别影响因素分析[J]. 统计与决策,2022,38(18):161—165.

[226]梁茂林,洪菊花,骆华松,等. 亚太经合组织贸易网络结构时空演变及其影响因素研究[J]. 世界地理研究,2024,33(1):1—18.

[227]马淑琴,戴豪杰,徐苗. 一带一路共建国家商品贸易网络动态演化特征与中国引领策略——基于147个国家的数据[J]. 中国流通经济,2022,36(9):86—101.

[228]方大春,孙明月. 长江经济带核心城市影响力研究[J]. 经济地理,2015,35(1):76—81.

[229]CZERNEK-MARSZALEK K. Applying Mixed Methods in Social Network Research-the Case of Cooperation in a Polish Tourist Destination[J]. Journal of Destination Marketing & Management,2019(11):40—52.

[230]BINDAN Z. Pattern of Chinese Tourist Flows in Japan:A Social Network Analysis Perspective[J]. Tourism Geographies,2018,20(5):810—832.

[231]CZERNEK-MARSZALEK K. Cooperation Evaluation with the Use of Network

Analysis[J]. Annals of Tourism Research, 2018(72): 126-139.

[232] MAKKONEN T, HOKKANEN T J, MOROZOVA T, et al. A Social Network Analysis of Cooperation in Forest, Mining and Tourism Industries in the Finnish-Russian Cross-Border Region: Connectivity, Hubs and Robustness[J]. Eurasian Geography and Economics, 2018, 59(5-6): 685-707.

[233] WÄSCHE H. Interorganizational Cooperation in Sport Tourism: A Social Network Analysis[J]. Sport Management Review, 2015, 18(4): 542-554.

[234] 张荣天. 长三角城市群网络结构时空演变分析[J]. 经济地理, 2017, 37(2): 46-52.

[235] WHITE H C, BOORMAN S A, BREIGER R. Social Structure From Multiple Networks. I. Blockmodels of Roles and Positions[J]. American Journal of Sociology, 1976, 81(4): 730-780.

[236] ERNSTSON H, SÖRLIN S, ELMQVIST T. Social Movements and Ecosystem Services-the Role of Social Network Structure in Protecting and Managing Urban Green Areas in Stockholm[J]. Ecology and Society, 2018, 13(2): 39-51.

[237] LANGLE A, OCELÍK P, PÉREZ-MAQUEO O. The Role of Social Networks in the Sustainability Transformation of Cabo Pulmo: A Multiplex Perspective[J]. Journal of Coastal Research, 2017(77): 134-142.

[238] BURT R S. Positions in Networks[J]. Social Forces, 1976, 55(1): 93-122.

[239] 王凤, 刘艳芳, 孔雪松, 等. 基于社会网络理论的农村社会空间联系分析——以武汉市黄陂区李集镇为例[J]. 经济地理, 2016, 36(4): 141-148.

[240] HAFNER-BURTON E M, KAHLER M, MONTGOMERY A H. Network Analysis for International Relations[J]. International Organization, 2009, 63(3): 559-592.

[241] 方大春, 孙明月. 高铁时代下长三角城市群空间结构重构——基于社会网络分析[J]. 经济地理, 2015, 35(10): 50-56.

[242] 李芝倩, 樊士德. 长三角城市群网络结构研究——基于社会网络分析方法[J]. 华东经济管理, 2021, 35(6): 31-41.

[243] BURT R S. Structural Holes and Good Ideas[J]. American Journal of Sociology, 2004, 110(2): 349-399.

[244] BURT R S. Secondhand Brokerage: Evidence On the Importance of Local Structure for Managers, Bankers, and Analysts[J]. Academy of Management Journal, 2007, 1(50): 119-148.

[245] 王海龙, 和法清, 丁堃. 基于社会网络分析的专利基础技术识别——以半导体产业为例[J]. 情报杂志, 2017, 36(4): 78-84.

[246]陆利军,戴湘毅. 基于百度指数的湖南旅游目的地城市旅游者网络关注度及其空间格局研究[J]. 长江流域资源与环境,2020,29(4):836—849.

[247]DAI X,YAN L. The Spatial Correlation and Explanation of the Evolution of China's Regional Human Capital Structure-Based On Network Analysis Method[J]. Sustainability,2021,13(1):212.

[248]赵新正,冯长安,李同昇,等. 中国城市网络的空间组织特征研究——基于开发区联系的视角[J]. 地理研究,2019,38(4):898—910.

[249]方大春,孙明月. 高铁时代下长三角城市群空间结构重构——基于社会网络分析[J]. 经济地理,2015,35(10):50—56.

[250]邱志萍,刘镇. 全球班轮航运网络结构特征演变及驱动因素——基于联合国LSBCI数据的社会网络分析[J]. 经济地理,2021,41(1):39—48.

[251]WHITE H C,BREIGER R L. Pattern Across Networks[J]. Society,1975,12(5):68—74.

[252]王凯,张淑文,甘畅,等. 中国旅游业碳排放效率的空间网络结构及其效应研究[J]. 地理科学,2020,40(3):344—353.

[253]黄勤,刘素青. 成渝城市群经济网络结构及其优化研究[J]. 华东经济管理,2017,31(8):70—76.

[254]BURT R S,KILDUFF M,TASSELLI S. Social Network Analysis:Foundations and Frontiers On Advantage[J]. Annual review of Psychology,2013,64(1):527—547.

[255]BATTY M. The New Science of Cities[M]. MIT Press,2013:14—18.

[256]NASCIMBENI F. Collaborative Knowledge Creation in Development Networks:Lessons Learned From a Transnational Programme[J]. The Journal of Community Informatics,2013,9(3):1—8.

[257]J. N M E. Mixing Patterns in Networks[J]. Physical Review,2003,67(2):241—251.

[258]BALLAND P,RIGBY D L. The Geography and Evolution of Complex Knowledge[J]. Economic Geography,2017,93(1):1—23.

[259]陈方,戢晓峰,梁斐雯,等. 基于复杂网络的区域旅游交通网络特征研究——以云南省为例[J]. 地域研究与开发,2018,37(6):93—97.

[260]AHERN J. From Fail-Safe to Safe-to-Fail:Sustainability and Resilience in the New Urban World[J]. Landscape and Urban Planning,2011,100(4):341—343.

[261]饶育萍,林竞羽,侯德亭. 基于最短路径数的网络抗毁评价方法[J]. 通信学报,2009,30(4):113—117.

[262]侯兰功,孙继平. 复杂网络视角下的成渝城市群网络结构韧性演变[J]. 世界地理

研究, 2022, 31(3): 561-571.

[263]徐少癸, 左逸帆, 章牧. 基于模糊物元模型的中国旅游生态安全评价及障碍因子诊断研究[J]. 地理科学, 2021, 41(1): 33-43.

[264]赵宏波, 岳丽, 刘雅馨, 等. 高质量发展目标下黄河流域城市居民生活质量的时空格局及障碍因子[J]. 地理科学, 2021, 41(8): 1303-1313.

[265]黄锐, 谢朝武, 赖菲菲. "一带一路"倡议对沿线目的地国家旅游发展影响研究——基于引力模型和双重差分的实证检验[J]. 地理与地理信息科学, 2022, 38(4): 1-10.

[266]HUANG X, HAN Y, GONG X, et al. Does the Belt and Road Initiative Stimulate China's Inbound Tourist Market? An Empirical Study Using the Gravity Model with a Did Method[J]. Tourism Economics, 2020, 26(2): 299-323.

[267]CZERNEK K. Determinants of Cooperation in a Tourist Region[J]. Annals of Tourism Research, 2013(40): 83-104.

[268]WONG E P Y, MISTILIS N, DWYER L. Understanding Asean Tourism Collaboration-the Preconditions and Policy Framework Formulation[J]. International Journal of Tourism Research, 2010, 12(3): 291-302.

[269]MCSWEENEY-FELD M H, DISCENZA S, De FEIS G L. Strategic Alliances & Customer Impact: A Case Study of Community Hospitals[J]. Journal of Business & Economics Research, 2010, 8(9): 13-22.

[270]MORRISON A, LYNCH P, JOHNS N. International Tourism Networks[J]. International Journal of Contemporary Hospitality Management, 2004, 16(3): 197-202.

[271]CHANEY T. The Network Structure of International Trade[J]. American Economic Review, 2014, 104(11): 3600-3634.

[272]FRATIANNI M, KANG H. Heterogeneous Distance-Elasticities in Trade Gravity Models[J]. Economics Letters, 2006, 90(1): 68-71.

[273]YANG Y. Agglomeration Density and Tourism Development in China: An Empirical Research Based On Dynamic Panel Data Model[J]. Tourism Management, 2012, 33(6): 1347-1359.

[274]KOZAK M, BUHALIS D. Cross-Border Tourism Destination Marketing: Prerequisites and Critical Success Factors[J]. Journal of Destination Marketing & Management, 2019(14): 100392.

[275]OLSZEWSKI M. The Determinants of Knowledge Transfer From Universities to Tourism Companies-a Conceptual Model and Research Propositions[J]. Zeszyty Naukowe Uniwersytetu Szczecińskiego Service Management, 2015(16): 111-118.

[276]种照辉,覃成林."一带一路"贸易网络结构及其影响因素——基于网络分析方法的研究[J].国际经贸探索,2017,33(5):16—28.

[277]BENUR A M, BRAMWELL B. Tourism Product Development and Product Diversification in Destinations[J]. Tourism Management,2015(50):213—224.

[278]郭小洁,司显柱.文化传播调节作用下文化距离对来华旅游的非线性影响[J].财贸研究,2022,33(2):20—30.

[279]BASALA S L, KLENOSKY D B. Travel-Style Preferences for Visiting a Novel Destination: A Conjoint Investigation Across the Novelty-Familiarity Continuum[J]. Journal of Travel Research,2001,40(2):172—182.

[280]NG S I, LEE J A, SOUTAR G N. Tourists' Intention to Visit a Country: The Impact of Cultural Distance[J]. Tourism Management,2007,28(6):1497—1506.

[281]BOBUR S, ALIMOVA M. Systematic Approach to the Development of Innovative Tourism. Case of Uzbekistan Regions[J]. South Asian Journal of Marketing & Management Research,2017,7(9):58—67.

[282]ROMÃO J, NIJKAMP P. Impacts of Innovation, Productivity and Specialization On Tourism Competitiveness-a Spatial Econometric Analysis On European Regions[J]. Current Issues in Tourism,2019,22(10):1150—1169.

[283]刘英基,韩元军.要素结构变动、制度环境与旅游经济高质量发展[J].旅游学刊,2020,35(3):28—38.

[284]SAKHUJA S, JAIN V, KUMAR S, et al. Genetic Algorithm Based Fuzzy Time Series Tourism Demand Forecast Model[J]. Industrial Management & Data Systems,2016,116(3):483—507.

[285]SACHS J D, WARNER A, ÅSLUND A, et al. Economic Reform and the Process of Global Integration[J]. Brookings Papers on Economic Activity,1995,1995(1):1—118.

[286]SMITH S L. Regional Analysis of Tourism Resources[J]. Annals of Tourism Research,1987,14(2):254—273.

[287]朱晓翔.中国与"海上丝绸之路"国家间旅游流双向互动关系分析[J].太平洋学报,2017,25(8):81—93.

[288]文艳,孙根年.中国入境旅游贸易效率及其影响因素研究——基于异质性随机前沿引力模型的估计[J].旅游学刊,2021,36(3):29—43.

[289]张相伟,龙小宁."一带一路"倡议下境外经贸合作区和对外直接投资[J].山东大学学报:哲学社会科学版,2022(4):79—92.

[290]阮文奇,郑向敏,李勇泉,等.中国入境旅游的"胡焕庸线"空间分布特征及驱动机理研究[J].经济地理,2018,38(3):181—189.

[291]MIHALIČ T, ŠEGOTA T, KNEŽEVIĆ CVELBAR L, et al. The Influence of the Political Environment and Destination Governance On Sustainable Tourism Development: A Study of Bled, Slovenia[J]. Journal of Sustainable Tourism, 2016, 24(11): 1489-1505.

[292]SOFIELD T H B. Border Tourism and Border Communities: An Overview[J]. Tourism Geographies, 2006, 8(2): 102-121.

[293]DELIOS A, HENISZ W J. Policy Uncertainty and the Sequence of Entry by Japanese Firms, 1980-1998[J]. Journal of International Business Studies, 2003, 34(3): 227-241.

[294]LEVCHENKO A A. Institutional Quality and International Trade[J]. The Review of Economic Studies, 2007, 74(3): 791-819.

[295]TIMOTHY D J, KIM S S. Understanding the Tourism Relationships Between South Korea and China: A Review of Influential Factors[J]. Current Issues in Tourism, 2015, 18(5): 413-432.

[296]ALLEYNE D, BOXILL I. The Impact of Crime On Tourist Arrivals in Jamaica [J]. The International Journal of Tourism Research, 2003, 5(5): 381-391.

[297]WEIDENFELD A. Tourism and Cross Border Regional Innovation Systems.[J]. Annals of Tourism Research, 2013(42): 191-213.

[298]王猛,王有鑫. 城市文化产业集聚的影响因素研究——来自35个大中城市的证据[J]. 江西财经大学学报, 2015(1): 12-20.

[299]BERNINI C, CRACOLICI M F. Is Participation in the Tourism Market an Opportunity for Everyone? Some Evidence From Italy[J]. Tourism Economics, 2016, 22(1): 57-79.

[300]MORLEY C L. A Dynamic International Demand Model[J]. Annals of Tourism Research, 1998, 25(1): 70-84.

[301]刘军. 整体网分析:UCINET软件实用指南[M]. 2版.上海:格致出版社,2014.

[302]石建中,范齐. 亚太经合组织旅游流网络结构演化及影响因素[J]. 自然资源学报, 2022, 37(8): 2169-2180.

[303]杨文龙,胡志丁,史文天. 多维邻近性视域下大北极国家能源贸易网络的演进动力研究[J]. 人文地理, 2022, 37(2): 31-40.

[304]CROMPTON J. Structure of Vacation Destination Choice Sets[J]. Annals of Tourism Research, 1992, 19(3): 420-434.

[305]苏建军,徐璋勇,赵多平. 国际货物贸易与入境旅游的关系及其溢出效应[J]. 旅游学刊, 2013, 28(5): 43-52.

[306]黄若鹏,刘海滨,孙宇,等. 宏观视角下黄河流域中下游经济韧性的地区差异性

研究[J]. 宏观经济研究，2022(2)：155－166.

[307] SAJJAD M, CHAN J C L, CHOPRA S S. Rethinking Disaster Resilience in High-Density Cities: Towards an Urban Resilience Knowledge System[J]. Sustainable Cities and Society，2021(2):69.

[308] 朱金鹤，孙红雪. 中国三大城市群城市韧性时空演进与影响因素研究[J]. 软科学，2020，34(2)：72－79.

[309] 张鹏，于伟，张延伟. 山东省城市韧性的时空分异及其影响因素[J]. 城市问题，2018(9)：27－34.

[310] 孙久文，孙翔宇. 区域经济韧性研究进展和在中国应用的探索[J]. 经济地理，2017，37(10)：1－9.

[311] 覃成林，刘丽玲. 粤港澳大湾区经济韧性分析——基于经济联系网络的视角[J]. 学术论坛，2020，43(6)：10－18.

[312] CHENG J Y S. China-Asean Economic Co-Operation and the Role of Provinces[J]. Journal of Contemporary Asia，2013，43(2)：314－337.

[313] MARTIN R, SUNLEY P, GARDINER B, et al. How Regions React to Recessions: Resilience and the Role of Economic Structure[J]. Regional Studies，2016，50(4)：561－585.

[314] 鲁飞宇，殷为华，刘楠楠. 长三角城市群工业韧性的时空演变及影响因素研究[J]. 世界地理研究，2021，30(3)：589－600.

[315] 谢朝武，樊玲玲，吴贵华. 黄河流域城市旅游效率的空间网络结构及其影响因素分析[J]. 华中师范大学学报：自然科学版，2022，56(1)：146－157.

[316] 彭荣熙，刘涛，曹广忠. 中国东部沿海地区城市经济韧性的空间差异及其产业结构解释[J]. 地理研究，2021，40(6)：1732－1748.

[317] COCHRANE J. The Sphere of Tourism Resilience[J]. Tourism Recreation Research，2010，35(2)：173－185.

[318] 王倩，赵林，于伟，等. 中国旅游经济系统韧性的时空变化特征与影响因素分析[J]. 地理与地理信息科学，2020，36(6)：113－118.

[319] 李中建，孙根年. 中国出境旅游的外交效应[J]. 浙江大学学报：理学版，2021，48(6)：771－780.

[320] 王泽宇，唐云清，韩增林，等. 中国沿海省份海洋船舶产业链韧性测度及其影响因素[J]. 经济地理，2022，42(7)：117－125.

[321] HU X, LI L, DONG K. What Matters for Regional Economic Resilience Amid Covid-19? Evidence From Cities in Northeast China[J]. Cities，2022，120：103440.

[322] 王霞. 非洲国家治理水平对中国制造业企业对非出口的影响[J]. 国际经贸探索，

2021,37(10):99—112.

[323]GLOBERMAN S,SHAPIRO D,TANG Y. Foreign Direct Investment in Emerging and Transition European Countries[M]// Emerging European Financial Markets:Independence and Integration Post-enlargement. Emerald Group Publishing Limited,2006:431—459.

[324]宋丽丽,赵伟.中国企业海外投资倾向于政府治理水平低的国家吗?——来自世界银行数据的实证[J].湘潭大学学报:哲学社会科学版,2019,43(2):100—105.

[325]杨竺松,陈冲,杨靖溪."一带一路"倡议与东道国的国家治理[J].世界经济与政治,2022(3):4—29.

[326]李妍,薛俭.中国城镇化水平与经济增长区域差异性分析[J].城市问题,2015(1):20—26.

[327]高铁梅.计量经济分析方法与建模——Eviews应用及实例[M].北京:清华大学出版社,2009.

[328]陈瑶,吴婧.工业绿色发展是否促进了工业碳强度的降低?——基于技术与制度双解锁视角[J].经济问题,2021(1):57—65.

[329]杜运周,贾良定.组态视角与定性比较分析(QCA):管理学研究的一条新道路[J].管理世界,2017(6):155—167.

[330]BENNETT A,ELMAN C. Qualitative Research:Recent Developments in Case Study Methods[J]. Annual Review of Political Science,2006,9(1):455—476.

[331]MISANGYI V F,GRECKHAMER T,FURNARI S,et al. Embracing Causal Complexity:The Emergence of a Neo-Configurational Perspective[J]. Journal of Management,2017,43(1):255—282.

[332]崔宏桥,吴焕文.创业环境如何影响科技人员创业活跃度——基于中国27个省市的fsQCA分析[J].科技进步与对策,2021,38(13):126—134.

[333]RAGIN C C. Set Relations in Social Research:Evaluating their Consistency and Coverage[J]. Political Analysis,2006,14(3):291—310.

[334]FISS P C. Building Better Causal Theories:A Fuzzy Set Approach to Typologies in Organization Research[J]. Academy of Management Journal,2011,54(2):393—420.

[335]汪宇明,何小东.关于区域旅游障碍的辨析——兼论行政区划对区域旅游发展的影响[J].旅游学刊,2008(8):39—45.

[336]殷杰,刘雅芳,杨东旭,等."一带一路"沿线欧洲诸国旅游开放度研究[J].经济地理,2017,37(6):190—197.

[337]谭俊涛,赵宏波,刘文新,等.中国区域经济韧性特征与影响因素分析[J].地理科学,2020,40(2):173—181.

[338]王章郡,周小曼,方忠权.基于新冠疫情冲击的城市旅游流网络结构韧性评估——以重庆市中心城区为例[J].干旱区资源与环境,2022,36(11):148-157.

[339]冯怡,彭迪云,周美楠.长江经济带城市群网络结构韧性之演化——基于"流空间"视角的分析[J].江西社会科学,2022,42(8):53-62.

[340]谢朝武,赖菲菲,黄锐.疫情危机下旅游韧性体系建设与旅游高质量发展[J].旅游学刊,2022,37(9):3-5.